アントン・ブルックナー
魂の山嶺

田代 櫂
Tashiro Kai

Anton
Bruckner

春秋社

もしも楽器がなかったら
いいかおまえはおれの弟子なのだ
ちからのかぎり
そらいっぱいの
光でできたパイプオルガンを弾くがいい

宮沢賢治『告別』より

序　謎のブルックナー

一八九一年のある日のこと、ヴィーンのヴェーリンク墓地で、ベートーヴェンの墓が掘り起こされた。遺骨を中央墓地に改葬するためである。六十四年ぶりに日の目を見たベートーヴェンの遺骨は、遺体安置所に運ばれ、医師たちによる計測を受けた。

計測のあいだ、遺体安置所は立入禁止となった。だが一人の老人がそこへ押し入り、素早く棺に近づいてきた。彼は医師の制止にも耳を貸さず、ベートーヴェンの頭蓋骨をうやうやしく両手に捧げ持った。

帰りの馬車の中で、老人はほとんど口をきかなかった。だが鼻眼鏡の片方のグラスが無くなっているのに気づくと、彼は弟子に向かって顔をほころばせた。きっとそれはベートーヴェンの棺の中に納まっているにちがいない、と。この巨匠の前では、とりわけその『第九』の前では、自分はちっぽけな犬ころに過ぎないような気がする、と彼は常々言っていた。ベートーヴェンが『フィデリオ』初演後に「音楽屋の畜生」と呼ばれたことを思い出す度に、この老人は涙ぐんだ。

彼はこの三年前、シューベルトの遺骨が改葬された時も、その頭蓋骨に手を触れている。彼には頭蓋骨や死体に対する奇妙な執着があった。当時の若き心理学者フロイトにとって、この老人はさぞかし興味深い人物だったろう。

アントン・ブルックナー氏が街を行く。ヴィーン音楽院教授、ヴィーン大学講師、宮廷オルガニスト……それが彼の肩書きである。この人物の風貌については、「ローマ皇帝の横顔と農夫の頭骨」という決まり文句が横行していた。口の悪いコリン・ウィルソンに言わせれば、彼はハノーファーの殺人鬼フリッツ・ハールマンに瓜ふたつである。

教授はその汗ばんだ顔を、むやみに大きくて派手なハンカチでぬぐう。丈の短いズボンはやけにだぶだぶで、太い首の回りには、これまただぶだぶのカラーがぶら下がっている。大学の先生というより、愛敬のない道化師というところだ。

ヴィーンを人は音楽の都と言う。フランツ・エンドラーによれば、正真正銘の音楽の都（むろんヴィーンのこと）とは、芸術音楽と民俗音楽の結びつきが損なわれていない土地のことを言う。なるほどヴィーンでは、辻音楽師シュランメル兄弟が宮廷の夜会で歌ったし、ヴィーン・フィルのメンバーがシュランメルの音楽を奏でたこともあった。

だが十九世紀ヴィーンの民俗音楽とは、そもそも何を指すのだろう？　ハンブルクから来たある商人は、この町であらゆる民族のあらゆる装束を見たと、妻に書き送っている。この国にはドイツ人、マジャール人、チェコ人、スロヴァキア人、クロアチア人、セルビア人、スロヴェニア人、イタリア人、ルーマニア人、ポーランド人、小ロシア人など、十を越える民族が同居していた。彼らはキリスト教徒であり、イスラム教徒であり、ユダヤ教徒でもあった。

かつてこの国は、ヨーロッパの大部分を我が手にし、新大陸にも版図を拡げ、「日没を知らぬ世界帝国」と呼ばれた。だがもう日は傾きかけている。やがて第一次世界大戦とともにやってくる崩壊を前に、人は昨日の栄光のことだけを考え、豪華な落日に酔い痴れている。蓮っ葉なオペレッタの節と、ダンス・ホールの喧騒あふれる、「没落とエロスの実験場」ヴィーン……それがブルックナーの仕事場である。

独身のブルックナー教授が街を行く。長年の神経症のせいで、彼は大きな建物に出くわすと、立ち止まって克明に窓を数え始める。この老人は、七十歳を過ぎても結婚願望を持ち、女性のペンフレンドたちにせっせと手紙を書いていた。ブルックナー教授はヴィーン名物の一つだった。一八七七年の「ドイツ新聞」は、文芸欄で彼をこう評している。

「この作曲家は議論の余地なく奇人だ。彼の友人はごく少数か、あるいは皆無かも知れない」

だがヴィーン市民は、この「孤独な野人」に好意を抱いていた。彼らがブルックナーの名を聞いて真っ先に連想するのは、ベートーヴェンやシューベルトと同じように、「不幸な芸術家」あるいは「芸術家の不幸」である。この老人が亡くなった時、「ヴィーン・アルゲマイネ新聞」は次のような追悼記事を載せた。

「彼は年老いても幼子そのままだった。その感情は素朴であり、思考は曇りなく率直であり、心は善良で信仰深く、人となりは飾り気がなく、その願望は清純だった」

ブルックナーの死後、その特異な人格と作品は、新聞や通俗的な読み物を通じて理想化される。それは宗教的な文脈で美化され、神秘化されていった。「神秘のオルガニスト」「聖フロリアンの求道者」「音楽における神性」といった見出しが、その過程の一端を表わしている。

一九二四年には『神の楽手』という戯曲が出版されたが、その終幕でブルックナーは『テ・デウム』の構想を練っている。彼は大天使ガブリエルやラファエル、ドイツのミッヒェルの幻影を見ながら、晴れやかな表情でハルモニウムを弾き、かつ歌い、やがて幕が下りる。この戯曲の再演は百回を越えたという。

『神の楽手』の共作者のひとりエルンスト・デチェイは、かつてヴィーン音楽院でブルックナーの教え子だった。ブルックナーの神秘化に手を貸したのは、こういったブルックナー周辺の者たちでもあった。

もっとも典型的で通俗的なブルックナー像とは、無私無欲の芸術家、つまり「ヴィーンの良寛さん」である。だが「無私無欲な芸術家」とは矛盾した存在ではないのか？　すべての表現者から自己顕示欲を取り去れば、いったい何が残るのだろう？

道化師然と街を行くブルックナー教授も、なかなか血色がよく、精力的で、物欲しげだ。その性格はドイツ語で言う「農民的狡猾さ bauernschlau」とけっして無縁ではない。

この老人は、少年期と青年期の大半を過ごした修道院でも、首都ヴィーンに出てからも、かなりの人間的摩擦に耐えてきた。彼は田舎教師を振り出しに、オルガニストとして頭角を現わし、音楽院教授の地位に這いのぼり、皇帝から勲章をせしめ、最後は王家の夏の離宮の一角に居を構えるのである。その上昇志向は半端ではなく、そのしぶとさはなまなかではない。

教授はせわしなく汗を拭きながら、やがて自分の住まいにたどり着く。そして古なじみの家政婦と茶を飲みながら、ぬけぬけとこう言う。

「あんたもわしのおかげで歴史に名を残すじゃろ」


ベートーヴェンの遺骨が改葬された年、ヨハネス・ブラームスは晩年の傑作『クラリネット五重奏曲』を作曲した。グスタフ・マーラーはこの年までに『交響曲第一番』を、リヒャルト・シュトラウスは『死と変容』を書き上げている。十九世紀の問題児リヒャルト・ヴァーグナーが没してから、すでに八年が経っていた。

だがこう書いたからといって、何が分かりやすくなるというわけでもない。ブルックナーは音楽史上の離れ猿だった。彼の弟子で「ヴィーン・サロン・ブラット」誌の辛辣な批評家として知られたフーゴ・ヴォルフは、八〇年代半ばのヴィーン楽壇におけるブルックナーの孤立を、次のように表現している。


ブルックナー？　ブルックナー？　それはいったい何者だ？　どこに住んでいるのか？　何をする男なのか？　ヴィーンではそのような質問が、それもヴィーン・フィルの定期演奏会や楽友協会コンサートにせっせと通う人たちの間でさえ、しきりに発せられる。彼の名をまんざら知らなくもない人物なら、ブルックナーが当地の音楽院の教授で、音楽理論を教えていることを思い出すだろう。あるいは別の誰かが、彼はオルガンの名手なのだと付け加え、先ほどの半可通を小馬鹿にしたように眺めやるだろう。三人目は憶測し、四人目には既知であり、五人目は主張し、しまいに六人目がこう宣告する。ブルックナーは作曲家のはしくれだが、特別な力量はなく、古典的な作曲家でもない、と。ある音楽通は、そのお上品な頭を考え深げに振りながら、彼は洗練された作曲家ではないと言う。ある好楽家は、その音楽的着想の展開は混乱していると嘆く。別の誰かが指摘するには、その管弦楽法はお粗末である。批評家の先生方に言わせれば、まったく箸にも棒にもかからないというのだ。

同時代の音楽家たちは、ブルックナーの作品に不審の眼を向けていた。好戦的な批評家グスタフ・デムプケは、「ブルックナーは酔漢のように作曲する」とさえ言った。むろんこの酷評の根底には、ヴァーグナー派とブラームス派の対立があるのは否めない。だがブルックナーの音楽そのものにも、無理解の原因がないわけではない。

ブラームスは交響曲の分野で、ベートーヴェンの衣鉢を継いだといわれる。ブラームスの成功は、英雄的情念と小市民的憂愁を結びつけたことにあった。だがブルックナーの交響曲には、英雄も小市民もいない。そこにはまた、マーラーのような極彩色の世紀末も、蒼ざめた世界苦も、自己憐憫のカタルシスもない。それはむしろ非人間的な音楽であり、いわば「木石の音楽」である。ブルックナーの音楽を輪切りにすれば、赤い血のかわりに岩や氷がごろごろと転がり出る。

同時代がブルックナーに浴びせた非難の一つは、彼の交響曲にベートーヴェン的な論理性がないということだった。確かにベートーヴェンの交響曲は見晴らしがよい。私たちはそこでどのような困難や、どのような岐路に出会おうと、克服すべき山頂を見失うことはない。ここでは全体が部分を支配している。

だがブルックナーの場合、私たちは目的地について何も知らされず、いわば人跡未踏の山岳をあてどなく漂わされる。今吹きさらしの山頂にいたかと思うと、次の瞬間には底無しのクレバスを覗き込まされ、あるいは乱れ咲く花の谷間に置き去りにされる。彼の交響曲に文学的な論理性を求める者は、悪夢の中を踏み迷うほかない。

だがブルックナーの交響曲を少しでも詳しく調べてみれば、構造や形式が欠けているというのは皮相な見方に過ぎないことが分かる。旋律の美食にふけり、形式を解体させていったロマン派音楽の中で、ほとんどブルックナーだけがベートーヴェンと同様に、主題からあらゆる可能性を汲み尽くすことのできた作曲家だった。だがそこにはベートーヴェン的な激情や、「戦う人間のドラマ」はない。

なによりも厄介なのは、これらの混乱や誤解に、ブルックナー自身が手を貸していることである。ベートーヴェンの最も正統な子供の一人であり、最も卓越した「絶対音楽家」の一人である彼が、最も心酔したのはヴァーグナーだった。このために彼がブラームスと対立したのは不幸なことである。彼は誤った戦場に身を置き、誤った敵を相手にしていた。

自作を語ることにおいても、彼ほど拙劣な者はいない。自ら正当にも「後世にこそ通用するもの」と呼んだ『交響曲第八番』について、彼はなんとも愚劣で古臭い戦争音楽風《バッターリア》の解説を残している。それによればその終曲では、コサック兵団が疾駆し、ファンファーレが鳴りわたり、オーストリアとロシア両皇帝の会見の模様が描かれているという……。

ブルックナーを聴く時、古いレコードの溝を刻む針音のように、執拗に頭を離れない疑問がある。彼の音楽を誤解しているのは、私たちの方なのか、それとも彼自身なのだろうか？　彼の交響曲は、まったく独自の構成原理を持つ孤独な小宇宙なのだろうか？　それともそれは、世紀末ヴィーンの誇大妄想が生んだ、交響曲の恐竜に過ぎないのだろうか？

ブルックナーの作品について、ブラームスはこう予言した。「少なくともそれは今までのところ、作品というより一種のまやかしであり、一、二年のうちには忘れ去られてしまうだろう」と。だがブルックナーの作品は消え失せなかった。私たちはあの得体の知れない音楽を、絶えず発見し続け、心に欠かせない栄養素のように、絶えず聴き続けてきた。いったいそれは何故なのだろう？

出発に際して、目的地を明らかにしておこう。私たちはこれからふたつの謎に挑む。ひとつはブルックナーの人間性の謎、もうひとつは彼の作品の謎である。

目次

第5章 野の人 ▼141

第10章 告別 ▼283

アントン・ブルックナー　魂の山嶺

第1章——田舎教師

バロックの屍臭

ここにひとつの風景がある。ドナウ河の両岸に広がる丘陵地帯、果てしなく広がる麦畑、物音一つない小さな村々、教会の尖塔、まどろみつつ流れる白い雲……。ブルックナーの故郷、高地オーストリア州である。

州都リンツの位置は、きわめて分かりやすい。それはオーストリア帝国の首都ヴィーンと、バイエルン王国の首都ミュンヒェンを東西に結んだ線上の、ややヴィーン寄りに位置する。はるか北にはボヘミアの森が、南にはアルプスの山並みが横たわる。ブルックナーの生まれた小村アンスフェルデンは、リンツから南に二時間ほど歩いた草の中に埋もれている。

のどかだが平凡な、美しいが活気のない、このセピア色の風景から、かつての大オーストリア帝国をイメージするのはもはや難しい。そしてその国の人々が、かつてはオーストリア国民であると同時に、ドイツ人でもあったことを、私たちは忘れているかも知れない。

かつて「ドイチュラント」という言葉は、国名ではなく地名に過ぎなかった。その地域は時代によって「神聖ローマ帝国」と呼ばれたり、「ドイツ連邦」と呼ばれたりしたが、要するにそれは、ドイツ語を話す国々の集合体を意味するに過ぎない。神聖ローマ帝国の時代には、そこに肩を寄せる分邦の数は三百にものぼった。

「神聖ローマ帝国」という名のドイツ……。ヴォルテールはそれを「神聖」でもなければ「ローマ」でもなく、「帝国」でさえないとこき下ろした。やがてナポレオンがやって来て、三百あまりの寄り合い所帯をあっさりと解体し、約四十の独立国家に整理統合してしまう。

むろんナポレオンは、ドイツの統一に手を貸そうとしたわけではない。「分割し統治する」という、フランスの対独政策を引き継ぎ、合理化しただけの話である。以後六十五年間、ドイツはフランスの干渉に悩みつつ、統一の夢を見続けることになる。

もともとバイエルンの東の辺境に過ぎなかったオーストリアは、ドナウ河流域に領土を築き、ドイツ連邦の主導権を握る国にのし上がった。ブルックナーの時代のオーストリアは、現在の四倍にものぼる領土を擁しており、その国境の内側にはオーストリア本国のほか、チェコ、ハンガリー、スロヴァキア、ルーマニア西部、イタリア北部、スロヴェニア、クロアチア、ボスニア・ヘルツェゴビナ、セルビア北部、ポーランド南部、ウクライナ西部がひしめいていた。だが十九世紀というナショナリズムの時代に、それはすでにサーカスである。民族主義の波は、とどめようもなくこの砂の城を洗い続ける。

やがてブルックナーの青年期には、学生や知識人たちが宰相メッテルニヒに牙をむき、ヴィーンに「三月革命」が勃発する。この市民革命は流血の末に鎮圧されるが、社会に強い衝撃を残した。多民族帝国オーストリアの地盤に、無数の見えない亀裂が走ったのである。


オーストリアでは小さな村々にも、「ペスト記念塔」が立つ所が少なくない。ブルックナーゆかりの三都市、リンツ、シュタイア、そしてヴィーンにも、この禍々しく壮麗な塔はたたずんでいる。ペストは中世ヨーロッパの空にわだかまる、黒い太陽だった。十四世紀のオーストリアでは、村が一つ、また一つと消え去るほど猖獗をきわめた。ペスト襲来を告げる鐘が鳴ると、人々は狂ったように「死の舞踏」を踊り、あるいは贖罪のために我が身を鞭打ちながら行進した。この恐ろしい饗宴の記憶は、長くオーストリアの脳裏から消えなかった。

十七世紀前半に起こった三十年戦争で、主戦場となったドイツの人口は激減したが、そこにもペストはハイエナのように襲いかかる。ヴィーンの死者は八万とも十万とも、あるいは十五万ともいわれるが、やがてそれは憑き物が落ちたように終息する。ヴィーンの目抜き通りにあるペスト記念柱は、この時の神の加護に感謝して建立されたものである。

そのわずか四年後、今度は東方からトルコ軍がヴィーンに襲いかかる。もともとオーストリアは東方への防衛線として作られた国であり、ヴィーンは十六世紀にもトルコ軍の包囲を受けたことがあったが、今回は二万五千の軍勢に包囲され、二か月にわたる籠城に苦しんだ。この時ポーランド王の率いるキリスト教連合軍がヴィーンを救い、サヴォイのオイゲン公がトルコ軍をハンガリー平原の向こうに押し戻した。

つまりこういうことである。オーストリアは数百年にわたって、イスラム、プロテスタント、フランス王家、そしてペストと、絶え間なく戦い続けねばならなかった。それが十七世紀後半に至り、突然の晴れ間のように、すべてから解放されるのである。

まるで歓喜の爆発のような、バロック建築美術が開花するのはこの時期である。壁面を覆う蔦や渦巻模様、花や貝殻のモティーフ、天井を圧するフレスコ画、豊かな彫像や鏡。増殖のさなかに一瞬凍りついたような、色彩と光の氾濫……。それはオーストリアとバイエルンだけに見られる、悪趣味といえるほど過剰な美術様式である。

これらの造営者は、王家と教会であり、その目的は権威の誇示だった。バロックの画家たちは腕によりをかけて、帝国の豊穣さを謳歌した。だがその一方で彼らは、大鎌を手にした死神や、骸骨の踊りや、命のはかなさを表わす砂時計を、画面に描き込まずにはいられなかった。彼らの目に焼き付いた死の勝利は、それほど圧倒的だったのだ。

カトリックの風土には、通奏低音のように死が偏在している。教会には豪華な衣装を着せられた聖者の遺骸が祭られ、聖堂の石畳の下にも僧の遺体が葬られている。ヴィーンの聖シュテファン大聖堂のカタコンベには、ペストで死んだ二千体の人骨とともに、おびただしい数の王家の柩が納められている。それらの柩にほどこされた彫刻は、王冠や兜を戴く頭蓋骨や、眼窩に蛇のからまる頭蓋骨などで飾り立てられている。それらは人の世の虚しさを象徴しているのである。

酒の歌として知られるあの馬鹿陽気な「アウグスティン」も、十七世紀のペスト禍から生まれたことをご存じだろうか？　それは泥酔してペストの死骸を運ぶ荷車に放り込まれ、夜明けに墓穴で目を覚まして助け出された、辻音楽師のことを歌っているのだ。

昔しゃ毎日がお祭り《フェスト》だったが
今じゃペストが大はやり
町中死体の山だらけ
あるといったらそれっきり

なあ、おいアウグスティン
あんたも墓穴で眠ってろよ
ああ、いとしのヴィーン
何もかも消えちまった

死に取り憑かれ、死と戯れるヴィーン……。モーツァルトはフリーメイソンらしい言い方で、死を「最良の友」と呼んだ。ヴィーンの方言では、「ライヒ（死骸）」という言葉は「葬式」という意味にも使われる。だから彼らは盛大な葬式のことを「立派な死骸」と呼び、その後の会食のことを「死骸の宴会」と呼ぶ。この町では死にまつわるブラック・ユーモアが好まれる。

ヴィーン人の世界観はバロック的である。この世は夢、この世は劇場。人は束の間の舞台を務め、夢のように消えて行く。どんな時でも、ヴィーンっ子は芝居っ気を忘れず、自分自身を演じている。バロック的無常観、「まさにこの今が幸せ」という刹那主義、そしてメランコリーと諧謔……。リヒャルト・シュトラウスは『薔薇の騎士』の公爵夫人の性格表現についてこう語っている。

「いつもヴィーン人らしい気品と軽やかさを持ち、片方の瞳には涙を浮かべながら、片方の瞳はもう乾いていなければならない」

ヴィーンという町では、ブルックナーは異質な存在だった。彼が育った高地オーストリア州は、ヴィーンからほど遠くない所に位置しながら、ヴィーンとの絆は薄かった。激動の時代のヴィーンは、高地オーストリアの州都リンツよりも、ブダペストやプラハとの応接に忙しかった。高地オーストリアは政治的にも文化的にも、時代に取り残されたような地方であり、平凡さがこの地方の人びとの特色だった。

リンツ南郊の丘陵地帯には、バロックの名建築として名高い、聖フロリアン修道院がある。ブルックナーの故郷アンスフェルデンは、この修道院を中心とする教区に属していた。

聖フロリアン、すなわちオーストリア生まれのローマ兵士フロリアヌスは、密かにキリスト教を信仰したためエンス河に沈められた。伝説によれば、その夜彼はある敬虔な女性の夢に現われ、自分を埋葬すべき場所を告げたという。それ以後彼は高地オーストリアの守護聖人となり、その墓は四世紀このかた巡礼地となった。

聖フロリアンの埋葬地跡には、すでに十一世紀初頭にアウグスティノ修道会の修道院があったが、十七世紀から十八世紀にかけて大幅に改装された。その清楚で堅牢な建物は、広い中庭を囲み、十三万五千冊の蔵書と八百冊の手稿本を蔵する図書館や、アルトドルファーの十四点の祭壇画をおさめた絵画室や、皇室用の貴賓室を擁する。

修道院に隣接する聖堂は、かつて若いブルックナーの職場だった所だ。聖堂の内部は、白と金の絢爛たる装飾で飾られ、フランツ・クサヴァー・クリスマン作のオルガンが、正面に高々とそびえている。こんにち「ブルックナー・オルガン」と呼ばれるこのオルガンの真下に、ブルックナーは眠っている。薄暗い地下納骨堂の柩の中で、その背後の壁に積み上げられた、六千体の人骨とともに……。

高地オーストリアの物寂しい田園風景と、険しい山並みの眺望。絢爛たる大伽藍と、その香煙に混じるかすかな屍臭。「死を想え《メメント・モリ》」の執拗な囁き……。これらがブルックナー芸術の母胎である。

教師の子

もともとブルックナーの祖先は、低地オーストリアの出身だった。ドナウの支流エンス河の向こうにいたのである。彼の祖先はリンツからやや東に下った、エンス河とイプス河の間の果樹栽培地帯で、ほとんど例外なく農民として生計を立てていた。

エートの町にほど近い、トイフェルスブルクとタンツベルクの間の谷間の土地に、「プルッケンホーフ」と呼ばれる百姓屋敷がある。屋敷の名は、二百メートルほど離れた橋（Bruecke）に由来するといわれる。オーストリア方言ではBとPの区別があいまいなために、橋はブリュッケともプリュッケとも発音されるのだ。

プルッケンホーフは一四〇〇年頃からその場所にあり、ブルックナーの祖先が住んでいたことが確かめられている。近在にはブルックナー姓が多く、作曲家の曾祖父の生家も、その辺りのジンデルブルクという村にある。

ブルックナーの曾祖父ヨーゼフは、水車の石臼などを製造する、裕福な市民の娘と結婚した。彼の稼業は時に製本業（Binder）と訳されることがあるが、実際には物を束ねる（binden）職業、すなわち箒や樽を作る職人だった。彼は宿屋なども経営し、一族の中で初めて市民階級に進出した人物だった。

同名の息子ヨーゼフ、すなわち作曲家の祖父は、いったん家業を継いだ後、教職に転じた。ヨーゼフは補助教員として九つの学校を転々とした後、教師に昇格してアンスフェルデンに赴任した。彼はその一年後、前任者クレッツァーの娘フランツィスカと結婚している。

アンスフェルデンは小村ながら、その歴史は古い。ローマ帝国がこの地を支配した時代から、その集落はローマ街道沿いにあり、六三四年頃にはアルプスの裾野を意味する「アルプネスフェルト」あるいは「アルピニスフェルト」と呼ばれていた。十二世紀にはすでに聖堂区としてその名が記録され、一六八二年にパッサウの司教の手から聖フロリアン修道院の聖堂区に移されている。

以来この村は、聖フロリアンと固く結びついてきた。十八世紀初頭には村の教会の向かい側に、修道院の高位聖職者のための司教館が建てられた。教会と司教館、これらに付随する学校と墓地が、

故郷アンスフェルデン（水彩画）

祖先の屋敷「プルッケンホーフ」

この小さな村の小さな中心である。

　作曲家と同名の父アントンは、リンツのギムナジウムと教員養成所に学び、一八二二年に祖父が退任すると同時に、その後継者となった。彼はその翌年、シュタイア近郊ノイツォイクのヨハン・フェルディナント・ヘルムの娘、テレジアと結婚した。

　アントンはその三か月ほど前、アンスフェルデンの外科医の娘ユーリエ・ハルトゥンクに求婚し、退けられている。恐らく新妻テレジアはこのことを知らなかったろう。これが明るみに出たのは、一九七七年になって彼の求婚の手紙が発見されたからである。

　ブルックナーの母テレジアについては、裕福な家の娘という以外、これまであまり多くのことは語られなかった。だが実家の零落や両親との死別など、家庭的には決して恵まれていない。テレジアの父フェルディナント・ヘルムは、広大な畑や牧草地や森を所有する地主だった。彼はノイツォイクの領主に仕えてその事務を執り、測量や印刷の権利を持ち、宿屋を経営した。だがテレジアが十歳の時に母が亡くなり、父はその頃にはもう借金を背負って、わずかな純資産だけを所有するだけだった。

　父は母が亡くなった年に再婚し、五年後に四十七歳で死んだ。義母はその五年後に再婚している。つまりテレジアが二十歳の時には、実家は血のつながらない義母と義父の手に渡ったのである。

　母を亡くした十歳の時から、テレジアは母方の伯母、ロザリア・マイホーファーのもとに身を寄せていた。ロザリアはシュタイア近郊のヴォルフェルンで、司祭館の家政婦をしており、テレジアも伯母とともに司祭館で暮らした。やもめとなった父方のおじの面倒を見た二年間を除けば、彼女はずっとこの伯母と一緒だった。

テレジアは歌が得意で、ヴォルフェルンの教会の聖歌隊では、ソロ歌手を務めていた。彼女がアンスフェルデンの教師の息子アントンと出会ったのは、この村でだったと想像される。二人は一八二三年に結婚した。

後の作曲家ヨーゼフ・アントン・ブルックナーは、一八二四年九月四日早朝四時半、アンスフェルデンで産声を上げた。名付け親はテレジアの伯母ロザリアだった。ブルックナー夫妻はアントンを頭に十一人の子をもうけたが、成長したのは五人だけだった。

ブルックナーの父と母の性格については、あまり多くのことは知られておらず、伝記作家ヴェルナー・ヴォルフがわずかにこう書いている。

「ブルックナーの両親は、まったく異なった性格だった。母親はしばしば気分屋で、子供たちの扱いも手荒だった。父親は人が良く、多忙な教師稼業の中で、たまさか恵まれる休みには、家でくつろぐのを好んだ」

たったこれだけの記述だが、その人となりは推測できる。父親は貧しいながら安定した環境で成長し、鷹揚な性格を身につけたと思われる。一方母親は、富裕な家庭に生まれながら、早くから窮屈な環境に身を置き、屈折した性格を育んだのだろう。

恐らくテレジアは、いつも不満だらけの、口やかましい、完全主義的な母親だったであろう。後年のブルックナーに顕著な、神経症的不安、やみくもな上昇志向、創作に対する異様な周到さなどに、この母親の影が感じられる。

高地オーストリアは昔から貧しく、昔から歴史に取り残され、三月革命以前もそれ以後も、昔ながらに反動的だった。そこではカトリックがすべてだった。そこでは教会が彼らの家庭であり、学校であり法律であり、そこには敬虔さ以外の生き方は存在しなかった。皇帝は神から与えられたものであり、自由主義は恐ろしい思想だった。

当時のオーストリアでは、宗教と教育は固く結びつけられており、教会と学校は「可能な限りあらゆる面で一体化していなければならない」と定められていた。教師は教会のオルガニストでもあり、聖歌隊指揮者も兼任していた。校長は神父の次に尊敬されたが、生活は貧しかった。

小高い場所に立つ教会から、東側に少し下がった場所に学校があり、それは二つの教室と官舎から成っていた。教師の子ブルックナーは、父親からヴァイオリン、ピアノ、オルガンの手ほどきを受けた。彼はモーツァルトのような神童ではなかったが、そうであることを期待されてもいなかった。彼にとって音楽は、家業の一部に過ぎなかった。

当時のオーストリアでは、農民の暮らしは厳しかった。明け方には家畜の草を刈り、朝六時の鐘で朝食を摂り、夕方六時の鐘が鳴るまで働く。子供たちはろくに靴も履かず学校へ行き、午後はたいてい畑で働いた。彼らは兵役に取られた後、その大半は農民となり、幾人かは町へ出て稼ぎ、幾人かは教会や修道院の人となった。官吏や教師の息子は、たいてい父の職業を継いだ。

こうしてアントン少年も、早くから学校で父の助手を務め、父とともに冠婚葬祭の楽士を務めた。祝日にはリンツから二人のトランペット奏者と、一人のティンパニ奏者が来て彼らを手伝った。教会ではアントンがオルガンを弾き、母親が聖歌隊で歌った。オルガン弾きのアントンには、典礼の進行に合わせて、即興演奏の能力が要求された。

オーストリアではマリア・テレジア帝の昔から、オルガニストは教師の役目と決まっていた。大規模な教会や聖堂や僧院だけが、専属のオルガニストを抱えていたが、彼らもご多分に漏れず教師出身者だった。ブルックナーがオルガニストになったことについて、偶然の働く余地はほとんどなかった。

少年は九歳の夏に堅信礼を受けた。その立会人となったのは、父方の従兄で十一歳年上の、ヨハン・バプティスト・ヴァイスだった。ヨハンの父はヘルシンクで教師をしており、ヨハン自身も同じ学校で教職に就いていた。

従兄ヨハンは、高地オーストリアでも屈指の教員オルガニストであり、作曲家としても『レクイエム　変ホ長調』や『ミサ曲ト長調』などの作品で知られていた。アントンはより専門的な音楽教育を受けるために、十一歳の夏の終わりにヴァイス家に預けられる。

アントンは従兄ヨハンから、オルガンとゲネラルバスを学び、ヘルシンクの教会のやや大型のオルガンでフーガを演奏した。後年彼は「その頃はまだなにも分かっておらず、猿のようにただ機械的に弾いていた」と語っている。

彼はここでモーツァルトの『大ミサ曲』、ハイドンの『四季』や『天地創造』などを聴き、初めて作曲にも手を染めた。合唱曲『パンジェ・リングア』や、オルガンのための『五つの前奏曲』はこの時期の作品とされるが、後者は自作であることが疑問視されている。

従兄ヨハン・バプティスト・ヴァイスは、この十五年ほど後に短い生涯を終える。彼はある団体の公金を任されていたが、その赤字について身に覚えのない疑いを持たれ、ヘルシンクの墓地でピストル自殺を遂げたのである。三十七歳で亡くなったこの従兄を、ブルックナーは生涯敬愛していた。

一八三七年、ブルックナーの父アントンが過労で倒れた。父は酒場の楽士も務めており、過度の飲酒が病因だったとされるが、真相はさだかでない。ブルックナーはヘルシンクから呼び戻され、十三歳にもならぬ身で父の代理を務めた。父は間もなく四十六歳で亡くなったが、死因は「肺病および衰弱」と記録されている。司祭とともに臨終の秘蹟を行なったブルックナーは、心労のあまり気を失ったという。

夫より十歳年下だったテレジアは、再び窮地に立たされた。官舎はすぐに明け渡さねばならず、五人の子供のほかに、盲目の義姉アンナ・マリアも養わねばならなかった。テレジアは聖フロリアンに駆けつけ、長男アントンをアウグスティノ修道会の給費生としてくれるよう嘆願した。修道院長アルネートは、その地一帯のいわば領主のような存在だった。

テレジアは手押し車に家財道具を積み上げ、八歳の長女を頭に四人の子供と、盲目のアンナ・マリアを従え、知人を頼ってエーベルスベルクに移り住んだ。彼女はそこで洗濯女や女中をしながら、細々と生計を立てた。

アントンはひとまずヘルシンクに戻り、数週間ヴァイス家にとどまった後、聖フロリアン修道院学校の聖歌隊児童となった。こうして彼は早々と家庭を離れ、二度と再び家庭を持つことはなかった。

聖フロリアンでのブルックナーは、村の国民学校に通うかたわら、修道院学校で歌唱、ヴァイオリン、ピアノ、オルガン、ゲネラルバスを学んだ。村の学校での成績は良く、二年目には成績優秀者二人のうちに数えられ、翌年の最終学年には首席となっている。

国民学校と修道院学校の校長を兼任するミヒャエル・ボーグナーは、ブルックナーのほかに二人の聖歌隊児童を自宅に寄宿させていた。ブルックナーはボーグナー家で三年を過ごし、後の助教師時代にはさらに十年間寄宿することになる。

ブルックナーは十五歳で変声期を迎え、聖歌隊員からヴァイオリン奏者に編入された。同時に彼は、修道院オルガニスト、アントン・カッティンガーの助手となる。聖フロリアンには四台のオルガンがあり、ブルックナーは小型の「聖歌隊用オルガン」を受け持ったが、二年目からはミサの際にクリスマン作の大オルガンを弾くことが許された。

この大オルガンは五千二百三十本のパイプを持ち、当時としてはかなり個性的で豊かな音響を備えていた。それはブルックナーの即興演奏と作曲技法に、多大の影響を与えたといわれる。だがクリスマンとブルックナーの相性は、必ずしも良くはなかった。彼はむしろ同時代のシンフォニックなオルガンを好み、後にリンツ、聖フロリアン、シュタイアにあるクリスマン・オルガンを、ことごとく改造させている。

補助教員

十六歳で国民学校を卒業したブルックナーは、当然のように教職の道を選び、リンツ師範学校の教員養成講座に通学した。三十七人の同級生がおり、国民学校の補助教員となるための十か月、読み書き、文法、数学、地理、宗教などの基礎科目のほか、音楽理論を学んだ。

この時期のブルックナーは、バッハの『フーガの技法』や、アルブレヒツベルガーのフーガなどを筆写した。リンツの楽友協会のコンサートでは、ヴェーバーの序曲やベートーヴェンの『交響曲第四番』など、オーケストラ作品にも触れている。

養成講座の音楽教師アウグスト・デュルンベルガーは、簿記の官吏を本業としながら、無償で教えていた。子沢山の貧しい役人に過ぎなかったが、ミノリーテン教会で生徒たちとハイドンやモーツァルトのミサ曲を上演した際には、オーケストラ楽器の不足を自費で補ったという。

ブルックナーはこの師から本格的な音楽理論を学び、一八四一年に養成講座を修了した。同じ年にデュルンベルガーは『和声とゲネラルバスの基礎教本』を出版したが、ブルックナーはこれを高く評価し、後にヴィーン音楽院のカリキュラムに取り入れている。

一八四一年十月、ブルックナーは補助教員としてヴィントハークに赴任した。リンツからブドヴァイスへ通う鉄道馬車に乗り、延々と続く小麦畑とトウヒの森を縫って北上し、フライシュタットから徒歩で約二時間半……。ボヘミアとの境界にへばりつくような寒村がヴィントハークである。少し前に大火があり、村はなおさら荒れていた。

村の人口は約二百人、そのうち小学校生徒は約百三十人だった。クラスは午前と午後の二つに分けられ、それらを補佐するのがブルックナーの仕事である。官舎の損傷がひどいため、ブルックナーは校長フックスの家族とともに、市長宅の向かいの家に間借りしていた。

校長フランツ・フックスは、校務のほかに教会の雑務を任され、農家も兼業していた。当時の慣習通り、ブルックナーはそのすべてを手伝わされた。夏なら午前四時、冬には五時に教会の鐘を鳴らし、ミサの準備を手伝い、オルガンを弾き、合唱の指導をする。それから草刈や麦打ち、雪かきや薪割りなど、フックス家の雑用をこなし、食事の時は下女と同じテーブルに座らされた。給料は下宿代と食費を差し引かれ、年に十二グルデンほどだった。

校長フックスは気難しい人物で、司祭シュヴィンクハイムとも折り合いが悪かった。ブルックナーも彼とうまが合わず、村人からは好奇の目で眺められた。ただし子供たちには好かれ、学校監督局の評価も良好だった。

片田舎の息づまるような境遇で、わずかな慰めは音楽だった。教会のオルガンは勝手には弾けず、織物業ヨハン・ジュッカの家のクラヴィコードを弾かせてもらった。ジュッカとはヴァイオリンの二重奏をやり、村の踊りの伴奏をする時は、ジュッカの父親がトランペットかクラリネットを吹き、外科医がフルートを受け持った。ジュッカには教員養成講座を目指す息子がおり、その勉強も見てやった。

高地オーストリア略地図

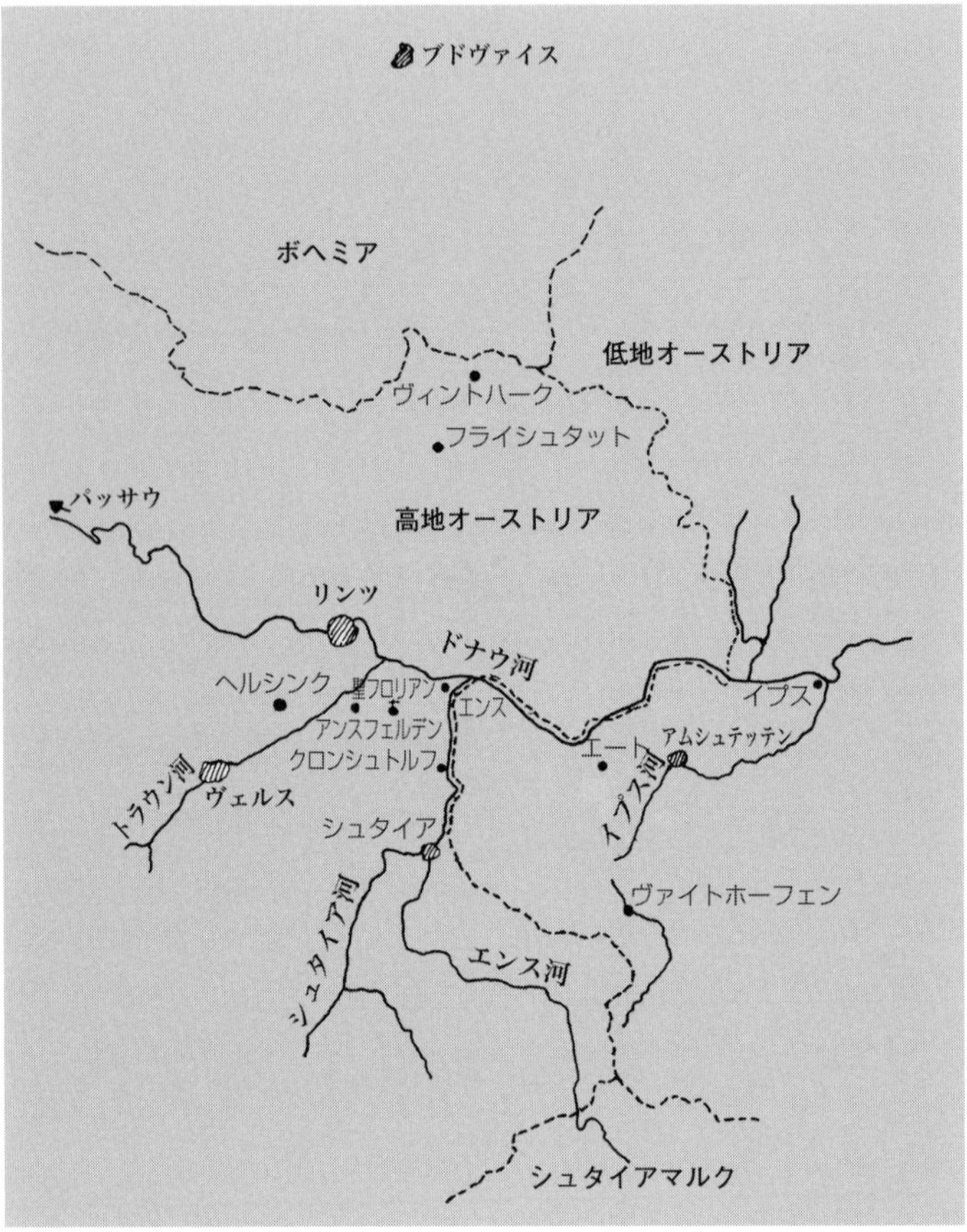

ここでの作品は、ただ一曲だけ残されている。ブルックナーはパン屋の倅ヨーゼフ・ヨプストにヴァイオリンを教えていたが、合唱団のソリストを務めるその姉のために、『ヴィントハーク・ミサ』と呼ばれる最初のミサ曲を書いているのである。

ブルックナーが思いを寄せ、『ヴィントハーク・ミサ』を捧げた女性は、これまでマリア・ヨプストとされていた。だが二十八歳のマリアはその頃すでに結婚しており、実際はその四歳年下の妹アンナだったことが判明している。後述するように、ミサの作曲から四十二年後、ブルックナーは彼女と再会を果たす。

ヴィントハーク赴任から一年半後、ブルックナーはクロンシュトルフに転勤した。校長フックスと司祭シュヴィンクハイムは、彼の「品行方正さ、勤勉さ、授業の手際よさ」を賞賛する紹介状を書いている。

この転勤が行なわれたのは、任地に不満を持つブルックナーが、聖フロリアンの修道院長アルネートに直訴したためだともいわれる。それを裏づける文書は存在しないが、ブルックナーが不満を持っていたのは事実だと思われる。次の任地に落ち着いた彼は、「ここはまるで天国だ」と洩らしているからである。

クロンシュトルフは人口百人ほどの小村だったが、ヴィントハークよりはるかに開けた土地だった。故郷アンスフェルデンや聖フロリアンにもほど近く、エンス河を遡ればシュタイアがあり、下流にはエンスの町がある。ブルックナーはクロンシュトルフの補助教員として、一八四三年一月から約二年間勤務した。

　この地は季候もよく、友人にも恵まれた。上司フランツ・ゼラフとテレジア・レーホーファーは、音楽好きの教師夫妻だった。フロリアン・フェーダーマイアーという富農も、毎週自宅でコンサートを催すほどの好楽家であり、ブルックナーにスピネットを貸し与えた。ブルックナーは司祭アロイス・クナウアー作の歌詞により、最初の世俗合唱曲『祝典に』を作曲している。

　オーストリア最古の町エンスは、クロンシュトルフから約八キロの下流にある。当時はエンスでもビーダーマイアー文化が高まりを見せ、その地のオルガニスト兼合唱指揮者を務める、レオポルト・フォン・ツェネッティはその旗頭のひとりだった。

　ブルックナーは週に数回エンスに通い、ツェネッティに音楽理論とオルガンを学んだ。彼はツェネッティを通してバッハのオルガン曲やチェンバロ曲を知り、教室の隅に置かれたフェーダーマイアーのスピネットを、時には真夜中まで弾き続けた。ブルックナーは晩年までツェネッティへの感謝を忘

シュタイアの街並み（古いポストカード）

れず、度々エンスの師のもとを訪れている。

　クロンシュトルフから上流に遡ったシュタイアは、十五世紀の美しい町並を残す。ここは鉱業の町であり、四十年ほど後にはヨーロッパ初の電気街灯がともる。ブルックナーはクロンシュトルフの司祭クナウアーの勧めでこの町を訪れ、シュタイアの司祭プレルシュの計らいで、市教区教会のクリスマン・オルガンを弾いた。彼にとって三台目のクリスマンである。

　シュタイアはまた、シューベルトゆかりの町として知られる。彼の友人フォーグルがこの町の出身であり、シューベルトは幾度かシュタイアを訪れている。ピアノ五重奏曲『鱒』は、この地の有力者パウムガルトナーの依頼で作曲されている。

　もしシューベルトが夭折していなければ、ブルックナーのクロンシュトルフ時代には、まだ四十代後半に過ぎなかった。メンデルスゾーンやシューマンは、この頃三十代前半だった。ブルックナーの青春時代は、前期ロマン派の火照りの中にある。

　ブルックナーはシュタイアでカロリーネ・エバーシュタラーと知り合い、彼女を通じてシューベルトの世俗音楽に触れたといわれる。シュタイアの商人の娘だったカロリーネは、シューベルトとピアノ連弾をしたこともあり、「シューベルト最後の女友達」といわれた。彼女の経歴はあまり明らかではないが、人生の大半を旅行や外国滞在で過ごした後、シュタイアで貧しい老後を送り、ブルックナーよりも長生きした。

　ブルックナーがカロリーネと出会ったのが、いつの時点だったかはあまり明確ではない。だがいずれにせよ、ブルックナーがシューベルト作品に触れたのは、クロンシュトルフ時代よりずっと前だったと思われる。聖フロリアンの図書館には、すでにシューベルトの生前から、写譜や楽譜のコレクションがあったからである。

ブルックナーはベートーヴェンとシューベルトを深く敬愛していた。歌曲では『冬の旅』の第一曲『おやすみ』を特に好んだといわれる。ブルックナーが所有していた楽譜のうち、シューベルトのものは歌曲のほかに、第十六番と第二十一番のピアノ・ソナタがあった。ブルックナーは『未完成交響曲』について、後世の『トリスタン』に通じるものがあると語っている。

この頃ブルックナーは、聖フロリアンに新設された男声合唱団を聴き、クロンシュトルフで男声四重唱団を結成した。彼自身は第二バスを歌い、フェーダーマイアーのサロンなどに出演して、近隣にも知られるようになった。これ以後ブルックナーは生涯にわたり、合唱活動との関わりを絶やさない。

十九歳から二十代前半にかけて、ブルックナーは多くの合唱曲を書いている。宗教曲では四部合唱のための『キリストはおのれを低くして』『タントゥム・エルゴ』、四部合唱とオルガンのための『リベラ・メ』などがあるほか、二つのミサ曲のスケッチや断章が残されている。

男声合唱とオルガンのための『レクイエム』は、エファーディンクの教師デシュルの死を悼んで作曲され、ブルックナー自身のオルガンで初演された。この楽譜は不幸にも現存しない。ブルックナーはこの時期に『リタナイ』と『サルヴェ・レジナ』を作曲したと語っているが、やはり楽譜は現存しない。

この時期の世俗的合唱曲には、男声合唱曲『祝典にて』(後に『ターフェルリート』に改作)、ピアノ用カンタータ『忘れな草』、『ドイツ祖国の歌』（聖フロリアン男声合唱団指揮者ハンス・シュレーガーに献呈）、『セレナーデ』、『流れ星』、『教師稼業』（聖フロリアン校長ボーグナーに献呈）などがある。これらの作品の背景にあるのは、三月革命以前の堅実で保守的な、ビーダーマイアー的世界観である。小市民ブルックナーの生活感情を知るよすがとして、彼の世俗的合唱曲は今後見直される必要があろう。

助教師

一八四五年、二十一歳のブルックナーは正教員の資格を取り、聖フロリアンの母校に戻って来た。彼は修道院学校の有給助教師として、これからの十年間をそこで送ることになる。午前八時から十二時までの授業、午後一時から四時までの授業、日曜の補習、歌唱やヴァイオリンの指導などが勤務内容だった。

ブルックナーは再びボーグナー家に寄宿し、家族同様の生活が始まる。彼はボーグナー家の子供たちを膝に乗せてピアノを弾き、小曲を書いて彼らに贈った。十六歳の娘アロイジアには、四楽章のピアノ連弾曲『ランシエ・カドリール』、連弾曲『シュタイアマルク舞曲』、ハイネの詩による歌曲『春の歌』などを捧げた。『春の歌』には「咲きほこる春のバラの霊名祝日に」という献辞が添えられている。

恐らくこのアロイジアが、ブルックナーの少女崇拝の発端だったであろう。だがこの淡い恋は実を結ばず、アロイジアはブルックナーが聖フロリアンを去った後、アントン・シュラーギンヴァイトという教師と結婚している。

　聖フロリアンに赴任して間もなく、ブルックナーは修道院の教師や官吏をさそい、男声四重唱団を結成した。彼は第一バスを歌い、修道院の庭師が第二バスを務めた。この庭師ヨハン・ネポムック・ヒューバーは、後にブルックナーの妹ロザリアの夫となる人物である。

　ブルックナーが少年時代に助手を務めたアントン・カッティンガーは、「オルガンのベートーヴェン」と呼ばれる即興の名手だった。ブルックナーは再び彼の教えを受け、毎朝四時から六時まで、マールプルクの『対位法理論』やバッハの『前奏曲とフーガ』などを学んだ。

　エンスでのツェネッティのレッスンも、断続的に続けられた。ブルックナーはリンツにも足をのばし、メンデルスゾーンのオラトリオ『聖パウロ』などを聴いた。彼が遺した当時のノートには、メンデルスゾーン、モーツァルト、ハイドンの宗教曲の一部が書き写されている。

　修道院書記局の官吏フランツ・ザイラーは、アンスフェルデンの出身であり、ブルックナーの弟イグナツの名付け親でもあった。音楽好きのザイラーは、新品のベーゼンドルファー・ピアノを持っており、ブルックナーにも自由に使わせた。ある合唱児童によれば、休日のブルックナーは十時間もそのピアノに向かっていたという。

　ザイラーはブルックナーをヴィーン音楽院に進学させたいと願っていた。だが彼は一八四八年九月に、四十五歳で他界してしまう。彼の遺言により、ベーゼンドルファーはブルックナーの所有となった。ブルックナーは生涯そのピアノを手放さず、後年の作品はすべてその鍵盤から紡ぎ出されている。

オーケストラを伴う最初の大作『レクイエム　ニ短調』は、ザイラーの死を悼んで作曲された。ヴィーン古典派のスタイルを踏襲し、混声四部合唱、四人の独唱者、オーケストラ、オルガンによるこの作品は、エンスのツェネッティに学んだ成果である。初演はザイラーの一周忌に、聖フロリアン大聖堂で行われ、高位聖職者の逝去に際してのみ使用される大オルガンが演奏された。

同時期の大作『荘厳ミサ』については、後にあらためて触れる。宗教曲ではこのほか、聖歌隊指揮者イグナツ・トラウミーラーに捧げられた大編成の『マニフィカト』、修道院長アルネートの霊名祝日を祝う四部合唱のためのカンタータ『諦念』などがある。

器楽曲ではアロイジアに捧げられた前記のピアノ曲のほか、数少ないオルガン曲『前奏曲とフーガ』が書かれた。世俗的合唱曲には『生誕』や『気高い心』などがある。

珍しい曲種として、三本のトロンボーンのための二曲の『エクヴァーレ』を挙げておこう。これはリンツおよび高地オーストリア特有の葬送曲であり、大伯母ロザリア・マイホーファーの死に際して作曲された。ここには後のブルックナー交響曲における、コラール風な楽想の萌芽が聴かれる。

ビーダーマイアー氏の革命

「ビーダーマイアー」は詩人ルートヴィヒ・アイヒロットが創造した、架空の人物の名である。

ビーダーマイアー氏は「絵入り週間新聞」に自作の詩を連載する、質素で実直な小学校教師とされていた。ビーダーマイアーはブルックナーの別名といっても過言ではない。

当時のオーストリア国民は、宰相メッテルニヒと秘密警察の厳しい規制と監視の中で、ひたすら政治から目を背け、平穏無事な生活に逃避した。ビーダーマイアー氏は三月革命前夜の、つつましく、小心で、俗物的な、平均的市民の象徴なのである。

ブルックナーが聖フロリアンに赴任して三年目、ビーダーマイアー氏の安穏な日常に衝撃が走った。『共産党宣言』が出版された一八四八年の二月、フランスで起こった暴動は、またたく間にヴィーン、ベルリン、ミュンヒェンへと飛び火する。ヴィーン三月革命の勃発である。

オーストリアではここ数年凶作が続き、下層階級の苛立ちは暴発寸前だった。非ドイツ人地域では民族主義が沸騰し、ヴィーンはたちまち流血の街と化す。政府は新憲法を発布して農奴を解放し、十一月にはかろうじてヴィーンを回復する。メッテルニヒは革命のさなかにイギリスへ亡命し、フランツ・ヨーゼフ帝が十八歳で即位した。

この動乱でリヒャルト・ヴァーグナーはドレスデン革命に身を投じ、政治犯としてスイスに逃亡した。ヴィーンではヨハン・シュトラウス二世が『革命行進曲』を書いて反乱側を支持した。だが局面不利を悟ると、彼はさっそく『フランツ・ヨーゼフ皇帝行進曲』で体制側に復帰した。この日和見主義的行動は「ワルツ王」一人のものではなく、オーストリア市民階級の全般に見られた。

ブルジョワジーは封建階級よりも、むしろプロレタリアートを恐れていたのである。オーストリアが巧みに革命を乗り切ると、彼らは歓声を上げてそれを賞賛し、その後の反動期には熱烈な愛国主義に転じる。

ブルックナーは三月革命の期間中、国民軍の軍事訓練を受けたともいわれるが、確かなことは分かっていない。いずれにせよその国民軍も、プロレタリアートの脅威からブルジョアジーを守るための半官製的組織であり、実質的に活動したのはヴィーンの国民軍だけだった。リンツではイエズス会派が一時的に追放された以外、ほとんどなんの動きもなかった。これ以後のブルックナーの精神生活にも、革命の痕跡を見ることはできない。

革命から二年後の一八五〇年、ブルックナーの身にささやかな変化が起こる。オルガンの師カッティンガーが修道院を去ったために、ブルックナーがその後継者として、付属教会の暫定オルガニストに昇格したのである。

カッティンガーは副業として、聖フロリアン地区裁判所の書記を務めていた。革命後の改革で教会の封建的裁判権が撤廃され、彼は帝国収税吏に昇進してクレムスミュンスターに赴任した。あるいは彼の転身の動機は、その前年の妻の死にあったともいわれる。彼は一年後の喪明けに、クレムスミュンスターで再婚している。

ともあれブルックナーは、この時の四十四グルデンの昇給を、まるで「領主様にでもなったように」喜んだという。聖フロリアンのオルガニストの地位は、オーストリア帝国で最も志願者の多いものだった。三年間の暫定的な地位を経て、彼はやがて正オルガニストに昇進する。

迷いと恐れ

ブルックナーの悪名高い証明書コレクションは、すでに革命の年に始まっている。一八四八年三月、彼は師カッティンガーから、オルガン演奏能力に関する証明書を手に入れた。七月には低地オーストリアのザイテンシュテッテン修道院を訪れ、同地のオルガニスト、ヨーゼフ・プファイファーから、「真の天才的音楽家」と褒めちぎった証明書を得ている。

一八五〇年、文部省の指示で改善された教員養成講座が、リンツに開設された。ブルックナーは学外受験者として実科学校教員試験を受け、地理、歴史、ドイツ語、数学、幾何、理学、博物学、習字などの科目で「優」の評価を与えられた。翌年には応用算術や工学などの試験も受け、五五年には中央学校の教師資格を得た。

若いブルックナーにとって、生活の不安は強迫観念となっていた。彼は修道院長アルネートに嘆願し、修道院オルガニストとして「その職務を規定通りかつ満足に遂行する限りにおいて、従来通りの額を支給する」という保証書を取り付けている。

恐らくカッティンガーの範に倣ったのだろう、ブルックナーは一八五一年から、聖フロリアンの地区裁判所で無給の事務職を務めていた。彼はひところ司法関係の役人を志し、五三年には裁判所の官職を求める嘆願書を、エンス市当局に提出している。幸か不幸か、この嘆願は退けられた。

ブルックナーは一八五〇年に聖フロリアンで、ヴィーンの宮廷楽長イグナツ・アスマイアーの知

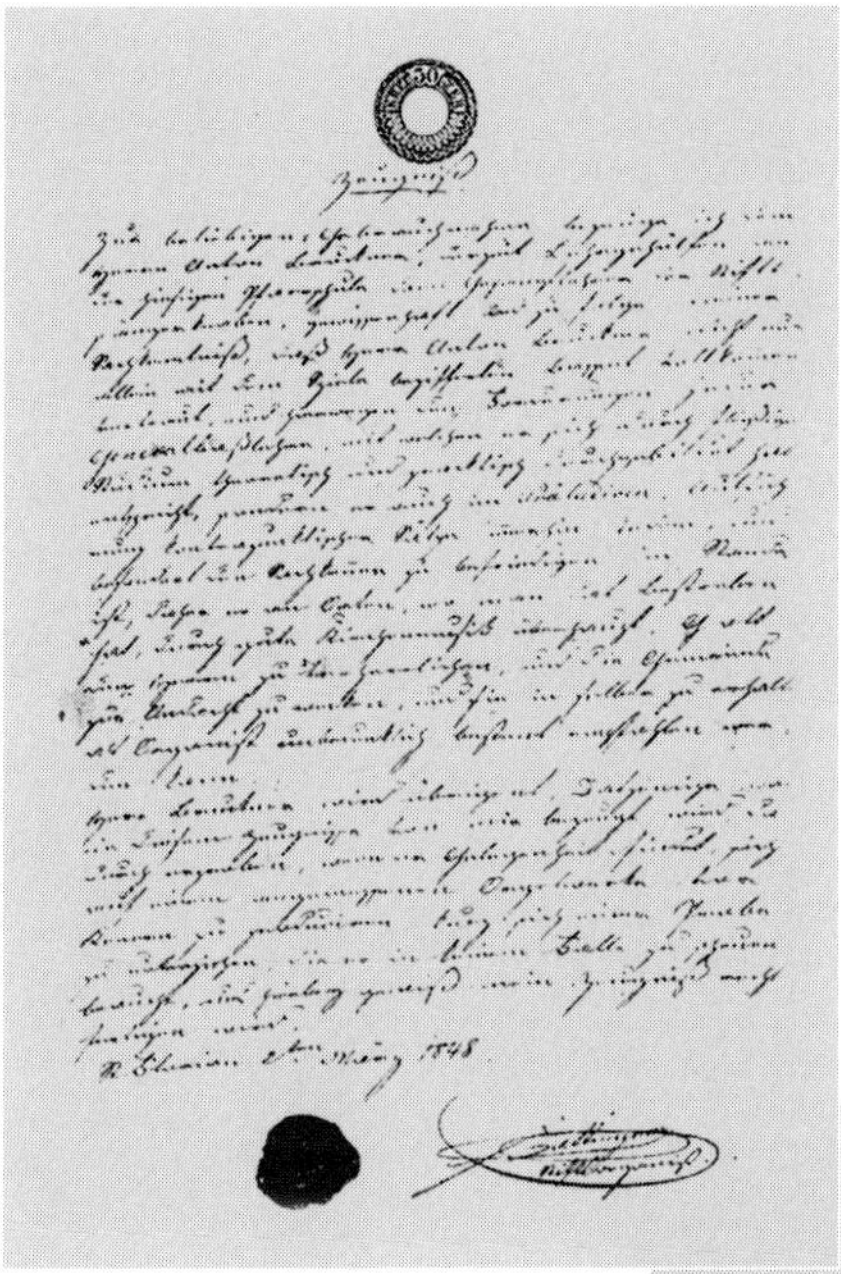

アントン・カッティンガーによる証明書（一八四八年）

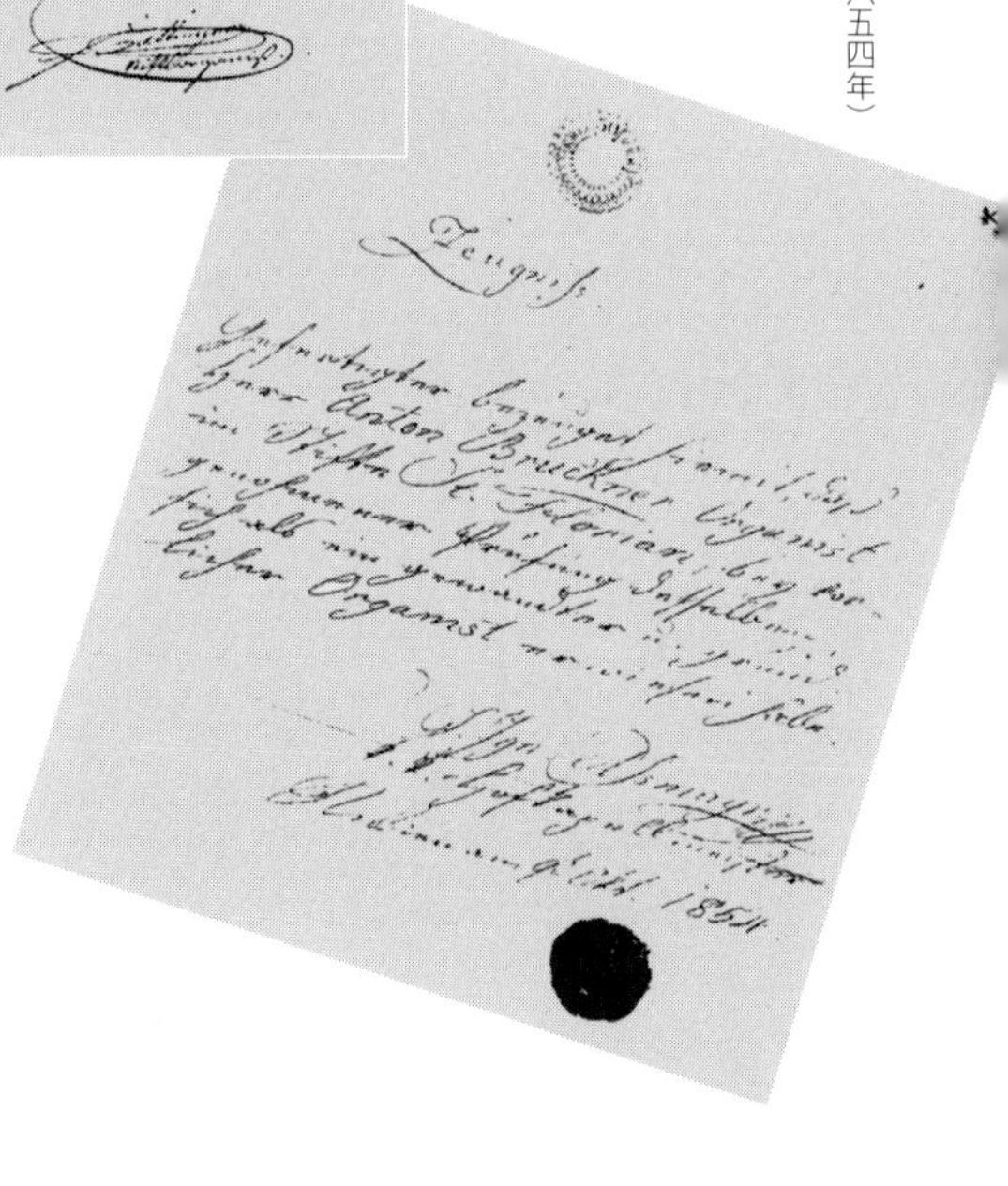

イグナツ・アスマイアーによる証明書（一八五四年）

己を得た。アスマイアーは二十五歳の時にザルツブルクからヴィーンに出て、シューベルトとともにアントニオ・サリエリに学び、多数の宗教曲を書いている。

一八五二年初頭、ブルックナーは初めて帝都ヴィーンの土を踏み、宮廷楽長アスマイアーを訪問した。この時彼はフランツ・ザイラーのための『レクイエム』を携え、批評を乞うた。七月三十日、ブルックナーはアスマイアーに宛てて次のように書く。

いと気高き宮廷楽長閣下!

何はさて、閣下の霊名祝日をお喜び申し上げます。願わくば主が閣下の不断のご健康と、末永いご長寿を賜わりますよう。失礼をも顧みず、二度目の便りを差し上げることをお許しください。書面でなりと閣下のお側に参り、お話し申し上げようと思う度に、深い慰めを感じ、矢も楯もたまらずしたためました。閣下の温かいおもてなしを、いつも忘れることができません。時々こうしてお手紙を差し上げますことを、閣下は寛大にもお許しになりました。私の手紙を厚かましいと思し召しにならぬことが、何よりの慰めです。昨年宮廷楽長閣下から、たゆまず努力せよとご助言を頂き、力の限りそれに従って参りましたが、そのささやかな証しとして、僭越ながら閣下の霊名祝日に際し、微力な試みではありますが、同封の『詩篇』(第百十四篇)を献呈いたしたく存じます。どうかそのつたなさにご気分を害されぬよう、多くの点で寛大なお目こぼしを賜りますよう、伏してお願い申し上げます。これもひとえに、閣下への多大な崇拝の証しにほかなりません。私はこの地で、心を開く相手もなく、多くの面で誤解を受け、折々は密かに心を痛めております。私どもの修道院では、音楽は、そして結果的に音楽家は、ぞんざいな待遇を受けております。ああ、またお目にかかってじかにお話しできないものでしょうか！　私は閣下の素晴らしいお人柄を存じております。それはなんという慰めでしょう！　私はもうこの地では、朗らかに過ごすこともならず、私の計画に気づかれぬよう気を配らねばなりません。末筆ながら、どうか私のことをお心にとめられ、末永くご温情とご好意を賜らんことを。私の幸運のためにお力添えくださるなら、ご恩は生涯忘れません。閣下に忠実なる修道院オルガニスト、アントン・ブルックナー

なんと大仰な、なんとへりくだった文面であろう！　目上の者に対するこのような物腰から、ブルックナーは生涯解放されなかった。だがこの卑屈な田舎者の風貌は、彼の一面に過ぎない。晩年のブルックナーの年若い友人であり、後にクロスターノイブルクの修道院長となったヨーゼフ・クルーガーは、次のように書いている。

「ブルックナーの性格には、一つの解き難い謎があった。底深い謙虚さと、誇り高い自尊心の共存である」

ブルックナーはこの手紙で、傷ついた自尊心と孤立感について、アスマイアーに率直に訴えている。修道院という場所では、音楽は聖務の一部に過ぎず、演奏や作曲も、修道士たちの日々の労働と区別されない。ブルックナーは裏方の音楽係から、かけがえのない一人の芸術家になろうとしている。だとすれば、修道院は彼のいる場所ではない。

聖フロリアンのブルックナー・オルガン

ブルックナーはもう二十八歳になっていた。彼は子供の頃からヴィーン宮廷楽団の一員となることを夢み、五一年頃からそれを画策していたと語っている。「気付かれてはならない計画」とは恐らくそのことであり、アスマイアーに接近したこともそれと無関係ではあるまい。だがブルックナーのこのような態度が、ますます周囲の不信を招き、ますます彼の孤立をつのらせたと思われる。

一八五四年三月、合唱児童の頃から目をかけてくれた修道院長、ミヒャエル・アルネートが八十二歳で没した。埋葬式にはブルックナー作『リベラ・メ』と『アルネートの墓前に』が演奏された。アルネートの後継者は、やはりブルックナーが年少の頃から知るフリードリヒ・マイアーだった。マイアーは修道院事務局長時代から、毎週カルテットの夕べを催すなど、音楽振興に熱心であり、ブルックナーにも好意的だった。クロンシュトルフへの転勤や聖フロリアンへの着任についても、マイアーの助力は不可欠であり、ブルックナーはマイアーへの感謝の印にカンタータ『忘れな草』を捧げている。

ブルックナーの『荘厳ミサ』は、マイアーの修道院長就任式のために作曲された。院長就任式などの儀式には、通常聖職者だけが参列したが、ブルックナーは昼間の祝宴で、マイアーのテーブルに招かれるものと期待していた。だがこの期待はみごとにはずれた。ゲレリヒ＝アウアーの評伝によれば、ブルックナーはこの時一人で修道院の向かいのレストランに行き、五コースの食事と三種類のワインを注文して、「これがミサの謝礼だ」とぼやきながら食事を摂ったという。

この年の十月九日、ブルックナーはヴィーンのピアリスト教会で、宮廷楽長アスマイアー、同楽長ゴットフリート・プレイヤー、ヴィーン音楽院教授ジーモン・ゼヒターを前にオルガン演奏試験を受けた。彼は同日アスマイアーから「熟達徹底したオルガニストたることを証する」という鑑定書を手に入れている。偶然にもそれは、司法関係のポスト請願がエンス当局から却下された、ちょうど同じ日のことだった。

五四年から五五年にかけて、当時グムンデンのオルガニストだったロベルト・フューラーが、聖フロリアンを訪れた。彼はプラハ出身の著名なオルガニストで、五十四年の生涯に百曲あまりのミサ曲などを作曲し、理論書も出版している。だがその詐欺師的な言動によって注意人物と見なされ、各地を転々としていた。

五五年四月、ブルックナーはこのフューラーの試験を受け、「和声学と対位法に関し、徹底的かつ広範な知識を有し、当代における最も才能豊かな、勤勉で熟達せるオルガニストの一人」という鑑定書を得た。この時ブルックナーは、ヴィーンのジーモン・ゼヒターに師事するよう勧められた。

フューラーと同様チェコ出身のゼヒターは、厳格対位法の権威として知られ、ヴィーン音楽院で教鞭を執り、宮廷オルガニストでもあった。その門下には詩人グリルパルツァー、ベートーヴェン研究家ノッテボーム、ベルギーの作曲家ヴュータン、リストの好敵手タールベルク、後にブルックナーの友人となる宮廷楽長ヘルベックらがいる。最晩年のシューベルトは、対位法を学び直そうと決意し、一八二八年十一月始めゼヒターのもとを訪れたが、その十五日後に亡くなっている。

五五年七月、ブルックナーは『荘厳ミサ』の楽譜を携えてゼヒターを訪れ、入門を許された。彼は主に通信教育を通じて、だが休暇中はヴィーンに滞在して、六年間ゼヒターに師事する。

ゼヒターに入門したのと同じ頃、オルミュッツ大聖堂オルガニストのポストが空席となり、ブルックナーは密かに応募しようと企てた。だがそれを知った修道院長マイアーは、彼にはもっとよいポストがあるはずだと叱責したという。

同じ年の十一月、リンツ大聖堂のオルガニスト、ヴェンツェル・プランクホーファーが、結核のために五十歳で没した。暫定後継者の地位には、すでに二人の候補者が名乗りを上げており、フーガの即興による予備試験が課せられた。ブルックナーのかつての師デュルンベルガーが、試験直前に主題を書き下ろし、候補者は厳格対位法に従ってフーガを完成させねばならなかった。

ブルックナーは周囲にしつこく勧められ、予備試験の会場に来ていた。半ば強制的に彼を試験に参加させたのは、師デュルンベルガーだった。十一月十五日付けの「リンツ新聞」は、その結果についてこう報じている。

「応募者は課題の大部分を巧妙に乗り越えたが、審査員および好楽家の一致した見解では、聖フロリアンのアントン・ブルックナー氏がとりわけ優れていた。この結果、すでに昨日も報じたように、リンツ大聖堂オルガニストの地位は、暫定的にブルックナー氏に与えられる」

本試験は翌年一月二十五日に行なわれる予定だった。だがブルックナーは願書を提出しなかった。修道院長マイアーや聴罪司祭がしきりに彼を急き立て、あれこれと忠告を与えるしまつだった。

あれほど修道院を離れたがっていたのに、いざそれが実現するとなると硬く身をすくませる。修道院長はブルックナーに、聖フロリアンのオルガニストの地位を二年間空席にしておくと約束せねばならなかった。ようやく一八五五年のクリスマス・イヴに、ブルックナーは本試験の準備のためリンツに移る。

言いようのない不安が、彼にとりついている。今いる場所にも、これから行く場所にも、それは生涯彼に付きまとう。やがて彼が書き始める、巨大なクライマックスと解放感をともなう交響曲群は、その不安を母体としているようにさえ思われる。

本試験は四人の候補者の間で争われ、ブルックナーはハ短調の主題によるフーガを、完璧に演奏した。彼は満場一致でリンツ大聖堂オルガニスト、ならびに聖堂区教会正オルガニストに推薦され、五月十四日に宣誓を終え、その地位を正式に自分のものとした。

第2章―リンツ

名士

その昔、ザルツブルクからヴィーンへ通じていた「塩の道」は、ちょうどその中ほどでドナウ河に出迎えられた。リンツの町はその接点に位置し、古くから交通と商業の要所として栄えた。この町には八世紀の建造に遡る、オーストリア最古の教会がある。

リンツの名で連想されるのは、モーツァルトの交響曲であろう。一七八四年秋、彼は新妻コンスタンツェとともにザルツブルクからヴィーンへ戻る途中、この町のトゥーン伯爵家に滞在した。同家のコンサートのために、『リンツ』はわずか数日で作曲された。「リンツのヴァイオリン弾きたち」も、音楽史に重要な役割を果たしている。彼らは粗野な田舎の舞曲を弾きながらドナウを下り、ヴィーンにワルツの種を蒔いたのである。

一八三二年には、リンツからボヘミアのブドヴァイスまで、ヨーロッパ初の鉄道馬車が開通した。レールの上を馬車が走る原始的な鉄道だが、ブルックナーはかつてヴィントハークに赴任する時にこれに乗ったのである。余談ながらブドヴァイス特産のビール「ブドヴァイザー」は、アメリカに輸出されて今日の「バドワイザー」となっている。

ブルックナーの着任から二年後、ヴィーンからリンツまで「皇妃エリーザベート鉄道」が開通し、さらに二年後にはザルツブルクまで延長される。鉄道建設は西ヨーロッパ全体で進行していた。

ブルックナー時代のリンツは、人口三万五千人ほどの小都市だった。リンツには造船所があり、ドナウを行き交う汽船が河岸から眺められた。ここには水準の高いオーケストラがあり、オペラを上演する劇場があり、幾つかの合唱団が活動していた。

ブルックナーは年収四百四十八グルデンを支給され、司祭広場の教区教会に隣接する「メスナーハウス」の三

リンツの風景

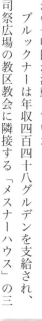

階に、三部屋の住まいを借りていた。このメスナーハウスには、ブルックナーの直接の上司にあたる、大聖堂楽長カール・ツァッペも住んでいた。ツァッペはオルガニスト選定予備試験の際、審査員を務めた一人でもあった。

リンツでのブルックナーは、市長の息子をはじめ、良家の子女にピアノや音楽理論を教え、社交界にも多くの知人を得た。舞踏会にもよく顔を出し、ある仮面舞踏会にはナポレオン三世風の尖った口髭をつけて現われたという。彼は上等のレストランに通い、ビールと葉巻に目がなく、食欲は旺盛で、すでに肥満し始めていた。

リンツ出身の劇作家ヘルマン・バールによれば、その頃ブルックナーはある「取るに足らない女性」にピアノを教えていて、彼女の小さな手にひっきりなしにキスをしていたという。バールはこう書いている。

「ブルックナーが当惑して冷や汗をかきながら片膝を折り、農民的無骨さでぎくしゃくと敬意を表するその滑稽な様を見て、私の母などは笑いをこらえられず、近くで彼の姿を見ることさえできなかった」

かつての助教師ブルックナーは、地方都市の名士として人生の半ばを達成し、そこそこの将来が約束されていた。離れて暮らす家族にとっても、彼の州都進出は自慢の種であったろう。リンツに来て三年後、ブルックナーは市民権を取得した。

リンツの司教フランツ・ヨーゼフ・ルディギアは、血の気の多い特異な人物だった。彼はビスマルクのカトリック弾圧に断固として抵抗し、一八六九年には公共の平和を乱した罪で二週間投獄の判決を受けたが、皇帝の恩赦に救われている。

ルディギアはブルックナーの人柄と才能を愛し、ひそかに彼のオルガン練習に耳を傾けた。ブルックナーの『ミサ曲第一番』が教会で演奏された時は、不覚にも祈ることさえ忘れたと告白している。この司教に捧げられた『ミサ曲第三番』が初演された時、ルディギアはブルックナーを新しい大聖堂の地下に導き、彼の墓所をそこに約束した。聖堂内に葬られることはキリスト教徒にとって、やがて来る蘇りの日のための最高の栄誉なのである。

ノルベルト・ナクラーによれば、ルディギアは極端な禁欲主義と終末論を唱えるモンタヌス派の擁護者だった。ブルックナーに対する彼の影響については、今後の研究課題だとナクラーは言う。

行政官モーリッツ・フォン・マイフェルトも、リンツ時代のブルックナーに擁護を惜しまなかった一人である。マイフェルトは仏・伊・英語を自由に操り、ピアノも弾き作曲も手がけるインテリだった。三月革命の年にはフランクフルト国民議会の議員を務めたが、ドイツの統一や憲法を論じるこの会議には、グリム兄弟の兄ヤーコプも参加している。

マイフェルトの妻ベティーは、アマチュアながらクララ・シューマンも一目置くピアニストだった。ブルックナーはマイフェルト夫妻のホームコンサートの客となり、彼らを通じて同時代の作品に触れた。

マイフェルト夫妻の友人の中には、リンツの視学官を務めるアーダルベルト・シュティフターがいた。名作『石さまざま』や『晩夏』の作家である。オスカー・レルケによれば、シュティフターは教員志望のハーガーという若者をブルックナーのところに行かせ、ブルックナーは彼を教会の合唱隊に入れたという。シュティフターとブルックナーとの個人的接触については不明だが、この二人の出会いには想像力をかき立てるものがある。シュティフターの名品『水晶』の非情な氷河世界と、ブルックナー交響曲のそこここには、ひそかな魂の共鳴が感じられるからである。

リンツに移った年の三月、ブルックナーはさっそく男声合唱団「フロージン」に入団し、間もなく次席ライブラリアンとなった。同年九月、ザルツブルクでモーツァルト生誕百年祭が催された時、五百人以上が参加した合唱祭でフロージンも歌った。

ブルックナーはその機会に、ザルツブルク大聖堂のオルガンを試奏している。その場には例の山師的オルガニスト、ロベルト・フューラーがおり、ブルックナーの演奏スタイルに難癖をつけた。彼は聖フロリアンの後任ポストをねらって失敗し、ブルックナーを逆恨みしていたという。二人はオルガンで決着をつけることになった。

この時フューラーはボヘミアの伝統に従って、静かで簡潔なスタイルで主題を展開した。一方ブルックナーはすべてのレジスターを駆使して、より即興的にロマンティックに演奏し、最後をフーガで締めくくった。一般の好みは老練なフューラーに傾いたが、専門家の間ではブルックナー優勢の見方が強かったという。

ブルックナーはこの合唱祭のしばらく後、リンツの男声合唱団「ゼンガーブント」の指揮者アロイス・ヴァインヴルムの弟、ルドルフ・ヴァインヴルムと知り合う。ブルックナーより十一歳年下のルドルフは、この二年後ヴィーンに大学合唱協会を設立し、後にジングアカデミーや男声合唱協

フランツ・ヨーゼフ・ルディギア

モーリツ・マイフェルト

ルドルフ・ヴァインヴルム

会の指揮者を務め、合唱運動の旗手として活躍する。

当時の合唱運動は、ビーダーマイアーの音楽文化を象徴するものだった。貴族社会が後退し、文化が市民の手に移り始めた時、合唱は最も安価な演奏形態であり、最も強力な自己表現だった。このためメッテルニヒは、男声合唱連盟の結成を禁じたほどである。その後オーストリアの国力に陰りが見えはじめると、合唱運動は一転して愛国主義的色彩を帯びる。

生涯合唱との関わりを捨てなかったブルックナーは、アウグスト・ジルバーシュタインの詩による、ドイツ民族主義的な合唱曲を四曲ほど作曲した。最後の完成作となった『ヘルゴラント』も、そのひとつである。

ヴィーンに住むルドルフ・ヴァインヴルムは、ブルックナーにとって友人兼秘書的な存在となる。ブルックナーは絶えず助言や情報を求め、楽譜の調達やゼヒターとの連絡などで、彼の手をわずらわせた。二人はこの時期に六十通ほどの手紙を交わしている。

ブルックナーは司教ルディギアの許しを得て、年に二度の長い休暇をヴィーンで過ごし、直接ゼヒターの教えを受けた。ブルックナーはその都度ヴァインヴルムに手紙を書き、「静かで、涼しくて、できれば庭に面した部屋」を探してくれるよう頼んだ。

対位法の権威ジーモン・ゼヒターは、音楽の世界の法律家だった。彼の教えは厳格をきわめ、絶対に例外を認めず、修行中には自由な創作を許さなかった。ブルックナーはヴィーンに来ると彼の住まいに入りびたり、毎日七時間も勉強に没頭した。ゼヒターはブルックナーの十七冊にのぼる二重対位法の練習帳に目を通し、その勤勉さに舌を巻くとともに、「また元気でヴィーンに来られるよう、体をいたわり、必要な休養を取るように」と書き送っている。

ゼヒターに師事してまる三年、五八年七月に、ブルックナーはゲネラルバスの試験を受け、「豊かな素質、勤勉な学習態度、ならびに種々の実践により勝ち得た、前奏と主題展開における熟達」について能力証明書を与えられた。

その二日後ブルックナーは、ヴィーンのピアリスト教会でオルガンの実技試験を受けた。審査員の一人だった音楽評論家ルートヴィヒ・シュパイデルは、「ヴィーン新聞」の夕刊でブルックナーの「輝かしい未来」を予言している。ブルックナーの名が帝都ヴィーンに登場したのは、まず卓越したオルガニストとしてだった。


一八六〇年、リンツに住むことに同意しなかった母テレジアが、エーベルスベルクで亡くなった。ブルックナーは死の床に横たわる母の写真を撮らせ、生涯大切に眺め暮らした。このちょうど十年前、ヘルシンク時代の師ヴァイスが自殺した時、ブルックナーは彼の頭蓋骨を手に入れようと試み、当局に拒否されている。

私はブルックナーのこのような傾向を、「倒錯」と呼んでよいかどうかは分からない。一つだけ確かなことは、彼がいた修道院という場所が、「死の学校」だということである。

俗界から離れて修道院に身を預けることで、人は世俗的に死に、その後は第二の死の準備に明け暮れる。死者や人骨に対して心を乱さぬよう訓練され、喜々として断末魔を迎えるよう教えられる。

ブルックナーは修道僧たちの「死の鍛錬」の姿を、間近に見ながら少年時代を過ごした。死者に対する彼の態度は、修道院的日常の延長に過ぎないのかも知れない。

だが同時にまた、恐怖とエロス、あるいは苦痛と快楽とが、しばしば表裏一体であることもよく知られている。ネクロフィリーのような倒錯の一因は、肉体や官能的なものを敵視し、排除する教育にあるといわれている。

合唱指揮者

母が亡くなった年、ブルックナーは合唱団フロージンの主席指揮者に選出された。団員たちによれば、指揮者ブルックナーの練習態度は、非常に誠実なものだったという。一八八〇年代にフロージンの団員だったハンス・コンメンダは、次のように回想している。

練習でのブルックナーは、口やかましく厳格であり、発音の明瞭さ、ブレスの正確さ、特に声部のバランスに気を配った。彼は弱音の美しさを好み、ピアニッシモでは床に沈みそうに身をかがめた。とりわけ美しい箇所では一人感動にふけり、我に返るのに長い時間を要したという。ちなみにベートーヴェンの指揮も「熱中型」で、ピアニッシモの表現もこの通りだったようだ。

ある時ブルックナーはピアニッシシモの箇所を、何度やり直させても納得しなかった。いい加減にうんざりした団員は、示し合わせて口だけ開け、声を出さなかった。するとブルックナーは「そう、それでいい！」と歓声を上げたという。

さまざまな証言に見るところ、ブルックナーの指揮ぶりは、威厳と風格に満ちたものとは言い難かったようだ。後年の『テ・デウム』初演の際、合唱に加わっていたヨーゼフ・ヴェスは、次のように述べている。

「彼には大袈裟な身振りをする癖があって、いわば常にフォルティッシモで指揮した。ぎこちなく腕を伸ばし、左手を高く掲げることもしばしばあり、それは空中でぶるぶると震えていた」

先入観を持たない子供たちは、もっと辛辣である。ブルックナーの晩年にリンツ大聖堂の合唱児童だった、フランツ・グレーフリンガーは、次のように回想している。

　ブルックナーが自作のミサ曲を指揮することになった時、何より私たちを面白がらせたのは、緊張のせいで彼が壊滅寸前にあるらしいことだった。彼が天才であることなど、私たちは知るよしもなかった。興奮のあまり指揮棒を逆さに構えた、ただのおかしな爺さまにしか見えなかった。彼は別の手に大きな青いハンカチを握りしめ、拍子に合わせてそれを旗のように振り始めた。そして右手で指揮しながら、時々ハンカチに顔を埋め、えらくもたもたと鼻をかむのである。それは私たちにとって、半端なおかしさではなかった。

だがトレイナーとしてのブルックナーは有能だったようである。一八六一年六月、ドイツ＝オーストリア初の本格的な合唱祭がクレムスで開催され、千百人の出演者と三十二の合唱団に混じって、フロージンも参加した。翌月にはニュルンベルクの合唱祭にも出演して好評を得ている。

ニュルンベルクではジルバーシュタインやヘルベックなど、ヴィーン男声合唱協会の有力メンバーとも面識を得た。楽友協会の指揮者でもあるヨハン・ヘルベックは、この四年後にシューベルトの『未完成交響曲』を発掘初演した人物として知られる。彼はさらにその三年後、ブルックナーのヴィーン進出を実現させる。

フロージンでの指揮活動は、結局一年ほどしか続かなかった。「愉快な心」という団名にふさわしく、メンバーにはいたずら者が多かったらしい。六一年九月、彼らは行きつけのレストランでブルックナーを一人にし、年若いウエイトレスを使って、独身の指揮者をからかったのである。ブルックナーはこれに過剰反応して即座に退団した。

ゼヒターのもとでのブルックナーは、五八年に和声学、翌五九年に単純対位法と二重対位法、六〇年に三重・四重対位法、六一年にはカノンとフーガの学習を終え、すべての理論を習得した。自由な創作も許され、彼はその年に七曲の小品を作曲している。

混声合唱のための『アヴェ・マリア』は、成熟を迎えたブルックナーによる最初の作品である。リンツ新大聖堂の建立ミサの際、ブルックナー指揮でフロージンにより初演され、「リンツ新聞」紙上で高い評価を得た。

ゼヒターのもとでの学習を修了した三か月後、ブルックナーは猛然と求職活動を開始する。最初の標的はザルツブルクだった。六月下旬、大聖堂音楽協会長とモーツァルテウム音楽院長のポストを求める請願書が、聖フロリアン、フューラー、ゼヒターによる証明書とともに提出された。ブルックナーは審査委員会を前に自ら『アヴェ・マリア』を指揮し好評を博したが、この求職は実らなかった。

十月から十一月にかけて、ブルックナーはヴィーン楽友協会に宛てて「和声・対位法教授」の称号授与を請願する。楽友協会は「その種の権限を有せず」として却下した。ブルックナーはこれに反論し、リンツの官吏数人がヴィーンでの公開試験によって、教授の称号を取得した例があること、またヴィーンの複数の官庁から、その方法を勧められたことを申し立てた。楽友協会はこれに答えず、ブルックナーは重ねて請願書を提出し、ヴィーン音楽院教員としての能力試験を求めた。

これがブルックナーのいわゆる「大試験」に至る経緯である。試験官の顔ぶれは、ヴィーン音楽院教授ジーモン・ゼヒター、同院長ヨーゼフ・ヘルメスベルガー、同視学官アロイス・ベッカー、宮廷歌劇場指揮者オットー・デソフ、楽友協会指揮者ヨハン・ヘルベックだった。

筆記試験にはこれまでの作品や、答案が提出された結果、口頭試問は免除された。九月二十一日の実技試験には、前回同様ピアリスト教会のオルガンが使用された。ゼヒターが四小節の主題を書き下ろし、ヘルベックがさらに四小節書き加えて、課題をより複雑なものにした。

試験が終了した時、驚嘆したヘルベックが「彼が我々を試験すべきだった」と言ったエピソードはよく知られている。審査員のうち師ゼヒターを除けば、ブルックナーほど対位法に精通した者はいなかったであろう。翌日起草された能力証明書にはこう記されている。

「オルガニストとしてのブルックナー氏は、楽器に関する精密な知識と、並々ならぬ技量を立証し、他者の作品の演奏においても、自作および課題に基づく即興演奏においても、同等の熟達ぶりを示した」

ブルックナーはこの大試験によって、音楽院教員としての能力を実証した。だが実際にその地位を得るまでには、さらに七年もの間待たねばならない。

未来音楽

対位法の実践者としてのブルックナーは、二重三重の折り紙を付けられながらも、彼の学習意欲は衰えなかった。彼はピアリスト教会での大試験と前後して、新たな師オットー・キッラーを見出している。

ドレスデン出身の新進音楽家キッラーを、ブルックナーは三年ほど前から知っていた。キッラーは大聖堂楽長ツァッペが主宰する弦楽四重奏団のチェリストであり、大規模なミサの演奏にも参加した。一八六一年春、キッラーがリンツ劇場の首席指揮者に就任すると、ブルックナーはその秋から彼に学び始める。

キッラーはブルックナーより十歳も若く、各地で豊富な経験を積み、新しい傾向の音楽にも詳しかった。キッラーの進歩的な面こそ、ゼヒターに欠けているものだったのである。キッラーはブルックナーに、古典派、ロマン派、後期ロマン派の和声法と管弦楽法を教え、ベートーヴェンの『熱情ソナタ』第一楽章をオーケストラに編曲させた。一八六三年二月、キッラーはリンツでヴァーグナーの『タンホイザー』を上演して成功を収めたが、彼はその上演の前後、ブルックナーとともにスコアを研究している。

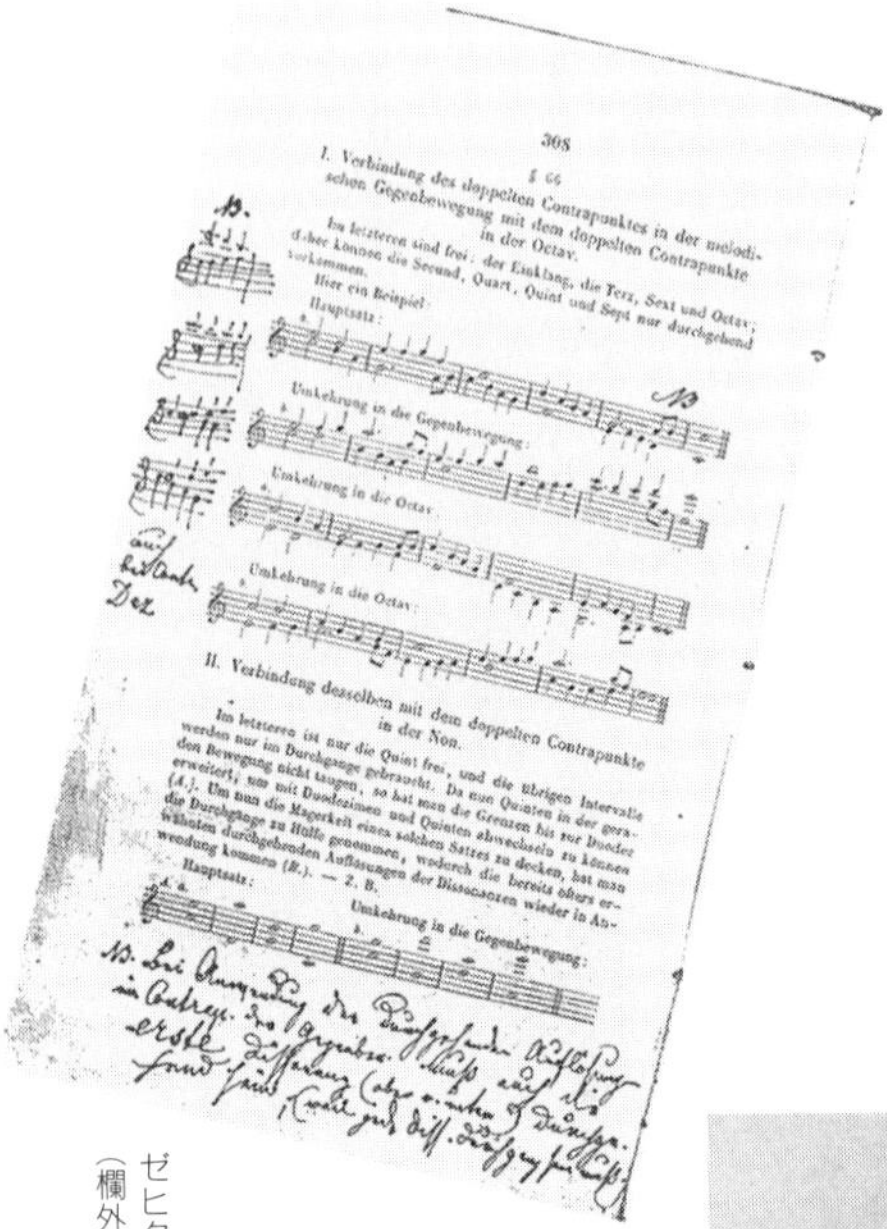
308

§ 66

I. Verbindung des doppelten Contrapunktes in der melodischen Gegenbewegung mit dem doppelten Contrapunkte in der Octav.

Im letzteren sind frei: der Einklang, die Terz, Sext und Octav; daher können die Secund, Quart, Quint und Sept nur durchgehend vorkommen.

Hier ein Beispiel:

Hauptsatz:

Umkehrung in die Gegenbewegung:

Umkehrung in die Octav:

Umkehrung in die Octav:

II. Verbindung desselben mit dem doppelten Contrapunkte in der Non.

Im letzteren ist nur die Quint frei, und die übrigen Intervalle werden nur im Durchgange gebraucht. Da nun Quinten in der geraden Bewegung nicht taugen, so hat man die Grenzen bis zur Duodecime erweitert, um mit Duodezimen und Quinten abwechseln zu können (A.). Um nun die Magerkeit eines solchen Satzes zu decken, hat man die Durchgänge zu Hülfe genommen, wodurch die bereits öfters erwähnten durchgehenden Auflösungen der Dissonanzen wieder in Anwendung kommen (B.). — Z. B.

Hauptsatz:

Umkehrung in die Gegenbewegung:

ゼヒターの『作曲教本』が教材となった（欄外はブルックナーの書き込み）

ジーモン・ゼヒター

オットー・キツラー

ブルックナーのいわゆる「キッラー練習帳」には、『弦楽四重奏ハ短調』『行進曲ニ短調』『三つの管弦楽曲』『序曲ト短調』『交響曲ヘ短調』などのほか、多数の未出版の歌曲や舞曲が書き残されている。

四か月足らずで完成された『交響曲ヘ短調』は、キッラーに「特別な霊感は感じられない」と評された。後年ブルックナー自身もそのスコアに「（一）八六三年における学校の宿題」と書き込んでおり、そのため『習作交響曲』の名で呼ばれるようになる。だがこの曲を黙殺するのはあまりに不当であろう。確かにそれはブルックナー的語法と前期ロマン派の折衷物ではあるが、メンデルスゾーンやヴェーバーに通じる瑞々しさには聴くべきものがある。この頃に遭遇した『タンホイザー』の影響は、まだここには表われていない。

一八六三年七月十日、キッラーのもとでの学習も終わった。通常二年のカリキュラムを十九か月で修了したという認定書が、彼の証明書コレクションに加えられる。ブルックナーとキッラー夫妻はリンツ郊外に遠乗りに出かけ、森のほとりのレストランで祝杯を挙げた。

ブルックナーは同年九月の休暇中、音楽祭が開催されるミュンヒェンに行き、バイエルンの宮廷楽長フランツ・ラハナーに面会した。ラハナーは『交響曲ヘ短調』をはじめとする作品に目を通し、上演について漠然とした期待を抱かせたが、その後なんの返答も寄こさなかった。

バイエルンではその翌年、熱狂的なヴァーグナー崇拝者ルートヴィヒ二世が十八歳で即位し、ヴァーグナー一派を首都に招聘したことから、ミュンヒェンの音楽界は騒然となる。ラハナーにしてみれば「リンツのメンデルスゾーン」どころではなかったのである。

ミュンヒェンの音楽祭と同じ頃、キッラーはリンツを去り、ハンガリーのテメシュヴァルに赴任した。キッラーはその後モラヴィアの中心地ブリュンの楽長となったが、師弟の交流はブルックナーの晩年まで続いた。キッラーはヴィーンに来る度にブルックナーを訪ね、彼の『テ・デウム』と交響曲『第四番』『第二番』をブリュンで演奏している。

キッラーがリンツを去った六三年、ヴィーン宮廷歌劇場のヴァイオリン奏者、イグナツ・ドルンがリンツに移り住む。当初ヴァイオリン奏者として赴任した彼は、間もなくラントシュテンデ劇場の副指揮者となる。

ドルンはベルリオーズ、リスト、ヴァーグナーなど、いわゆる「未来音楽家」の熱狂的な信奉者だった。彼自身も作曲家として、四回ほどコンサートを催した経験を持つ。リンツに来る二年前には、ヴィーン楽友協会ホールで『迷宮の絵、または夢と覚醒』を世に問うたが、この「特性的交響曲」は酷評をもって迎えられている。

ブルックナーは六歳ほど年下のドルンと親交を結び、彼を通じてリストの『ファウスト交響曲』を知った。彼はこの作品の「主題、巨大な構成、管弦楽法、大胆な和声」を、後年まで高く評価していた。音楽史家コンスタンティン・フロロスの見解では、ブルックナーに見られる回想や引用の手法は『ファウスト交響曲』から学んだものである。

ドルンを通じて知った前衛派の交響曲は、ビーダーマイアー氏の箱庭的音楽世界を粉砕した。ブルックナー自身の表現によれば、彼はいまや「鎖を解かれた番犬」のようだった。彼は困惑と恍惚に引き裂かれながら、ドルンにこう書き送っている。

「親愛なドルン、ちょっと来て見てくれないか、こんな風に作曲することが、いったい全体許されるのだろうか？」

イグナツ・ドルンの生涯は、ベルリオーズの『幻想交響曲』の狂気を地で行くものだった。彼は大聖堂楽長ツァッペの娘マリアと密かに婚約していたが、キッツラーから副楽長ポストの打診を受けてブリュンに旅立つ。予定された新婚旅行の三か月前、マリアから婚約を解消されたことを知り、彼は酒に溺れ、結局は副楽長の地位も失った。七一年ヴィーンのクラブ「新世界」に職を得て、ヨーゼフおよびエドゥアルトのシュトラウス兄弟とも共演した。

翌七二年五月、ヴィーンでヴァーグナー作品が上演され、ドルンは久しぶりにブルックナーやキッツラーと顔を合わせた。そのしばらく後、ヴァーグナーとの会見を拒絶された彼は、数日後「新世界」での指揮中に突然錯乱に陥り、その月のうちにヴィーンの市民救護院で急死した。享年四十二歳だった。

六三年七月五日、キッツラーのもとでの勉学が修了する直前、ブルックナーは混声四部合唱とオーケストラのための『詩篇第百十二篇』を完成した。この作品はリンツのアルゲマイネ病院定礎式のために書かれたと推定される。

『詩篇第百十二篇』の完成と前後して、ブルックナーはアウグスト・ジルバーシュタインから送られてきた『ゲルマン人の行進』の詩に作曲を始めた。男声合唱と吹奏楽のためのこの作品は、高地オーストリア州とザルツブルク州共催の、第一回合唱祭の懸賞応募作だった。翌六四年の夏、ブルックナー作品を含む当選作八曲が、ヨーゼフ・クレンツル社から出版されたが、これが彼にとって初めての出版譜となる。

こうした成功の兆しにもかかわらず、ブルックナーは不満だらけだった。十月にヴァインヴルムに宛てた手紙では、彼はその年を振り返り、和声学やピアノのレッスンが減ったために、ヴィーンへ出るのも一苦労だったと嘆いている。彼らはこの頃、国外移住さえ考えていた。

「最近聞いた話だが、君が宮廷楽長としてメキシコ行きを目論んでいる、というのは本当なのかね？　私にもそんな提案があった。この話は誰にも内緒にして、ともかく手紙をくれたまえ。この国が私たちを認めないなら、ロシアあたりにでも行ってみるか」

このメキシコ行きには、オーストリア皇帝の弟マクシミリアンがからんでいる。一八五五年、メキシコに革命が起こり、財政難を理由に対外債務の返済が停止された。これを受けてメキシコに出兵した三国のうち、イギリスとスペインは間もなく撤退したが、フランス皇帝ナポレオン三世だけは、中南米進出の野望を棄てなかった。彼は夢想家肌のマクシミリアンをおだて上げ、傀儡皇帝としてメキシコに送り込む。だが後述するように、マクシミリアンを持ち受けていたのは、マネが『皇帝マクシミリアンの銃殺』と題して描いた凄惨な運命だった。

マクシミリアンとリンツとは、浅からぬ縁で結ばれている。リンツで有力なサロンを有するエミリエ・フォン・ビンツァーは、一八五七年に劇詩人グリルパルツァーを介して、マクシミリアンの文筆上の助言者に任命された。マクシミリアンはエミリアを敬愛し、メキシコに発つ前にもリンツに彼女を訪れ、処刑直前にも告別の手紙をしたためたという。

ブルックナーに招聘の打診があったという六四年には、マクシミリアンはまだメキシコに君臨していた。彼はメキシコにヨーロッパ文明を移植することに熱中して、パリやヴィーンからオペラを招いたり、劇団を組織したりしていた。ブルックナーのメキシコ行きの話は、かなり現実味を帯びていたと推測される。

ともあれブルックナーは、メキシコにもロシアにも行かなかった。そのかわりに長い学習の成果が、宗教曲の分野で実を結ぶ。ブルックナーの『ミサ曲第一番』は、『ゲルマン人の行進』の完成と前後して着手された。初演予定日は六四年八月十八日、皇帝の誕生日だったが、実際に書き上がったのは九月末のことだった。十一月リンツ大聖堂での初演では、ブルックナー自ら指揮を執り、月桂冠を捧げられた。

『ミサ曲第一番』はその翌月リンツのレドゥーテンザールで、コンサート形式により再演された。三年後にはヴィーンで初演され、更にその三年後にはザルツブルクでも演奏されて、どちらも大成功を収めている。ブルックナーの庇護者モーリッツ・フォン・マイフェルトは、レドゥーテン・ザールでの『ミサ曲第一番』の演奏について、「アーベントボーテ」紙にこう論評した。

「その並外れたファンタジーの豊かさや、作曲技法に関する知識をもってしても、これから彼がどこへ進もうとしているかは見極めがたい。ただ一つ確かなのは、彼が近い将来、多大な成功とともに、交響曲の分野を開拓すると思われることだ」

ブルックナーが交響曲に手を染めるにあたって、マイフェルトの後押しがあったことは疑いない。後年ブルックナー自身が、「マイフェルトが私を交響曲の分野に追い込んだ」と洩らしているからである。『ミサ曲第一番』完成の四か月後、ブルックナーは六五年一月に『交響曲第一番』に着手し、翌年四月には完成する。

『交響曲第一番』

ブルックナーはこの曲の作曲に当たって、まず激越な終楽章から書き始めた。それはまさに彼の「シュトルム・ウント・ドラング」の音楽であり、弦はオルガンの即興のように奔放に駆け回る。展開部のフガートはすでに『第五番』のフィナーレを予告している。ブルックナーはこの交響曲を「じゃじゃ馬」と呼び、「自分がこれほど大胆で生意気だったことはなく、まさに恋する阿呆のように作曲した」と述懐している。この言葉は何よりも終楽章にふさわしい。

『習作交響曲』に比較すれば、『交響曲第一番』の書法は洗練され、音響の地平は広がり、情感は深みを増している。第一楽章は行進曲風の主題で始まり、まったく性格の異なる三つの主題という、ブルックナー特有の手法が初めて試みられている。第三主題の背景には、『タンホイザー』の「巡礼の合唱」の伴奏音型が聴かれる。

第二楽章には、滔々たるブルックナー・アダージョの萌芽が見える。むろんまだその振幅は小さく、その表情はぎこちない。だが第三楽章のスケルツォには、すでにブルックナーの刻印がはっきりと押されている。カール・グレーベはこのスケルツォを、古典派以降の平和な交響曲の地平に侵入してきた「不気味な暴力」と呼んだ。それはまさにブルックナー・スケルツォの誕生の瞬間にほかならない。

　原色の抽象画のように耳新しいこの交響曲が、当時のオーケストラや聴衆にたやすく理解されたとは考えられない。レドゥーテンザールでの初演の準備が始まった時、楽員は様々な箇所の変更を求めたが、ブルックナーは応じなかった。楽想の特異さと演奏の困難さにより、結局『第一番』のリンツ初演は、完成から二年後まで持ち越された。

　六八年五月九日の初演では、ブルックナー自身が指揮を執った。楽員の数が足りず、軍楽隊からアマチュアまで動員されたが、むろん彼らの理解力には限界があり、演奏の完成度は低かった。それに加えて初演前日には、ドナウ河の橋が崩壊するという惨事まで加わり、大方の市民はコンサートどころではなかった。

　リンツの「ターゲスポスト」紙は、「過度の効果を追及した結果、その豊満な美しさが覆い隠されている」が、スケルツォ楽章では盛大な拍手が巻き起こったと論評した。ヴィーンの「ノイエ・フライエ・プレッセ」紙の特派員は、簡潔ながら好意的な感想を寄せた。特派員の名はエドゥアルト・ハンスリックである。

　ここで触れておかねばならないのは、『交響曲第一番』より以前に書かれたとされる『第0番』についてである。この曲のタイトルと成立時期については、いささか頭の痛くなるような経緯があるからだ。

　周知のようにこの交響曲のスコアは、晩年のブルックナーが古い楽譜の中から発見したが、珍しく何の改訂も加えず放置された。彼はその表紙に「交響曲第0番、まったく通用しない試作」と書きつけたとされている。作曲者の死後二十八年も経ってから、この曲はヴィーンで初演されてようやく日の目を見た。

『第0番』の自筆譜は、『第一番』初演後の六九年一月から書き始められ、九月十二日に完成されている。だがそれはこの曲の初稿ではなく、『第一番』以後に書き直された改訂版だと考えられていた。そして初稿は恐らく六三年から六四年にかけて作曲されたが、破棄されたか紛失されたのだと解釈されたのである。その状況証拠の一つとして、ヴァインヴルムに宛てた次の文面がある。

「いまちょうどハ短調の交響曲（第二番）を書いているところだが、レッスンなどのために週の半分は何もできないことが多い」（六五年一月二十九日）

ブルックナーの交響曲『第一番』と『第二番』は、どちらもハ短調で書かれている。だが手紙が書かれた六五年という時期からすれば、ここに言う「ハ短調交響曲（第二番）」は現在の『第一番ハ短調』のことと思われる。つまりそれに先行するもともとの『第一番』が存在するはずであり、それが幻の『第0番』初稿だったというのである。

少し頭の中を整理しておこう。これまで推測されてきた作曲順序は次の通りである。処女交響曲『ヘ短調』（『習作交響曲』）、現存しない『第0番』初稿（当初の『第一番』?）、現在の『第一番』（当初の『第二番』?）、『第0番』自筆譜（改訂版?）、現在の『第二番』。

問題になるのは『第0番』初稿だが、それは本当に存在したのか？『第0番』はその内容からいえば、たしかにあらゆる意味で『第一番』を越えていない。第三楽章スケルツォだけはいかにもブルックナーらしいが、最初の二つの楽章は主題の魅力にも乏しく、全体に散漫な印象をまぬがれない。どうやらその印象が私たちをあざむいているらしい。

ブルックナーは最初の交響曲『ヘ短調』を、後年『習作交響曲』と呼ぶようになったが、当初はかなり自信を持っていた。彼は完成後すぐに、ミュンヒェンの宮廷楽長ラハナーにスコアを見せ、初演の可能性を探っている。つまりそれを『第一番』と位置づければ、現在の『第一番』が当初『第二番』と考えられていたことの説明はつく。

さらに『第０番』が現在の『第一番』以後に着手されたという、幾つかの状況証拠も存在する。後の『第三番』と同様に、『第０番』にはベートーヴェンの『第九』からの影響が強いといわれる。だがブルックナーが初めて『第九』を聴いたのは、ヘルベック指揮による六七年三月の演奏、つまり『第一番』完成の翌年だったと推測されているのだ。また『第０番』の第一楽章や第二楽章には、『第一番』の二年後に完成された『ミサ曲第三番』との明瞭な共通性が数多く指摘されている。

自筆譜に手がかりはないのか？　ブルックナー没後百年を記念して、リンツのブルックナー・インスティテュートが出版した『ブルックナー・ハンドブック』には、作曲者が自ら州立博物館に寄贈したいわゆる『第０番』自筆譜の最初のページが転載されている。そのタイトルはむろん最初から『第０番　Nullte』であったわけではなく、そこには『交響曲第二番 Symphonie Nr.2』と明記されている。そしてそのタイトルのうち、「Nr.2」の部分だけが斜めの線で消され、その下に「annulliert 無効」と付記されており、強調するように下線が引かれている。

つまりブルックナーは作品そのものを否定しているのではなく、「Nr.2」という番号だけを無効

交響曲第０番　自筆譜　冒頭頁「Nr.2」の文字が消されている

としているのである。彼がその番号を無効とした時点は、現在の『交響曲第二番』が完成した後であろう。ブルックナーは『Nr.2』の表紙に「交響曲第0番、まったく通用しない試作」と書きつけたといわれているが、それを実証する文書は存在しない。

この曲がお蔵入りになってしまった理由は、後述するようにヴィーン・フィルの指揮者デソフによって、一言のもとにその価値を否定されたからであろう。最晩年にこの若書きを発見した彼が、改訂の手を加えなかった理由は明らかである。彼の余命はもういくばくもなく、念願だった『第九番』さえ未完に終わったのだから。

『ブルックナー・ハンドブック』は『第0番』の作曲時期について、様々な見地から精査した結果『第一番』完成から三年後、一八六九年一月二十四日から九月十二日にかけてと結論づけている。そして従来の『第０番』という呼称を、ブルックナーの意思に沿って『無効交響曲』と改めている。

ブルックナーは『無効交響曲』完成の翌月、『交響曲変ロ長調』と題されたわずか六十八小節のピアノ・スケッチを書いたが、それは断章のまま完成されなかった。絶えず進化を遂げていったブルックナーの交響曲中、『無効交響曲』は唯一例外的な後退を示している。それはヴィーン移住の最初の年に書かれた、唯一の大規模作品であり、模索と試行錯誤の産物だったと考えられる。

一八六五年五月、ブルックナーはヴァーグナーの『トリスタンとイゾルデ』の初演を聴くべくミュンヒェンへ向かった。両端楽章が完成していた『交響曲第一番』の草稿を携えており、この滞在中に第三楽章を書き上げた。同じ宿にアントン・ルビンシテインがおり、『第一番』草稿はこの著名なピアニストを通じて、ミュンヒェンの宮廷楽長ハンス・フォン・ビューロウの目に触れることとなった。ビューロウはヴァーグナーの側近であり、『トリスタン』の初演指揮という大役を任されていた。

後にブルックナーがヴィルヘルム・タッペルトに宛てた書簡によれば、ビューロウはその「独創性、ある面での大胆さ、その愛すべき着想」に関心を示し、ヴァーグナーとの会見を取り計らったという。だがブルックナーは、この思いがけないチャンスを生かせなかった。ヴァーグナーから草稿を見せるようにうながされたが、気後れしてその機会を逸したのである。

この滞在中、ブルックナーにとって唯一の収穫は、ヴァーグナーから一枚の肖像写真をもらったことだった。この会見以後、ヴァーグナーはブルックナーの祭壇にうやうやしく祭られる。

ヴァーグナーのいわゆる総合芸術に、ブルックナーはどのような関心を抱いていたのだろうか？その文学的側面については、彼はまったく無関心だった。彼がヴァーグナーの台本にどれほど無知だったかについては、さまざまな証言がある。

その視覚的側面についても、彼は無関心だった。ヴィーン時代の彼は、宮廷歌劇場でヴァーグナーの楽劇を度々鑑賞したが、たいていは天井桟敷の階段に腰かけて聴いた。そこから舞台は見えないのである。

ヴァーグナーに対するブルックナーの関心は、そのオーケストレーション、主題処理の技巧、半音階的和声など、もっぱら音楽的側面に限られていた。ヴァーグナーの音響世界から、ブルックナーが無意識に体得したものがあるとすれば、それは常軌を逸した巨大さの感覚であろう。ヴァーグナーの場合、それは無限に拡大する自我の所産だったが、ブルックナーの場合、巨大さは「永遠なるもの」への触手として働いた。それがこの二人の違いである。

ブルックナーがヴァーグナーに接近した背景には、ヴァーグナー派への参入という、現実的側面もあっただろう。事実ブルックナーは後に、ヴァーグナーに認められたことを最大の武器として、まずヴァーグナー派の中に多数の支持者を見いだしていくのである。

『トリスタン』初演と時期を同じくして、ブルックナーは高地オーストリア州とザルツブルク州の合同合唱祭に参加した。すでに述べたように、作曲コンクールには八曲の優秀作が選ばれており、初演の際の拍手によって順位が決められることになっていた。結果はヴァインヴルムの『ドイツ召集軍の歌　ゲルマニア』が第一位、ブルックナーの『ゲルマン人の行進』が第二位となった。

この結果はブルックナーをひどく失望させた。これがヴァインヴルムとの間の、最初の不協和音となったといわれる。後年ブルックナーがヴィーンに移ってからは、この二人の交友はあまり親密なものとはならなかった。

この合唱祭での収穫は、エドゥアルト・ハンスリックの知己を得たことである。このヴィーンの有力な批評家は、ブルックナーに上京を勧め、「友情の思い出に」と書き込まれた、シューマンの作品一四七『ミサ曲』のスコアを贈った。後年ブルックナーが「私の死刑執行人」と呼んだハンスリックとの関係は、まずはうるわしい「友情」から出発したのである。

八月、ブルックナーはブダペストへ行き、リストのオラトリオ『聖エリーザベートの物語』の初演を聴いた。ブルックナーはこの機会に、ビューローウの義父であり、ヴァーグナーをはじめ不遇な音楽家の支援者として知られるリストの面識を得たが、リストは彼に格別の関心は示さなかった。この翌年にはヴィーンで、ベルリオーズの『ファウストの劫罰』を作曲家自身の指揮で聴いた。

こうしてブルックナーは、キツラーとドルンを通して知った三人の「未来音楽家」と相次いで接触したが、現実的な成果は何も得られなかった。

オーストリアの憂鬱

六五年一月、ブルックナーはヴァインヴルムに宛てて、ヘンリエッテ・ライターという娘の身辺調査を依頼している。年は十八で、財産が三千グルデンあるが、もっと増えるかも知れない。自分が四十二歳であることは、差し当たり伏せておくように、と。ほかにも六千グルデンの持参金付きの良家の養女があり、シューベルトの『セレナーデ』の楽譜を贈ったが返された、とも報告している。ここには中年の芸術家の打算が、あけすけに語られている。

六六年八月、ブルックナーはヨゼフィーネ・ラングという少女に求婚した。わずか十六歳の、音楽好きの肉屋の娘を、彼はこうかき口説く。

敬愛するフロイライン、あなたに対して、突拍子もない用件を持ち出そうというわけではありません。口には出さずとも、常にあなたを待ち望むこの気持ちに、むしろあなたがお気づきになっているものと信じ、厚かましくも筆を執りました。あえてここに記しますが、私の何より重大な、心からのお願いは、将来の平安のためにどうか率直な、ぎりぎり最後の、決定的なご返事をいただきたいということです。質問というのはほかでもありません。あなたのお気持ちに期待を抱き、ご両親に求婚を申し出ることをお許しいただけますか？　それとも愛の欠如が理由で、私との結婚を決断なされないでしょうか？　この質問の真面目さはお分かりでしょう、できるだけ速やかで明確な、さよう、明確なお答えをいただきたいのです。どうかこの件は、ご両親以外の誰にも洩らされぬよう（厳重に秘密をお守りください）。そしてご両親の了解のもとに、先ほどの二つの質問にお答えください。我が忠実な友人たる兄上からはすでに、あらゆる心の準備をするよう言い渡されております。兄上は私との約束に従い、あなたにもこの件についてお話しなさるでしょう。もう一度お願いします。どうか率直で明確なご返事をお書きください。求婚を受け入れてくださいますか、それとも未来永劫に拒絶なさいますか？（どっちつかずや言葉の綾など、あいまいなご返事をなさらないでください、私にはもうぎりぎりの時なのです）（あなたは分別のある方だから、軽々しく気持ちを変えたりなさらないでしょうが）どうか心おきなく、本当のことをおっしゃってください。どのような結果であれ、私の心は安まるでしょう。御手に接吻し、できる限り速やかな、明確なご返事を待ちつつ。アントン・ブルックナー

この手紙には、いきなり求婚して即決を迫るという、ブルックナーの無粋なやり方がよく表われている。結局ヨゼフィーネは熟慮の末にこの求婚を退け、贈られた金時計と祈祷書を送り帰した。ヨゼフィーネはこの四年後に結婚したが、ブルックナーは彼女の実家とはその後も交流を続けている。ヨゼフィーネの拒絶から数日後、ブルックナーはヘンリエッテ・ライターに求婚し不首尾に終わった。まさに「ブルックナー・ギャンブル」とでも呼びたいような、場当たり的な求愛行動である。

その年、オーストリアは激動していた。ブルックナーがヨゼフィーネに失恋した夏は、戦争のさなかである。ドイツ統一の主導権をめぐって、オーストリアとプロイセンの内戦が勃発したのは、六月十四日のことだった。

ヨゼフィーネへの求婚の六週間ほど前、オースリア軍はボヘミアの寒村ケーニヒスグレーツで大敗する。意気地のないヴィーン市民は、前線から帰還した負傷者の惨状に震え上がり、首都から六十キロの地点に迫ったプロイセン軍に怯えた。ようやくプラハでの講和にこぎつけたのが、求婚の手紙から六日後のことである。

この結果オーストリアは、シュレスヴィヒとホルシュタインをプロイセンに奪われ、イタリアにヴェネツィアを割譲し、ドイツ連邦の解体によってドイツから切り離された。その冬のヴィーンは、宮廷舞踏会も中止されたまま、冷たく押し黙った。

かつて司教ルディギアが、リンツに新しい大聖堂を建立しようと決意したのは、ヴァティカンから「聖マリアの無原罪の御宿り」のドグマが発せられた直後の、一八五四年のことだった。ルディギアはその定礎式のために、ブルックナーに『祝祭カンタータ』の作曲を依頼し、ブルックナーはそれをキツラーに師事中の六二年に完成している。

新聖堂の礼拝堂落成式のための『ミサ曲第二番』は、六六年初頭に作曲を依頼されたと見られ、同年十一月には完成された。敗戦のあの暗い冬のことである。だが礼拝堂自体の完成が遅れたために、初演は三年後に持ち越された。

ブルックナーが神経衰弱で入院した
バート・クロイツェンの療養所

初演の成功は、はじめから約束されていた。「リンツ・フォルクスブラット」紙はすでに初演の十六日前、「我々はこのすばらしい作品に対し、ブルックナー教授に心からの感謝を述べ、彼に最高の賞賛が寄せられることを疑わない」と予言した。混声八部合唱と管楽器から成るこの曲では、パレストリーナの典礼的様式と、進歩的な和声とが見事に融合されている。

六七年二月十日、『ミサ曲第一番』がヨハン・ヘルベックの指揮により、ヴィーンの宮廷礼拝堂で演奏された。恐らくそれが、ヴィーンで演奏された最初のブルックナー作品だった。その成功により、さっそく宮廷楽団から『ミサ曲第三番』の作曲依頼が舞い込んだ。

だがブルックナーはその直後から、深刻な神経衰弱に陥っている。以前からあった数字に対するこだわりが嵩じ、集合したものや並んだもの、木の葉、星、砂粒、そして見舞に来たマイフェルト夫人の服に縫い付けられた真珠にいたるまで、残らず数え上げずにはいられなかった。

悲惨だが滑稽なこの症状は、『モダン・タイムス』のチャップリンを思い出させる。ベルトコンベアに追いまくられながら、終日ボルトを締め続け、仕事中毒となったその工員は、ご婦人のスカートに付いたボタンにも目を光らせ、スパナを振りかざして追いかけ回すのだ。

六七年五月八日から三か月間、ブルックナーはバート・クロイツェンの湯治場で冷水療法を受けることになった。ルディギア司教は一人の司祭を看護人として差し向けた。

クロイツェンの湯治場は、狼谷と呼ばれる渓谷にあった。山の背に療養所が建てられ、渓谷に添ってシャワーや全身浴の設備が並んでいた。湯治場の従業員らによれば、ある日ボヘミア人の楽隊が療養所にやって来て、食堂の前でけたたましく演奏し始めた。ブルックナーは突然に錯乱してその場から逃げ去り、いくら探しても見つからなかった。彼が身をひそめていたのは、当時まだ誰も行かない狼谷の谷底だった。梯子やロープを持ち出して、ようやく助け出されたという。

三か月後、ブルックナーはひとまず回復と診断された。療養費支払いのために、司教会議は六十グルデンの医療援助金を承認してくれたが、保険会社「アンカー」に二百五十グルデンの借金をしなければならなかった。ブルックナーは当時の精神状態について、湯治場からヴァインヴルムに宛ててこう書いている。

ヴィーンを発って以来、君には何も書かなかったし、君からも手紙をもらわなかった。君に近況を知らせるのは当然だが、別の理由からも腹蔵なく書く義務があると思う。まず第一に謝らねばならないのは、まだ君の頼みを果たせないでいることだ。君には考えられるか、考えたことがあるか、あるいは何かを聞いただろうか？　怠けていたどころの騒ぎじゃないんだ。私は完全に打ちのめされ、見捨てられていた。完璧な神経衰弱、神経過敏に陥っていた！　まったくひどい状態だったよ。君だけに打ち明けるんだ、人には話さないでくれ。もう少しで手遅れになるところだった。リンツのファーディンガー医師からは、発狂するかも知れないとも言いわたされた。すんでのところで先生に救われたよ。五月八日から（八月八日までの予定で）グラインに近い湯治場クロイツェンに来ている。数週間前からいくらか持ち直したが、まだ演奏も勉強も作曲も禁じられている。なんて運が悪いのか、私はつくづく哀れな男だ。ヘルベックは私の声楽ミサと交響曲を送り返してきたが、何の返事も添えていない。そんなにひどい曲だというのか？　彼に問い合わせてみてくれ。友よ手紙をくれたまえ、この哀れな、見捨てられた男の流刑地へ。もし君が復活祭の休みにリンツへ来ていたら、私の容態に目を剥いたことだろう。詳しくは再会の折りに。

ブルックナーのクロイツェン療養中のこと、オーストリアはまたしても不吉な事件に見舞われる。メキシコ皇帝マクシミリアンが六月十九日、共和派に捕らえられて銃殺されたのである。頼みの綱のフランス軍はすでに撤退し、ヨーロッパに戻っていたマクシミリアンの妻は発狂していた。マクシミリアンの遺体は翌六八年一月、ヴィーンに帰還した。なぜかブルックナーは、その亡きがらに接したいと真剣に考えていた。彼はヴァインヴルムにこう問い合わせている。

「マクシミリアンの亡骸を見ることができるだろうか、柩は開いているのか、ガラス越しなのか、あるいは閉じた柩だけが見られるのだろうか？　間に合わないと困るので、すまないが至急電報で知らせてくれ。取り急ぎ頼む」

この不可解な文面については、ブルックナーのネクロフィリー的傾向が云々されている。ただし例のメキシコ招聘の件が事実なら、ブルックナーがマクシミリアンの死に人一倍の衝撃を受け、人知れず別れを告げたかったのだとも想像できる。事実ブルックナーはこの悲運の皇帝に対して、後年にいたるまで深い同情を示した。

マクシミリアンの十二年目の命日にあたる一八七九年六月十九日、ヴィーンのヴォティーフ教会で、その設立者であるマクシミリアンを偲ぶ儀式が行われた。合唱団「シューベルトブント」が、シューベルトの兄フェルディナントの『ドイツ・レクイエム』を演奏したが、オルガンを弾いたのはブルックナーだった。

クロイツェンから戻って一月ほど経った、六七年九月十日、恩師ゼヒターが七十九歳で亡くなった。埋葬式から二日後、ブルックナーは『ミサ曲第三番』の「キリエ」に着手している。その年のクリスマス・イヴに、彼は一時間ほど熱心に祈った後、「ベネディクトゥス」の楽想を得た。この時彼は完全な精神的回復を自覚したという。この時の感謝のしるしとして、後年の『交響曲第二番』のアンダンテ楽章には、「ベネディクトゥス」の楽節が引用されている。

独唱、混声四部合唱、オーケストラから成る『ミサ曲第三番』は、着手からほぼ一年後の六八年九月九日に完成された。初演はその四年後の一八七二年、ブルックナーがすでにヴィーンに移り住んでからのことだった。この曲の管弦楽法には著しい進展が見られ、曲想の彫りの深さ、高貴さ、

メキシコ皇帝マクシミリアン

マネ「皇帝マクシミリアンの銃殺」（一八六七年）

力強さによって、この時期の複雑な感情を見事に浄化している。『ミサ曲第三番』は結果的には、ブルックナー最後のミサ曲となった。

リンツ脱出

クロイツェンでの療養後、ブルックナーの野心も驚くべき回復力を示す。恩師ゼヒターが他界してほぼ一月後、六七年十月十四日、ブルックナーは宮廷楽団を管轄する宮内長官コンスタンティン・フォン・ホーエンローエに宛てて請願書を提出した。ゼヒターの後任の宮廷オルガニスト、あるいは定員外無給の宮廷副楽長のポストを「膝を屈して」乞い願うというものである。

「なお後者の場合におきましては、その肩書きと将来の希望とが、必要な収入を補ってあまりあるものとなりましょう。なお蛇足ながら、私の十四年におよびます教員経験から、書記職ならびに中央学校教職にも挺身すること可能と存じます」

だがこの請願もすぐには実を結ばず、ブルックナーが宮廷楽団の正式メンバーとなるのはこの十一年も後のことである。その請願から一月後、彼はヴィーン大学哲学科に対して、作曲講座の新設を持ちかけた。自らその講師に納まろうというわけである。当時ヴィーン大学には、音楽美学の講座を持つハンスリックや、声楽指導のガイリンガー、同大学合唱協会指揮者ヴァインヴルムらが奉職していた。数年前にはヴァインヴルムもブルックナーと同様の請願を提出し、却下されている。

ブルックナーの請願について、意見を求められたハンスリックは、「作曲家志望者は音楽院に勉学の場を求めるか、有力な作曲家に個人教授を受けることが望ましい」と答えた。哲学科教授会もその答申を支持した。

翌六八年三月、ブルックナーは再びザルツブルクの大聖堂楽長と、モーツァルテウム芸術監督のポストを請願した。だが彼に与えられたのは、「大聖堂音楽協会名誉会員」という称号だけだった。

一方ヴィーンには、ブルックナーの支持者も存在しはじめていた。『ミサ曲第一番』のヴィーン初演を成功させた、宮廷楽長ヘルベックは、ブルックナーをゼヒターの後任に迎えようと画策する。彼の仲介で、音楽院は次のような条件を示した。対位法のクラスが六時間、オルガンのクラスが三時間、合計週九時間の授業で、年俸六百グルデンである。

それはブルックナーにとって、現在の収入よりも少ない額だった。彼は五月末にヴァインヴルムに宛てて手紙を書き、予期せぬ出費があった場合の不安を洩らしている。

あれほど欲しがっていたものが、いざ目の前にぶら下がると、またしてもすくみ上がってしまう。ヘルベックがわざわざリンツへ来て説得したが、ブルックナーの迷いは消えなかった。そして自分の逡巡が拒絶と受け取られたことを知ると、またくよくよと思い悩むのである。

「私は食べることも眠ることも、考えることもできず、ただうなだれている。今この瞬間にでも引っ掴んでしまえばよいものを、ああ私は不運な男だ！　これほど名誉ある地位だというのに……ヴァインヴルムよ同情してくれ、私はあらゆる希望を見失い、おそらく永遠に見捨てられてしまうだろう」（六月二十日ヴァインヴルム宛）

一方ミュンヒェンではこのしばらく前から、ヴァーグナーの『ニュルンベルクのマイスタージンガー』の初演準備が進んでいた。ちょうどこの頃合唱団フロージンも、創立記念コンサートを企画しており、ブルックナーはもう一度指揮者として復帰するよう要請された。ブルックナーが七年前にこの合唱団を退いてからも、彼らとの交流は続けてられていた。

要請を受け入れたブルックナーは、記念コンサートのための祝賀曲を、ヴァーグナーに委嘱することを思いつく。ヴァーグナーはそれには直接答えず、代わりに『マイスタージンガー』最終場面の「歓喜の合唱」を、部分初演することを許可した。こうして「歓喜の合唱」は『マイスタージンガー』全曲初演に先立ち、四月四日ブルックナー指揮によりリンツで演奏された。『マイスタージンガー』全曲は六月二十一日、ハンス・フオン・ビューロウ指揮により初演された。ブルックナーはその前日の二十日、多忙なビューロウにミュンヒェンでの求職を打診している。

私のお願いで男爵閣下を、しかも閣下にとって刻一刻が貴重なこの時期に、お煩わせ申さねばならないことをお許しください。しかし事情は切迫しております。(……)男爵閣下は数年前、寛大にも私の『ハ短調交響曲』の数楽章に目をお通しになられました。どうか内密のお願いと質問をお許しください。もし私がこのまま祖国でないがしろにされるなら、これ以上リンツにとどまることはできません。閣下とヴァーグナー氏のお力添えで、国王陛下に拝謁の上オルガンを演奏し、宮廷オルガニストまたは宮廷副楽長のポストを賜ることは可能でしょうか？　あるいは教会か宮廷劇場の、より良い安定した地位を得ることは可能でしょうか？　それとも目下それは論外でしょうか？　先頃ヴァーグナー氏は有り難いお便りをくだされ、今それが可能

26歳

39歳

ブルックナー
青・壮年期の肖像

44歳

なら何なりと力を貸そうと言ってくださいました。どうかこのことをヴァーグナー氏にお伝えくださり、閣下ご自身のご返事とヴァーグナー氏のご返事を、早急にお知らせくださるようお願いいたします。もしこの件が可能なら、どれほどの年俸が期待できましょうか？

ブルックナーは同じ手紙で、この求職の件を内密にしてくれるように、特にヴィーンには絶対知られぬようにと頼んでいる。彼はヴィーンとミュンヒェンを秤にかけながら、同じ日の手紙でヴァインヴルムに同情を乞うているのだ。この時期のブルックナーの無節操ぶりは、なにがなし私たちを考え込ませる。その無節操さにおいて、彼もまた私たちの隣人なのだと……。

六月二十九日、ブルックナーは『マイスタージンガー』第三回公演をミュンヒェンで観た。ビューローがブルックナーの打診に返事を書いたかは疑わしい。ヴァーグナーが彼の妻コジマを寝取り、ビューローの精神状態は最悪だったからである。

だが事態はこの直後に急転する。ヘルベックの粘り強い努力が実り、リンツでの収入に等しい年俸八百グルデンという条件を、ヴィーン音楽院が呑んだのである。ブルックナーは六月二十三日に承諾の返事を送り、ゲネラルバス・対位法・オルガン演奏の教授として、七月六日正式に辞令を受け取った。

ブルックナーは十二月二十五日、旧大聖堂におけるクリスマス・ミサでの演奏を最後に、十三年間住み慣れたリンツを離れた。だがその前に彼はルディギア司教に、リンツでのオルガニストの地位の継続を懇願している。彼が最終的にそのポストを手放すのは、それから二年後のことである。

第3章 ヴィーン

城塞都市

ヴィーンという町は、深々と東欧に突き刺さった楔に似ている。北のプラハ、東のブダペスト、南のザグレブが、じっとこの町を見すえている。ヴィーンの古地図を拡げると、その町は胡桃の実を輪切りにしたように見える。固い殻のような市壁が、町をがっしりと取り囲んでいるのだ。ヴィーンは要塞の町である。

かつてこの市壁は、二度にわたってトルコ軍の猛攻にさらされた。その経験から、市壁は火器を防ぐために補強され、大砲を据えるための保塁が十五箇所ほど作られ、それらを繋ぐ巡視路が巡らされた。市壁の外には空堀が掘られ、その外側にはさらに、グラシと呼ばれる防衛用の斜堤が作られた。

トルコ軍は忘れ難い恐怖とともに、物珍しいものも残して行った。一説によれば、撤退したトルコ軍のテントに、奇妙な豆が残されており、通訳やスパイをしていたコルシツキーというセルビア人がそれを貰い受けた。それがトルコ人の飲物「カフヴェ」の原料であることを、彼は知っていたのである。彼は喫茶店の営業許可を取り付け、砂糖やミルクを加えて、ヴィーン式のコーヒーを創造した。この男コルシツキーこそ、ヴィーンにおけるカフェ文化の元祖というわけである。

その真偽はともかくとして、コーヒーはまたたく間にドイツ中に流行した。バッハの『コーヒー・カンタータ』には、コーヒー狂の娘と、その「悪習」を止めさせようとする父親が登場する。父親は結婚などもってのほかと娘を脅し、娘は内心で、後から夫を手なずければよいと高をくくっている。

キプファルと呼ばれるヴィーン名物の三日月型のパン、つまりクロワッサンも、トルコ人の置きみやげと言われる。それはヴィーンのあるパン屋が、イスラムの新月旗から思い付いたとされているのだ。カフェでコーヒーを飲みながらキプファルをかじるというヴィーンの風俗は、十八世紀初頭に端を発している。

音楽の世界にも置きみやげはある。ヴィーン市民を戦慄させたトルコの勇壮な軍楽は、モーツァルトのK三三一のピアノ・ソナタの終楽章、いわゆる『トルコ行進曲』に残されている。それどころかヴィーンでは彼の『後宮からの誘拐』をはじめ、トルコ風オペラが大流行した。ベートーヴェンでさえ『アテネの廃墟』の劇中音楽に『トルコ行進曲』を書いているし、『第九』の終楽章にもトルコ・マーチの響きは聴き取れる。

旧式な防衛施設である市壁は、ベートーヴェンやシューベルトの時代には、すでに無用の長物と化していた。バスタイと呼ばれる大砲用の保塁は公園となり、歩哨の巡視路は遊歩道として整備された。天気の良い日には市民たちが、ぞろぞろと胡桃の殻の上を散歩する。市壁は全長約四キロ、一時間ほどのそぞろ歩きである。ヴィーンの森や葡萄畑を見渡しながら歩けば、新酒のワインの季節には、郊外のホイリゲに酔客たちのざわめきが上がる。

保塁のひとつであるメルカー・バスタイには、「黒いスペイン人館」という建物があった。その五階にベートーヴェンの書斎があって、そこからシュテファン大聖堂がよく見えた。彼は何十回となく引っ越しを重ねたが、幾度もこの家に戻って来て、結局ここで亡くなった。彼の葬儀の日、メルカー・バスタイは人であふれかえった。松明と百合の花束を持ち、柩と並んで歩く三十六人の中にはシューベルトもいた。彼も翌年には、その小さな体を柩に横たえる。

市壁の外に広がる防衛用の斜堤、いわゆるグラシは開放され、歩道や車道が設けられた。果樹が植えられ、美しい芝生も整備された。市民が好んで散歩する「水辺のグラシ」では、女たちが山羊の乳を売っていた。シューベルトの名歌『菩提樹』を髣髴とさせる情景である。

だが十九世紀後半ともなると、市壁は都市発展の深刻な足かせとなり始める。鉄道は町の外を走るほかなく、輸送や流通にも障害をきたした。壁の中は仕事を求めて流れ込む人々で過密になり、風の強い日にはグラシからの砂埃が市民を悩ませた。

リンクシュトラーセ

一八五七年、皇帝フランツ・ヨーゼフは軍部の強い抵抗をしりぞけ、ついに市壁撤去の英断を下す。市壁とグラシの跡地には、幅五十七メートル、全長六・五キロの環状道路「リンク」が作られ、そこに公共建築を建てめぐらす計画である。リンクはいわばヴィーンの正装として、パリのグラン・ブルヴァールと比肩すべきものになるはずだった。

ブルックナーがヴィーンに進出した一八六八年は、リンク造成の最盛期だった。翌六九年には宮廷歌劇場が完成し、その翌年には楽友協会の新館とホールができあがる。次いで工事はヴォティーフ教会、帝国議会、ヴィーン大学新校舎、ブルク劇場、二つの帝室博物館と続き、リンクは二十年以上にわたる工事期間を経て、八〇年代後半にほぼ完成する。

ヴィーン音楽院教授となったブルックナーは、リンクの外側に接する高級地、ヴェーリンガー街に居を構えた。「ヘーネハウス」四階の、見晴らしの良い二部屋が彼の住まいだった。ヴィーン市民のステイタスは、市の中心近くに住む者ほど高く、ブルックナーはいわば第二階級に属していた。

大都会ヴィーンは、帝国中の蟻がむらがる砂糖菓子だった。鉄道の発達にともなって、膨大な数の非ドイツ系労働者が流入し始める。リンクのはるか外周に大量のバラックが造られたが、貧しい独身の男たちは、倉庫や馬屋や下水道にまで住み着いた。

ヴィーンは一八七三年、ヨーロッパ諸都市に先んじて売春を公認した。街頭で身を売る女性は、

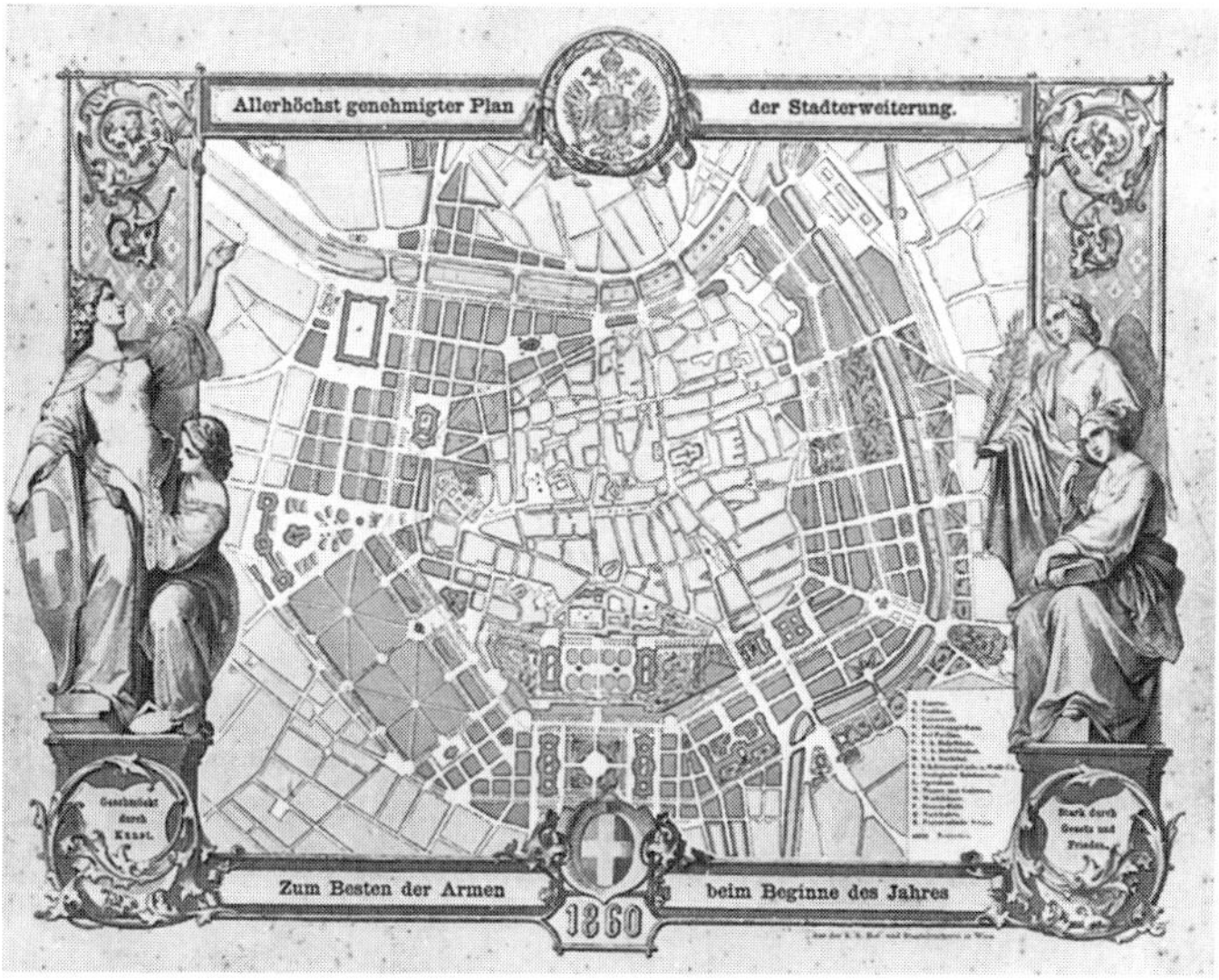

リンクシュトラーセ　ウィーン市拡張計画図

シヨッテリング　新しい環状道路の一区域（F. アルトによる水彩画、1870年）

この年には人口の六パーセントにも達したという。根こそぎ改造され、付け焼き刃の化粧をほどこされた世紀末ヴィーン。だがその地下世界には、貧困と汚辱が沈殿していた。

この国にはまだ皇帝が君臨していたが、文化の主導権は宮廷や貴族階級から、ユダヤ人を中心とする新興知識人に移りつつあった。リンクの内と外では、階級差はますます広がり、自由主義の波はとめどなく押し寄せる。砂の帝国の社会構造は、ますます不安定さを加えていく。

普墺戦争後のオーストリアは、敗退者としてドイツから切り離された。ブルックナーのヴィーン進出の前年から、この国は「オーストリア＝ハンガリー二重帝国」という奇妙な国名を名乗っていた。マジャール人の民族運動を抑えこむために、国土をオーストリア帝国とハンガリー王国に二分し、オーストリア皇帝が双方の君主を兼ねるという、まさに苦肉の策である。

この妥協はやがて三重帝国構想へと拡大し、それに反撥するセルビア人の一青年によって、サライェヴォの悲劇が勃発する。そしてブルックナーの死から二十二年後、第一次大戦の終結とともに、オーストリア帝国は夢とかき消えるのである。

ブルックナーが遭遇したリンクの壮大な建築ラッシュは、帝国という巨大な沈没船の最後の宴だった。ヴィーンにおける彼の後半生は、まさにその豪華な夕映えと重なり合うのである。

プロッフェッサー

ブルックナー教授の年俸は八百グルデンだった。このほか「宮廷オルガニスト候補者」という肩書きがあるにはあったが、このポストは一八七〇年までは無給だった。

ヴィーン移転から二年後、ヘルベックの口ききで聖アンナ師範学校に教職を得る。フランツ・シューベルトが助教員の資格を取った学校であり、フランツの兄フェルディナントは、長年ここで校長を務めていた。ブルックナーは非常勤講師としてピアノを教え、年に五百四十グルデンの収入を得た。

自宅でも個人教授の生徒を取っていたが、その謝礼も少なくなかったはずである。このほか六八年末には「大作オーケストラ曲創造のため」の奨励金五百グルデンなど臨時収入もあった。

かつての師デュルンベルガーに宛てた手紙によれば、教授活動による一八七一年度の全収入は、二千八十グルデンだった。十九世紀後半のヴィーンで、四人家族の年間支出が平均六百から八百だったというから、独身のブルックナー教授はきわめて裕福だったといわねばならない。だがブルックナーはいつも生活の不安を訴えていた。

ブルックナーの末の妹、家族から「ナニ」と呼ばれていたマリア・アンナは、病弱なために婚期を逸し、兄アントンと同居して身の回りの世話をしていた。同居が始まったのはリンツ時代の六六年、戦争と神経衰弱の年のことである。

ヴィーン移住から一年ほど経った、七〇年一月、マリア・アンナは三十四歳で病没した。死因は肺結核だった。ブルックナーはリンツ大聖堂の主席司祭シーダーマイアーに宛てて、妹をヴィーンに連れて来たことを悔やんでいる。

その後ブルックナーの身の回りの世話を引き受けたのは、カタリーナ・カッヒェルマイアーだった。ブルックナー家の名物家政婦として知られる「カティ」である。

現在のヴィーン音楽大学の前身である、ヴィーン音楽院は、正式には「ヴィーン楽友協会付属音楽院」という。初代校長はサリエリである。楽友協会ホールと音楽院は、都心に位置する「赤い針鼠館」という建物の中にあり、ブルックナーもそこで教え始めた。だがベートーヴェン生誕百年にあたる一八七〇年に、新しい楽友協会の建物が完成し、それにともなって音楽院もリンクの外に移転する。

妹・ナニ

音楽院での授業は、音楽理論が週に九時間、オルガンのレッスンが六時間だった。オルガン科はブルックナーのために新設されたが、肝心のオルガンの設置が遅れたために、最初の一年はピアノやハルモニウムで代用された。

教壇でのブルックナーは、まさにゼヒター理論の権化だった。最初期の生徒だったフェーリクス・モットルは、ブルックナーにこう言い渡されたという。

「この学校におる限りは、和声進行の禁則を破ることはまかりならん。すべて規則通りにやらにゃいかん。ただし学校を出てからそんな模範解答を持って来たら、たちどころにドアから叩き出す」

対位法の授業では、わずか二小節のフーガの課題に、二時間も費やされることがあった。学生が良い解答を考えつくと、ブルックナーはそれを褒めそやした後で、にやりとこう付け加えた。

「私はもっとええ解答を知っとるがね」

ブルックナーは暴君型の教師だった。学生が悪戦苦闘していると、いらついて「なんちゅう阿呆が！」とどなりつけた。これにはいい年をした学生さえ、思わず涙ぐむことがあった。個人教授の生徒だったフリードリヒ・クローゼは、たった一つの定旋律から三百ものカノンを書かせられた。

「今でもよくおぼえているが、私にはこの教授法が、音楽とは何の関わりもないように思えた。私は時に考え込んだが、湧き上がる疑念を押さえつけるには、ブルックナー（およびゼヒター）理論が生み出す芸術的技巧への、全幅の信頼が必要だった」

音楽院でブルックナーに学んだ者たちは、多士済々である。後の指揮者フェルディナント・レーヴェ、ピアニストのヨーゼフ・シャルク、その弟で指揮者のフランツ・シャルクらは、ブルックナーの三使徒と呼ばれ、師の交響曲の紹介に身を捧げた。最晩年の生徒だった評論家エルンスト・デチェイは、ブルックナーの伝記作家となった。

このほか、指揮者ではフェーリクス・モットル、エミール・ロッター、作曲家ではハンス・ロットト、フリードリヒ・クローゼ、フランツ・シュミット、ツィリル・ヒュナイス、ピアニストではアウグスト・シュトラーダル、フランツ・マルシュナー、音楽史家ではグイド・アドラーなどが、多かれ少なかれ名を成している。

日本の俳優、根上淳の祖父にあたる、ルドルフ・ディットリヒも、七八年から翌年にかけて対位法を、八一年から翌年にかけてオルガンを学んでいる。彼は来日して上野音楽学校で教え、帰国後宮廷オルガニストとなった。

フーゴ・ヴォルフとグスタフ・マーラーは、音楽院在学中は直接師事しなかっが、後年ブルックナーに深く私淑した。伝説の指揮者アルトゥール・ニキシュも、当時の在校生の一人だった。

ブルックナーは厳格で熱心な教師だったが、その教え方は決して無味乾燥なだけでなく、卑近なユーモアにも富んでいた。例えばこんな風に。

（黒板に一つの音を書き）神はまずアダムをお作りなされ、（五度の音を書き加えながら）それからエヴァをお作りなされたが、二人は二人のままではなかった（二つの音の間に三度を書き入れる）。これすなわち三和音だ。

音階上のⅠ度の和音は喜ばしく、Ⅱ度の和音は悲しい。Ⅲ度の和音は叙情的で、作曲をたしなまれるご婦人向きだ。一軒隣のⅣ度は長三和音ではあるが、Ⅴ度の和音みたいな大元帥閣下じゃない。

（属七の和音の構成音について）基音は一家の主じゃから、誰よりも自由な進行が許される。七度はおかみさん、導音つまり三度は娘で、この二人に比べりゃ、五度の若旦那にはそれなりのわがままが許される。

なんの予備もなしに現われる七度は、ふいに訪ねてくる伯母さんみたいなもんだ。減三和音は哀れなやつで、どこでも立ち入り自由というわけにはいかず、いつもほかの者と腕を組んで歩く。

主和音は庭で、属和音は庭師だ。庭師は庭を牛耳っとる。そこへ山羊がやって来る。庭師は山羊の脳天に棍棒をぶっ食らわす。（ぎゃ！）諸君、これが不協和音だ。

音楽における「掛留」とは何ぞや？（ポケットから汚いハンカチを出し）どうだ汚いじゃろ。これが不協和音だ。（少しましなハンカチを出し）これが経過部。（新しい真っ白なハンカチを出し）主和音にたどり着き、めでたく解決ちゅうわけだ。

諸君も田舎で一度くらい、百姓のおかみさんがにわとりを追っかけるのを見たじゃろう。にわとりゃ走る、おかみさんも走る。にわとりゃわめく、おかみさんもわめく。互いに相手の行く手をさえぎろうとする。これすなわちフーガだ。

フランツ・グレーフリンガーはこう回想している。ある時ブルックナーは、学生たちに向かって何気なく「ええかチビども」と呼びかけた。彼はその後で、ばつの悪そうな顔をして言い訳した。気に入りの学生たちをそう呼ぶのが、自分の癖なのだ、と。彼にとって音楽院の学生たちは、ヴィントハークやクロンシュトルフの腕白どもと同じだった。

ブルックナーは学生たちを「ソックスどん」とか「ガーターどん」とか、おかしなニックネームで呼んでいた。少しでも目立つ言動をした者には、たちまちそれらしいあだ名が与えられた。後の作曲家カール・ルビーは、徹夜明けで授業に出て以来「夜のともしび」と呼ばれた。ヘッシュという蓬髪の学生は「山賊の子」と呼ばれた。ハープ専攻の学生は「ハープどん」だった。

そんなあだ名を冷笑する学生がいると、ブルックナーはその手を引いて行って、ドアの外に立たせた。晩年の彼は、素直に立たない学生を、こう言ってうながした。

「まあおとなしく立っとりゃええ。あのフェーリクスもそうしたんだから」

後年赫々たる指揮者となったフェーリクス・モットルも、五度の平行という禁則を犯したために、教室の外に立たされたのである。

教室では横暴なブルックナーも、教室の外ではおとなしいものだった。カール・ルビーはこう回想する。

「いわゆる上司や、自分を傷つける恐れのある者に対する卑屈な態度は、一見奇妙なものだった。この特異な性格は、ヴィントハークの惨めな補助教員時代の遺物でもあったろうか。相手に対する慇懃さの序列のうち、最下位にオルガンのふいごを踏む用務員シュヴィングル（ひょうきんで粗野だが、人の良いティロル人）がおり、最上位に楽友協会事務総長ツェルナーがいた」

用務員シュヴィングルとブルックナーの間には、摩擦が絶えなかった。ブルックナーは不必要に相手を煩わせようとし、用務員の方はいたずらでそれに対抗した。少しでもシュヴィングルをへこませた時は、ブルックナーは「ミソサザイのように」うれしがったという。恐らくこの二人の間には、田舎者同志の反発と心安さがあったのだろう。

慇懃さの序列の最上位にある、楽友協会事務総長レオポルト・アレクサンダー・ツェルナーは、ブルックナーを敵視していた。ゼヒターの後継者を自認していた彼は、その地位をさらわれた形になったからである。七二年、楽友協会大ホールにヴィーン初のコンサート・オルガンが設置されたが、この時もツェルナーはブルックナーを無視して事を進めたとされる。

オルガニスト

オルガニストとしてのブルックナーは、優れた即興演奏家だった反面、伴奏は得意でなかった。臨機応変さに欠け、間奏ではインスピレーションが湧かなかった。宮廷楽団の合唱児童たちによれば、彼はひっきりなしにペダルを踏み間違えていたという。ソロではペダルの名手だったという証言があるので、彼はアンサンブルの苦手な演奏家だったのだろう。

ブルックナーのコンサート用レパートリーには、自作以外の曲目がきわめて少ない。他者の曲はせいぜい、バッハのヘ長調やニ短調のトッカータ、メンデルスゾーンのヘ短調のオルガン・ソナタ、それにヘンデルくらいのものだった。一八六七年三月、ブルックナーはヴァインヴルムにこう書いている。

演奏旅行に関して言えば、バッハやメンデルスゾーンを弾いたけれども、残念ながらまだろくなレパートリーがない。そのことで心を悩ます時間も、意欲も持てなかった。第一それは無駄なことだ、オルガニストのギャラは安い。思うような条件でコンサートができないなら、一番いいのはむしろ無償で、楽譜も使わず、幻想曲などの即興をすることだ。巨匠たちの作品を、そつなく上手に弾く連中は、ほかに幾らもいる。レパートリーの維持に時間を費やすのは虚しい。

後年ブルックナーは弟子たちに、しばしばバッハのフーガを演奏させたが、自分ではこういうものに手を出す気はないと言っていた。彼にとってオルガン演奏は、徹頭徹尾インプロヴィゼイションの芸術だった。

オルガンを即興のための楽器とする考え方は、オーストリアの伝統である。オーストリアのオルガニストに共通した特徴として、ブルックナーもめぼしいオルガン曲をほとんど書き残していない。彼の演奏がどのようなものであったかを知るには、さまざまな証言によるほかない。

それによれば、ブルックナーはまず主題とその展開について熟慮し、おおまかな構成を組み立ててから弾き始めた。聖フロリアンでのオルガン演奏を補佐していた、カール・アイグナーによれば、ブルックナーはたいてい交響曲の開始と同様に、最も繊細な第四鍵盤から静かに弾き始め、しだいにさまざまな声部を加えていったという。

アルフレート・ツァマラは、楽友協会ホールでブルックナーの即興を聴いた。その時のブルックナーは、まず嵐のようなペダル音から弾き始め、急速な音型で和音を鳴り響かせた後、二つのテーマによるフーガを演奏し、オルゲルプンクトの目覚ましい効果で曲を閉じたという。

アウグスト・シュトラーダルが師事していた頃、ブルックナーはすでに六十歳に近かった。その演奏技巧はむろん後退していたが、ペダルを操る足の敏捷さは、目をみはるものがあったという。中でもペダルによるトリルは絶品といわれた。シュトラーダルはこう記す。

「ブルックナーのオルガン演奏は、天才の吐露であり、ある種の記念碑的なものだったことを、何よりも強調しておかねばならない。すべてが壮大なものに満たされており、そのためそこには情感や、優美さや、外面的な効果は一切なかった」

シュトラーダルによれば、ブルックナーはある時ベートーヴェンの嬰ハ短調の弦楽四重奏を主題に、三十分ほどの幻想曲を演奏した。このほかハイドンの『皇帝讃歌』、ヘンデルの『ハレルヤ・コーラス』、そして自作交響曲の主題も、繰り返しテーマとして取り上げられたという。

ヴァーグナーの『神々の黄昏』や『パルジファル』のテーマも、好んで取り上げられた。身近な者たちがしばしば聴いた『指環のフーガ』は、弾く度に違ったものとなった。だがブルックナーは一度として、それを五線紙に書き止めることはなかった。どれほどの感動的な即興演奏も、「その時」と「その場所」を越えることはない。

ブルックナー晩年のオルガンの弟子ヨーゼフ・ラボールは、なぜヴィーンでオルガン・コンサートをやらなくなったのか、ブルックナーにその理由を訊ねた。ブルックナーはこう答えた。「私の指はいつかは埋葬されるが、その指が書いたものは違う」なぜ彼が交響曲を書き始めたのか、これも一つの答でもある。

凱旋と屈辱

オルガニスト・ブルックナーの名が、ヨーロッパ中に知れ渡ることになるきっかけは、フランスの古寺サン・テプヴル大聖堂の改築だった。パリ東方のナンシーにあるその大聖堂の改築にあたって、新しいオルガンが設置されることになり、六七年パリ万国博で金メダルを獲得したメルクリン＝シュッツェ社のものが選ばれた。オルガンの検分を兼ねた落成演奏式には、ヨーロッパ中の著名なオルガニストが招集された。

ヴィーンの宮廷礼拝堂では、三人のオルガニストが週替わりでオルガンを弾いていた。ルドルフ・ビーブル、ピウス・リヒター、そしてブルックナーである。ヴィーン宮廷楽団からはビーブルがナンシーへの招待を受けていたが、ビーブルはそれを断り、ハンスリックの推薦によってブルックナーにお鉢が回ってくる。彼は一八六九年四月、初めてフランスへと旅立った。

オルガンの検分は四月二十七日に行なわれ、翌日と翌々日に記念演奏が行なわれた。ブルックナーはほかの演奏者に混じって、バッハの「平均律クラヴィーア曲集」から『前奏曲とフーガ　嬰ハ短調』を弾き、『皇帝讃歌』をテーマに即興演奏した。ブルックナーはリンツの高位聖職者シーダーマイアーに宛ててこう報告する。

「ナンシーでは二十八日と二十九日の二回のコンサートに出演し、ベルギー人、ドイツ人、フランス人から成るすべての競演者中、特段の評価を与えられました。私にとってこれは素晴らしい成功です。ナンシー、リヨン、パリなどの音楽新聞が、この栄誉を盛大に称えました」

ドイツの新聞の多くが、concoursという単語を「コンクール」と訳して報道したため、ブルックナーが優勝したという誤解が定着してしまったが、ナンシーで行なわれたこの催しは単に「競演」を意味するに過ぎなかった。だがブルックナーが高い評価を得たのは事実であり、メルクリン＝シュッツェ社は即座に彼をパリに招待した。ブルックナーはヘルベックに手紙を書いて休暇を三日延長してもらった。それに続く聖霊降臨祭の休日も含めて、滞在を延ばすことができたからである。

パリのメルクリン＝シュッツェ社では、新しい小型のサロン・オルガンを試奏した。五月三日の工場内のコンサートでは『交響曲第一番』終楽章の主要主題による即興演奏を行なった。その後ノートルダム大聖堂でも、非公式ながら演奏の機会を得た。

ノートルダムの聴衆の中には、サン＝サーンス、フランク、オーベール、グノーらがいた。最後にブルックナーが即興の主題を求め、パリの高名なオルガン奏者ショヴェがそれに応じた。ブルックナーはそれを最初に前奏曲として、次にフーガとして、最後にオルガン・シンフォニーとして演奏した。

「このような勝利を、私は二度と味わうことはないと思います。パリの音楽新聞はこう書いています。ノートルダムの大オルガンは、この私によって初めて勝利の日を祝った、パリではこれ以上の演奏を聴いたことがない、云々云々……」（シーダーマイアー宛）

パリからの帰路、ブルックナーはもう一度ナンシーに立ち寄り、五月十九日にようやくヴィーンに戻る。翌月ハンスリックの「ノイエ・フライエ・プレッセ」紙が、「フランスにおけるオーストリア人オルガニストの成功」と題する記事を載せ、賞賛の口火を切った。

ブルックナーはこの成功により、合唱団フロージンとヴェルスの男声合唱協会から名誉会員の称号を贈られた。九月には『ミサ曲第二番』が初演され、リンツの司教から報奨金二百グルデンが贈られた。翌七〇年には文部省から、二度目の芸術家助成金が与えられた。ザルツブルクで演奏された『ミサ曲第一番』は好評を博し、ブルックナーは高地オーストリア教職員組合の名誉会員となり、故郷アンスフェルデンの名誉市民となった。

一八七〇年はまたしても戦争の年だったが、オーストリアは蚊帳の外である。ビスマルクはプロイセン主導でドイツ統一を果たすべく、フランスを挑発して普仏戦争を引き起こし、たちまちナンシーを蹂躙する。ナポレオン三世の第二帝政は倒れ、翌年のパリ・コミューンの圧殺を経て、フランスの「恐怖の年」はようやく終わる。

こうしてビスマルクのもくろみ通り、ナショナリズムの高揚のうちに、ドイツの統一は果たされた。七一年一月、ヴェルサイユの「鏡の間」にドイツ諸侯が集結し、オーストリア抜きのドイツ帝国創建が宣言される。

同じ年ロンドンで、五千人を収容するロイヤル・アルバート・ホールが開場した。翌年にはロンドン万国博が予定されており、ホールに設置されたヘンリー・ウィリス製作の大オルガン試演のために、またしても著名なオルガニストが招集されることになった。オーストリアではヴィーンのピアリスト教会で代表選考会が行なわれ、ハンスリック、ヘルベック、ツェルナーら、審査員の満場一致でブルックナーが選ばれた。

ロンドン行きのわずかな障害は、ブルックナーが英語を話せないことだった。彼は七月下旬にニュルンベルクへ向かい、十年前に同地の合唱祭で知り合った鉛筆工場主、フランツ・ツィンマーマンに同行を求めた（一説では同行者はオットー・フェーリンガーだったという）。ブルックナーはこのさなかにも、ツィンマーマンの妹アントニエに心を奪われ、その後数年にわたって彼女と文通を交わしている。

アルバート・ホールの巨大なオルガンは、四手鍵盤と一万本以上のパイプを備えていた。ブルックナーは八月二日から十二日にかけて、六回のコンサートに出演し、バッハ、ヘンデル、メンデルスゾーンを弾き、即興演奏も行なった。即興のテーマはオーストリアとイギリスの国歌、ヘンデルの『ハレルヤ・コーラス』、シューベルトの『セレナーデ』、そして『ラインの護り』だった。

八月六日にはオルガンの競技会が行なわれた。ブルックナーはスウェーデン、ハンガリー、ベルギーの代表を引き離して優勝し、クリスタル・パレスでのコンサートが追加されることになった。それまでの一週間は何の予定もなく、ロンドン見物で時を過ごす。彼がとりわけ関心を惹かれたのは、ロンドン塔の牢獄跡だった。

産業革命の象徴であるクリスタル・パレスは、鉄の骨組みと三十万枚のガラスから成り、そこに設置されたオルガンは四千五百本のパイプを備えていた。ブルックナーは八月十九日から二十八日にかけて、七回のコンサートで演奏した。八月二十一日にはドイツ帝国創建を祝うコンサートが行なわれ、聴衆は『ラインの護り』による即興演奏に熱狂して、オルガニストを肩にかつぎ練り歩いた。

こうしてブルックナーは、オルガン界の新しい法皇となり、自信と誇りをみなぎらせてヴィーンに凱旋した。だがそこで待ち受けていたのは、彼の品行に関する告発と査問だった。

それは聖アンナ師範学校での、いわゆるセクハラ事件である。問題となった行為は、ブルックナーが男子より女子をひいきするとか、ある女生徒になれなれしく「お嬢ちゃん」と

「クリスタル・パレス」の袖廊（ロンドン万博、1851年）

呼びかけたとか、その生徒の手を撫で回したとかいうものだった。

教師としての資質を問われたブルックナーは、十月十日付けで停職処分を受け、新聞もこのスキャンダルを書き立てた。ブルックナーがとりわけ打撃を受けたのは、「ボンベ」紙の滑稽記事である。それは彼のいかがわしいピアノ・レッスンについて、ヴィーンの娼婦が女友達に告げ口するという設定になっていた。ブルックナーはマイフェルトにこう訴えている。


十月二十二日の「ボンベ」紙をお読みになりましたか？　私はあれで熱を出しました。昨日宮廷楽団で演奏の仕事が終わった後、ヘルベックから散々笑い者にされましたよ。これが表沙汰になったのも、宮廷礼拝堂楽長エーダーのせいですが、彼は私のためによかれと勘違いしたのです。

さて、気の進まぬ告解をせねばなりません。リンツの名士シュトラインツ（実科学校校長）の二人の娘たちが、私に侮辱されたとか、その一人に私が腹を立てて馬鹿娘とののしったとか、誰かがご注進に及んだのです、ただしこそこそと匿名で。父親は娘たちを学校から引き上げさせましたが、以来私は何者かの（というかその父親の）匿名の告発で迫害されているのです。いわく、私が娘たちの手を握って揺すったとか、誰やらに特に親切だとか、はては私が危ない男だとか……。明らかにこちらの親切心や善意を、逆手に取ろうとしているのです、私にはまったく疚しいところがないのですから。文部省はいったん私を男子部に戻しましたが、昨日ヘルベックが言うには、宮廷顧問官ヘルマンから二通目の手紙が来て、文部省は私を女子部から解任せず、留任を望んでいるとか。毛頭その気はないと言っておいたのですが。あの学校の女生徒たちはエキセントリックです。例えば誰か二人が演奏したとすれば、むろん両方とも「優」を欲しがるわけですが、一人がまるっきりへたくそで「可」を貰ったとします。そして私が「優」の方と親しく言葉を交わしただけで、その娘に気があるなどと言いふらすわけです。こんな連中と妥協するのは惨めだし、本当に不幸な気分です。もしヘルベックがいなかったら、パンにもありつけなかった。いや、これからだってどうなるか分かりません。私が今、特にある一団の音楽家たちから、どれほど迫害されているか、きっとお分かりにはならないでしょう。十月という月は、私の神経をずたずたにしてしまいました。ヴィーンにはもう何の喜びも感じません。ここで生きていくためには、何箇所も勤めを持たねばならず、芸術に捧げるための時間をすり減らすだけです。

ブルックナーの美少女崇拝はつとに有名だが、聖アンナ師範学校での彼には、取り立てて問題行動があったとも思われない。このスキャンダルの背景には、彼の成功を喜ばない者の悪意が感じられる。

文部大臣シュトレーマイアーはブルックナーの復職を決断したが、ブルックナーは女子部の授業には戻らなかった。そしてこの三年後のカリキュラム改変を機に、彼は最終的に聖アンナ師範学校を辞する。ピアノ科の後任はルドルフ・ヴァインヴルムだった。

『交響曲第二番』

ヴィーン・フィルすなわち「ヴィーナー・フィルハーモニカー」はこれより三十年ほど前、宮廷歌劇場の楽長オットー・ニコライによって創立された。オペラの伴奏という歌劇場の日常に飽きたらず、過去の遺産、とりわけベートーヴェンの理想的な演奏を実現したい、というのがその主旨だった。

その後この団体では自主運営のルールが確立され、常任指揮者は選挙によって選ばれた。歴代最初の常任指揮者が、宮廷楽長オットー・デソフである。彼は一八六〇年から十五年間、そのポストにあった。

デソフとブルックナーの最初の接触は、ピアリスト教会での大試験である。デソフは審査員の一人だった。リンツ時代のブルックナーは『第一番』のスコアをデソフに送り、評価を仰いだこともあったが、それに対する反応は知られていない。

その後ヴィーンに移ったブルックナーは、七二年頃にいわゆる『第0番』のスコアをデソフに見せた。デソフは第一楽章をざっと眺めて「いったいぜんたい主題はどこにあるのかね？」と訊ねたという。彼の一言でこの交響曲は反古となり、ブルックナーの生前にはついに一度も演奏されなかった。

一八七一年十月から七六年五月にかけての時期を、ブルックナーの第二創作期と呼ぶことがある。

彼はその五年足らずの間に、『第二番』から『第五番』までの初稿を、ほぼ間断なく書き続けるのである。

『交響曲第二番』は聖アンナ師範学校事件のさなかに着手され、翌年の夏にその大部分が作曲された。一般にこの交響曲は、古典主義的で地味な作品とされている。だがその見晴らしのよい構成、比較的コンパクトな作品規模、叙情的な優美さなどで、独特の魅力を放っている。

ブルックナーは『第二番』で格段の進歩を遂げ、独自の音楽語法を確立した。第一楽章冒頭での弦のトレモロは、「ブルックナー開始」と呼ばれるもののささやかな萌芽である。トランペットの信号動機風の付点音符も、後にブルックナー・リズムと呼ばれるものに発展していく。

『第二番』には頻繁に休止が現われるために、ヴィーン・フィルの楽員から『休止交響曲』とからかわれた。ブルックナーの交響曲は、呈示部、展開部、再現部、結尾部、第一、第二、第三主題などを、休止によって明瞭に区分する傾向がある。ブルックナーはこれについて、指揮者ニキシュにこう語った。自分は何か意味深いことを言う前には、いつも深く息を吸うのだ、と。

このいわゆる「ブルックナー休止」は、オルガニストとしての性癖に由来するともいわれる。オルガニストは音楽の切れ目切れ目に、オルガンの豊かな残響が消えるのを待ち、ストップを切り替え、新しく弾き始めねばならない。ブルックナーの交響曲に頻出する休止に、彼の巨大な影がストップをまさぐる姿を想像するのは楽しい。

ブルックナーはまた「アダージョの作曲家」とも呼ばれる。『第二番』第二楽章アンダンテは、彼の緩徐楽章における最初の傑作であろう。そこに流れる自然の息吹、風のさやぎや野のかぎろいは、ブルックナーを聴く至福の時である。

同時期のミサ曲との関連から、ブルックナーの初期交響曲は「ミサ交響曲」とも呼ばれる。この『第二番』では『ミサ曲第三番』からの引用が見られ、第二楽章に「ベネディクトゥス」と「アヴェ・マリア」の動機が、第四楽章には「ベネディクトゥス」と「キリエ・エレイソン」の動機が現われる。

レントラー風のトリオをはさむスケルツォは、ブルックナーらしく荒削りな肌触りである。そして先行三楽章全部に匹敵するほど長大な終楽章では、先行楽章の幾つかのテーマが呼び出され、回想される。この手法もやがてブルックナーの常套手段となる。曲尾近くで第一楽章の第一主題が明瞭に現われるのも、冒頭主題の回想で全曲を閉じる後年の手法を予感させる。

男性的といわれるブルックナー交響曲の中にあって、『第二番』はむしろ女性的な優美さをたたえている。『習作交響曲』から『第二番』に至る彼の初期交響曲は、むろんまだ重厚さや雄大さに欠け、主題の展開も小規模に止まるが、そこには捨てがたい魅力があるのも事実である。ブルックナー初期の訥々とした響きには、雄大さと円滑さを加える後期にはない人間味があるのだ。

ヴィーン宮廷から委嘱された『ミサ曲第三番』は、リンツ時代の一八六八年に完成され、その年の十一月に初演される予定だった。だが演奏は困難をきわめ、初演は延び延びになっていた。当時この曲は楽員たちに悪評高く、宮廷楽長ヘルベックのリハーサルに現われたのはたった二人だけだった。楽員たちはブルックナーを「完璧な阿呆」と呼んでいたという。翌年一月のリハーサルでは、さすがのヘルベックもブルックナーにこう訊ねた。

「知っての通りヴァーグナーは『トリスタン』で、私は自作『変ロ長調交響曲』で思い違いをしていた。君もこのミサ曲について、自分の勘違いを認めないかね?」

ヘルベックは七二年のリハーサルを最後に手を引き、ブルックナー自身に初演の指揮を任せた。会場としては宮廷礼拝堂が手狭なために、聖アウグスティン教会に変更され、ブルックナーは三百グルデンの出費を余儀なくされた。七二年六月の初演は、だが思いも寄らぬ大成功となった。フランツ・リストは好意的な評価を寄せ、ハンスリックは「ノイエ・フライエ・プレッセ」紙でこう評した。

「この作品は大規模さと演奏の困難さだけでなく、様式と解釈においても、ベートーヴェンの『荘厳ミサ』への追随を示しており、一方ではヴァーグナーの影響も強く表われている。このブル

ウィーン万国博覧会の会場(S. ルッセル設計になる円形建造物、1873年)

ックナーの新作ミサが、全曲あるいは部分的にでも、コンサート形式で巧みに演奏され、多くの聴衆の知るところとなれば大変興味深い」

『ミサ曲第三番』の初演から三か月後、ブルックナーは『交響曲第二番』を完成し、ただちにスコアをヴィーン・フィルに提出した。デソフはその翌月に試演し、この曲に「ナンセンス」という評価を下した。だがブルックナーが適切なテンポを指示すると、一部の楽員たちは共感を示し始めたという。

結局『第二番』は、曲の長さや休止の多さが災いし、演奏不能として一旦は退けられた。そしてそれは翌年の秋、ヴィーン万博のアトラクションとして初演の機会を得る。

七三年の万国博の賑わいは、久しぶりにヴィーンを沸き返らせた。市壁を取り払って生まれ変わった姿を、世界に披露する機会を得たのである。余談ながら、国際進出を目指す明治政府もこれに参加し、神社と鳥居、日本庭園と茶店から成るパヴィリオンを出展した。これがヴィーンにおけるジャポニズムの契機となる。

ヴィーン万博は、六七年パリ万博の五倍の規模で開幕した。だが間もなく勃発した株の大暴落で、オーストリアは空前の経済恐慌に見舞われる。普仏戦争の戦勝景気と、リンク建設のバブルはあえなく弾けた。だがヴィーン人は決して肩を落とさない。彼らの口癖に「状況は悲劇的なるも深刻ならず」というのがある。巷では『破産ポルカ』が大受けし、オペレッタの隆盛は「金の時代」から「銀の時代」へと続いていく。

金融恐慌のまっただ中、ヴィーン万国博は諸外国の援助を受けて続行された。ブルックナーの

『交響曲第二番』は、万国博の閉幕を飾る十月二十六日のコンサートで、作曲者自身の指揮により初演された。この陰にはヘルベックの奔走があり、ヴィーン・フィルを雇うためにリヒテンシュタイン侯の援助を必要とし、曲の短縮が強要された。

コンサート冒頭、ブルックナーはオルガンでバッハの『トッカータ ニ短調』を弾き、続いて即興演奏を行なった。『交響曲第二番』の演奏はまずまずの成功を収め、聴衆が去った後、楽員たちから拍手がわき起こった。ブルックナーは彼らへの感謝の印に、『第二番』の献呈をヴィーン・フィルに申し出る。

「あらゆる父親が、我が子のために最良の居場所を探すように、こう申し出ても咎め立てはされますまい。この作品を貴兄諸氏に献呈することを、お許しいただけますでしょうか?」

だがヴィーン・フィルはこの提案に関心を示さなかった。この作品は十年ほど後に、リストに捧げられようとしたが、この試みも実を結ばなかった。こうして『第二番』はブルックナーの交響曲中ただ一曲、献呈先を持たない孤児となった。

ヴァーグナー詣で

ブルックナーが『交響曲第三番』の構想に着手したのは、『第二番』完成前後の七二年秋と見られている。翌年八月初め、ブルックナーはコレラの発生したヴィーンを避け、ボヘミアの温泉地マリエンバートに向かった。その途中、帝国有数の保養地カールスバートにも数日滞在した。

カールスバートでは教会音楽監督アロイス・ヤネチェクを訪ね、ホテルを紹介してもらった。保養地オーケストラの楽長アウグスト・ラビツキーは、ブルックナーの交響曲に関心を示し、すぐにも『第三番』を演奏したいと申し出たが、初稿のスケッチはまだ完成していなかった。ラビツキーはようやくこの二十七年後、カールスバートでの演奏を実現している。

マリエンバートに落ち着いたブルックナーは「白馬亭」に滞在し、八月三十一日に『第三番』終楽章のスケッチを終えた。そこから国境を西に越えたバイロイトに、ミュンヒェンを退去したヴァーグナーが居を構えていた。

ブルックナーはヴァーグナーに手紙をしたため、『第二番』と『第三番』のスコアを見てくれるよう懇願したが、ヴァーグナーはなかなか返事を寄越さなかった。大作『ニーベルングの指環』の完成に追われ、祝祭劇場や自邸の建設に忙殺されていたからである。ブルックナーは彼の承諾も待たず、九月初めバイロイトに向かう。後年の彼は、この訪問の模様を語るのを好んだ。

ヴァーグナー邸ヴァーンフリートに到着して、まず度肝を抜かれたのはその豪華さだった。分厚い絨毯を踏みかねていると、ピアノの音が聞こえてきた。「小学生の洟垂れ小僧」のように鍵穴を覗いたが、ピアノはそこからは見えなかった。しばらくしてヴァーグナーが姿を現わし、ブルックナーはうやうやしくその手にくちづけした。

有名なオットー・ベーラー作の切り絵では、ブルックナーがヴァーグナーに対してかなり小柄に描かれているが、これは二人の関係を象徴する表現である。極端に小柄だったヴァーグナーに比べ、ブルックナーの身長はおよそ百七十センチだった。ブルックナーが交響曲の献呈を切り出すと、ヴァーグナーは無愛想にこう答えた。

「誰も彼もそんなことを言って押しかけて来る。三日後にまた来なさい」

だがブルックナーの懐具合は、あと三日の滞在を許さなかった。

「貴重なお時間を台無しにするつもりはありませんが、そのご炯眼で主題を一瞥なされば、すべては一目瞭然と存じます」

ヴァーグナーは苦笑しながらブルックナーを客間に導き、スコアに目を通した。その間ブルックナーは「教師の採点を待つ小学生のように」かしこまっていた。やがてヴァーグナーが言った。

「この作品はお預りしよう。ちゃんと目を通さないうちは、献呈を受けない方針なので」

その日は雨だったが、午後になってブルックナーは祝祭劇場の工事を見学した。土工や左官たちと言葉を交わし、熱心に見ているうちに、空になったモルタルの桶の中へ後ろ向きに落ちてしまった。運悪くその時ヴァーンフリート荘の召使が現われ、マイスターが教授をお呼びだと告げた。

「後生だから皆の衆、服をきれいにしておくれんか」

職人たちはブルックナーに泣きつかれ、ざっと汚れを落としてやった。ヴァーンフリート荘に駆けつけると、玄関ホールにヴァーグナー夫人となったコジマが立っており、ブルックナーはその手にくちづけした。

「奥様のお取りなしでしたか」

「いいえ、主人は音楽については一切口を出させません。自分からあなたに会いたがっていま

第3交響曲の初版譜表紙

ヴァーグナー面会（O・ベーラー画）

す」

隣の部屋からピアノの音が聞こえ、『第三番』のテーマを三回ほど繰り返すのが聞こえた。部屋に入ると、ヴァーグナーは何度も彼を抱擁し、うず高く積まれた楽譜を示した。

「見たまえ、この献呈の山を。だがあなたの傑作は、私にとって光栄だ」

ビールが樽ごと振る舞われ、ブルックナーは夜八時までそこにいた。話題がヴィーンの楽壇に及ぶと、ヴァーグナーは「無礼な宮廷劇場」をさんざん罵倒し始めた。自分の作品に対する大幅なカットが、彼の逆鱗に触れていたのである。ブルックナーは総監督ヘルベックを弁護したが無駄だった。ハンスリックもさんざんやり玉に挙がった。その夜その場には、コジマの胸像を制作中の彫刻家、グスタフ・アドルフ・キーツも同席していた。

キーツが翌朝早くホテルの食堂にいると、ブルックナーが駆け寄ってきた。昨夜ビールを飲み過ぎたせいで、ヴァーグナーに献呈したのが『第二番』だったか『第三番』だったか思い出せないというのである。キーツが覚えているのは「ニ短調交響曲」という言葉と、トランペットがどうのこうのということだった。

『第三番』の冒頭では、トランペットが異例の弱音でソロを奏する。ブルックナーはキーツに抱きつきながら「宮中顧問官殿、恩に着ます」と叫んだ。なぜ自分が宮中顧問官と呼ばれるのか、キーツにはその理由が分からなかった。ブルックナーはホテルの青い便箋に走り書きし、ヴァーグナーにこう確かめた。

「トランペットの主題で始まる、ニ短調の方ですね?」

間もなくヴァーグナーからの返事が来た。

「さよう。敬具。リヒャルト・ヴァーグナー」

ブルックナーはこの件以来、ヴァーグナー家では「トランペットのブルックナー」と呼ばれた。

『交響曲第三番』は浄書製本され、金泥文字でヴァーグナーへの献辞が刻まれ、翌七四年五月にバイロイトへ送られた。この曲を『ヴァーグナー交響曲』と呼び始めたのは、ブルックナー自身である。同じ年、ヴィーン西駅に降り立ったヴァーグナーは、出迎えたブルックナーにこう言った。

「あの交響曲に改めて目を通しました。大変けっこう、立派なものだ。演奏、演奏、ともあれ演奏することです」

ブルックナーに対するヴァーグナーの評価は高かった。ブルックナーの冒頭動機の扱い方は、ヴァーグナーのライトモティーフの展開法と共通する。ロマン派が忘れつつあった主題労作の技巧を、彼らはそれぞれのやり方で追求していた。ある時ヴァーグナーはブルックナーに「私ら二人は第一人者だ。私はドラマ芸術の分野で、あんたは交響曲の分野で」と言ったという。二人が同じジャンルで競合していなかったことも、円満な関係につながったであろう。

このバイロイト訪問後、ブルックナーは「ヴィーン・ヴァーグナー協会」に入会した。彼は入会に当たり、自分の「ささやかな音楽的営為にとり、最も暗澹たる時期」に快く迎えられたことを感謝した。だがこの選択は両刃の剣だった。ヴァーグナー陣営に身を置くことで、彼は多くの共鳴者を得ると同時に、多くの敵をも作ったのである。

『交響曲第三番』

『交響曲第三番』初稿は、バイロイト訪問から三か月後の七三年大晦日に完成された。初稿の総小節数は二千五十六小節、ブルックナーの全交響曲中でも最長規模である。

『ヴァーグナー交響曲』の名にふさわしく、第一楽章と第二楽章末尾には『ヴァルキューレ』からの「眠りの動機」が引用されている。そして第二楽章で『タンホイザー』からの「巡礼の合唱」が忽然と沸き上がるさまは、ほとんど感動的といってよい。そこにこめられたヴァーグナーへの敬愛は、まぎれもないブルックナーの真情なのである。

『第三番』ではベートーヴェンの『第九』の影響も無視できない。弦のトレモロの中から現われる、トランペットの開始主題によってもそれは明白である。初稿の第二楽章は、まさに『第九』のアダージョをなぞったような構造になっており、第三楽章スケルツォの激烈さも『第九』の前例なしでは考えられない。後の改訂でカットされたが、初稿終楽章のコーダ直前で、先行三楽章からの断片が回想されるのも、原型は明らかに『第九』であろう。

『第三番』初稿の両端楽章には、いわゆる「ブルックナー休止」がひんぱんに現われる。それはソナタ形式の構造を明らかにするための仕掛けであり、このブロック構造こそブルックナー初期の最大の特徴といえる。だがこの断裂的手法は大方の理解を超え、「論理的思考の欠如」（ハンスリック）という非難を生むことにもなる。

終楽章の最初の休止の後に、コラール風の第二主題が現われるが、その伴奏形は軽妙なポルカである。これについてブルックナーの弟子アウグスト・ゲレリヒは、次のような体験をしている。彼はある夜ブルックナーとともに、高名な建築家の家の側を通った。家の中には亡くなった建築家の棺が安置され、隣家からはにぎやかなダンス音楽が聞こえていた。ブルックナーはこう言ったという。

「見るがいい、この家では盛大な舞踏会だが、隣の家では棺桶の中で巨匠が眠っとる。これが人生というものだ、そして私が『交響曲第三番』のフィナーレで描きたかったのもこれだった。現世の朗らかさや喜びをポルカで、そして哀しみや苦悩をコラールで」

暗雲垂れ込めるような第一楽章の冒頭、弱音で奏されたトランペット主題は、大団円では長調に転じて勝利の行進となり、やがて金字塔のようにそびえ立つ。この紋切り型の幕切れも、典型的なブルックナーである。

ブルックナーは七六年から七七年にかけて、そして八八年から八九年にかけて、二度にわたり『第三番』に大きな改訂を加えている。改訂は主として短縮に向けられ、第二楽章コーダの「眠りの動機」を例外として、ヴァーグナー作品からの引用はあらかたカットされた。

今日最もよく演奏される第三稿は、初稿に比べて四一二小節も切り詰められている。それは晩年の改訂であるだけに、初期の断裂性は影をひそめ、一筆書きのような円熟と洗練が加わっている。だがそれと引き替えに、かけがえのない何かが失われたという印象も否めない。

失われたものはやはり初稿の生々しさであろう。大胆な抽象画を思わせる『第三番』初稿には、巨大なものの気配が影を落としている。延び広がる時空、咆哮する原色の世界、そのさなかに突如出現する無常感……そこにはすでに、後期ブルックナーの異界が口を開けているのである。

第4章 抗 争

ヴァグネリアン

十九世紀後半のヴィーン楽壇を二つに引き裂いた、「ヴァーグナー派対ブラームス派」の抗争とは何だったのか？ 活動分野を異にするヴァーグナーとブラームスが、なぜ反目せねばならなかったのか？ 今となっては必ずしも明確ではない。

もともとこの抗争は、ヴァーグナーとハンスリックの芸術論争に端を発する。ヴァーグナーの立場は、すべての芸術は最高唯一の芸術、すなわちドラマの中で融合されねばならないとする「全体芸術論」だった。これに対しハンスリックの「自律的音楽美学」は、音楽の内容はその形式以外になく、音の運動形態そのものに自律的な美が存すると主張した。これによれば、音楽はテキストや標題に束縛されてはならないのである。ハンスリック側の代表選手はブラームスだった。

だがこの芸術論争には、人間的摩擦もからんでいる。もともとハンスリックは『タンホイザー』によってヴァーグナーの才能に驚嘆し、ヴィーンの音楽新聞に十一回にわたって「タンホイザー論」を展開したことで頭角を現わした。だが彼はその後しだいに古典派への指向を強め、一八五〇年頃からヴァーグナーをはじめとする、新ドイツ楽派に辛辣な態度をとるようになった。

一方ヴァーグナーは『ニュルンベルクのマイスタージンガー』に敵役「ハンスリッヒ」を登場させ、ヴィーンでの台本朗読会でハンスリックを嘲弄した。これ以後二人は完全に決裂し、ハンスリックは『マイスタージンガー』を「興味深い異常な音楽」と評して、執拗に相手を攻撃し続けた。

この反目には人種問題もからんでいる。ハンスリック自身は公言をはばかったが、彼の母親はボヘミアの富裕なユダヤ商人の娘だった。一方ヴァーグナーは激越な反ユダヤ主義者として知られ、一八五〇年には『音楽におけるユダヤ性』という匿名のパンフレットを発表している。

ちなみにワルツ王ヨハン・シュトラウス二世の家系も、祖父の代にハンガリーから移住して来たユダヤ人だったが、宮廷は台頭する反ユダヤ主義を配慮し、このことをひた隠しにしていた。実はヴァーグナーその人も、自分は養父ガイアーの実子ではないか、そしてガイアーはユダヤ系ではないかという疑念に終生悩まされた。

『マイスタージンガー』は一八六八年にミュンヒェンで初演され、同じ年にブラームスの『ドイツ・レクイエム』がブレーメンで初演された。このことは「あれかこれか」の対立を好む風潮に油を注ぎ、ヴィーンの批評界も真っ二つに分裂した。ブラームス派は保守的な新聞で、ヴァーグナー派はリベラルな新聞で擁護論を展開する。

つまりこれは世代間抗争でもある。新ドイツ楽派はリベラルな若い世代に熱烈に支持され、ブラームス＝ハンスリック派は保守的な権威の象徴とされた。ブルックナーが学生たちの支持を得た理由の一つは、彼が「交響曲のヴァーグナー」と見なされたことによる。ブルックナー周辺の若者たち、特にフーゴ・ヴォルフがブラームスを痛烈に批判し、ヴィーンにおけるブルックナーの立場を厳しいものにした。

だが今となっては彼らの反目や抗争は、音楽史の中のぼやけた古い傷跡に過ぎない。ある時ブラームスはこう言った。

「私が名声を得たのは偶然に過ぎないとニーチェは主張した。反ヴァーグナー派が対抗馬として私を必要としたからだ、と。だがむろんこれはナンセンスだ。私は党派の頭目に据えられるような人間ではない。私は自分の道を孤独に、自由に進むだけであり、その道では誰に出会うこともない」

十九世紀は個性の時代であり、芸術家はしょせん独立独行の存在である。党派性などというものはたまたま乗り合わせたボートに過ぎない、とブラームスは言っているのである。

ヴァーグナーはブラームスの力量を認めていたが、その音楽にはほとんど興味を持たなかった。一方ブラームスはリストを認めなかったが、ヴァーグナーには正当な関心を払った。彼は『ラインの黄金』と『ヴァルキューレ』の初演を観るために、ミュンヒェンまで足を運び、持ち前の皮肉を発揮して「そのうち私もヴァグネリアンを名乗るようになるだろう」と言った。

「ベートーヴェンの『第九』とともに交響曲は終わった」とヴァーグナーは言った。ブラームスとブルックナーは、その断崖の先に自らの道を切り開き、独自の世界を築いた。彼らはコインの裏と表のように、補完的な存在だったといえる。

熱烈なヴァグネリアンだったグスタフ・マーラーは、ブルックナーにも私淑したが、ブルックナーに対する彼の評価はアンビヴァレントなものだった。彼はブルックナー作品の偉大さと「発想の豊かさ」に敬服すると同時に、その「散漫さ」には苛立ちを覚えていた。彼は妻アルマに宛てた手紙の中で、ブルックナーの『第九番』を「ナンセンスの極み」と評している。

マーラーの友人ナターリエ・バウアー＝レヒナーによれば、マーラーはむしろブラームスを高く評価していた。マーラーは一八九三年以来の毎夏、バート・イシュルに滞在するブラームスを訪問し、一方ブラームスもマーラーの指揮に触れて以来、その才能に注目していた。後にマーラーがヴィーン宮廷歌劇場監督に就任した背景には、ブラームスの強力な推薦があった。

ブルックナーはヴァーグナーを崇拝していたが、ヴァーグナーの台本にはまるで無関心だった。フランツ・グレーフリンガーによれば、ある時ブルックナーは高名な女性歌手の夫と一緒に『タンホイザー』を観た。第三幕で失意のタンホイザーが、愛欲の女神ヴェーヌスのもとへ帰ろうとする場面で、彼はこう言ったという。

「おやおや、あの男はまたあの女のとこへ行きよる」

ブルックナー研究者ロベルト・ハースによれば、ブルックナーは『ヴァルキューレ』の終幕を観ながら、「あの連中はなぜブリュンヒルデを焼き殺すのか？」と訊ねたという。ブリュンヒルデは焼き殺されるのではなく、やがて最強の戦士の手で目覚めさせられるために、ヴォータンによって炎の円陣の中で眠らされるのである。その「眠りの動機」を、ブルックナーは『交響曲第三番』に引用してさえいる。

ハンスリックはオルガニストとしてのブルックナーを高く評価していたが、作曲家ブルックナーには冷淡だった。彼の回想録「我が生涯より」には、ブルックナーの名さえ触れられていない。一方ハンスリックの批評に対するブルックナーの恐れは、迫害妄想的ともいえた。

ヴァーグナー派とブラームス派の抗争の実態とは、せいぜい雑誌や新聞の批評合戦であり、仲間うちでのこきおろしであり、取り巻きどうしの角突き合わせに過ぎなかった。それどころか実生活上では、彼らは同じ町に住む同業者であり、ブラームスとブルックナーのように楽友協会の仲間であり、ブルックナーとハンスリックのようにヴィーン大学の同僚でもあった。ハンスリックとの同僚生活は十六年におよぶが、それは次のように始まる。

ハンスリックの離反

七三年初頭のブルックナーは、すでに五十の坂を越そうとしていた。彼はまたひとしきり生活の不安に胸を痛め、文相シュトレーマイアーに補助金の請願書をしたためる。

「現在、週に三十時間から四十時間を講義に割き、そのため多くの時間と精力を奪われ、創造活動に著しい支障をきたしております。この理由に基づき、謹んで閣下にお願い申し上げます。どうか善意あふるる芸術擁護者として、永続的かつ予算上保証された、将来に向けての補助金を賜りますよう、お取り計らいくださいませんでしょうか？」

文相シュトレーマイアーは、ブルックナーの擁護者の一人だった。彼はこの三年前にも四百グルデンの芸術家補助金を承認し、「聖アンナ学校事件」の際にも好意的な裁定を下した。だが今回の永続的な補助金という請願には応じられなかった。

翌七四年、ブルックナーはまたしてもヴィーン大学に職を求める。彼はリンツ時代にも大学哲学科に対して、作曲講座の新設を求めたことがあったが、今回の請願は直接文相宛てに提出され、最近ベルリンやパリにも同様の講座が新設されたことに触れていた。大学当局は前回と同じくハンスリックに意見を求めた。

「ブルックナーの件はすでに却下済みの事項である。その種のポストの新設に際しては、ブルックナーの人格が要件となるが、彼には学問上の予備知識が著しく不足し、大学には最不適格な人物と思われる」

この刺々しい口調は、この前年にブルックナーがヴァーグナー協会に加入したことと関連しているのかも知れない。少なくともブルックナー自身は、七四年頃にハンスリックの態度が変化したと言っている。

「ヘルベックを除けば、ハンスリックは私の最大の庇護者だった。だが彼が一八七四年まで私について書いてくれたようなことは、それ以後ほとんど見られなかった」

ハンスリックによる拒否答申の翌月、ブルックナーはイギリス大使ダドレーにも売り込みを試みている。彼の脳裡には、ロンドンでの成功の日々が蘇っていたのだろう。

エドゥアルト・ハンスリック

ウィーンの新聞「フィガロ」にのったカリカチュア（一八九六年）ハンスリックが「聖ブラームス」像に香炉を振りかざし、讃えている。

「もしやダドレー卿におかせられましては、芸術庇護のお志がおありでしょうか？　むろん当方といたしましては、年俸が明確に保証されますならば、作品ともどもこの身を捧げてお仕えいたす所存です。英語、仏語ともに不調法ではありますが、それが障害となりませんければ、何らかのポストを賜ることも望外の幸せです」

だがイギリス大使からは梨のつぶてだった。その秋に聖アンナ学校を退職したことで、ブルックナーはさらに五百四十グルデンほどの収入減に陥る。翌七五年初頭、彼はリンツのマイフェルトに宛てた二通の手紙で、こう愚痴をこぼした。

「一度などはヘルベックからさえ、ヴァーグナーに何らかの援助を乞うよう勧められました。私にはもう音楽院のポストしかありませんが、これで生計を立てるのはどだい無理です。飢え死にせぬために、九月と、その後もう一度、無心をせねばなりませんでした。誰も助けてはくれず、シュトレーマイアーは口約束はするが実行はしません。幸い外国人が数人レッスンを受けに来たので、物乞いに出ずにすんだような有様です」

「私にはもう道は二つしかありません。オルガン関係で渡英するか、オーストリアの劇場で楽長にでもなるか。どちらにせよ私には何の心得もなく、過去に勧められたことさえありません。少なくとも後者については、リンツにそのチャンスがあるかも知れません。ヴァーグナーの不興を買いたくなければ、あの人に頼み事などできないのです」

『交響曲第四番』

ブルックナーの『第四番』は、この経済的不安のさなかに書き始められた。その初稿は『第三番』初稿完成のわずか二日後、七四年一月二日に着手され、同じ年の十一月二十二日には完成した。ブルックナーは息苦しいほどの創作欲の中にいる。彼が懸命に生活の安定を求めるのも、創作の時間を確保するためにほかならない。

『第四番』初稿は、ブルックナーにしては比較的短期間に書き上げられた。だがそれは冗長で未整理な点も多く、初期様式を打破するための、試行錯誤的作品ともいえる。スケルツォはブルックナーらしい直線的推進力を持たず、何度も執拗にスタートを繰り返すような、奇妙な音楽となっている。七八年から八〇年にかけて改訂に従事したブルックナーは、スケルツォをまったく別の曲に差し替え、第四楽章に著しい変更と短縮を加え、緩徐楽章も短縮した。

初稿も含めて『第四番』には四つの版がある。七八〜八〇年の改訂版は「ハース版」として知られ、「ノヴァーク版」はその後のわずかな修正を含んでいる。これらとは別に、八九年初出版のものがあるが、後述するように、これはフェルディナント・レーヴェによる改竄版である。

改訂の結果、『第四番』には初稿に比べて格段の進歩と円熟が加わった。回りくどさは姿を消し、音楽の歩みは確固としたものになり、旋律と対位法はより円滑になった。『第三番』と同様に、「原始霧」とも呼ばれるトレモロの中から開始主題が姿を現わすが、その印象は『第三番』とは著しく異なる。『第四番』はブルックナーが書いた最初の長調交響曲であり、ホルンによる開始主題は伸びやかで広々としている。

『第四番』には全曲を貫く二つの核がある。ホルンによる開始主題の五度とその転回音程、そして「ブルックナー・リズム」と呼ばれる2＋3連符である。これらの動機は全曲を通して、さまざまな形で登場し、互いに呼応していく。開始主題は終楽章のコーダ直前でも印象的に回帰し、曲尾にも悠然とその姿を現わして、この「生の讃歌」の円環を閉じるのである。

あるいは『ロマンティック交響曲』

ブルックナーの『第四番』は、『森の交響曲』あるいは『自然交響曲』とも呼ばれた。冒頭のホルン主題からも、この作品が喚起する基本的な情緒は、自然への愛着であることは明らかである。ロマン派の芸術観においては、音楽は最も「根元的な自然言語」であり、そこでは音楽が自然を描写するのではなく、自然が音楽を通じて語りかけるのだ。

ブルックナーは初稿自筆譜のタイトルに「交響曲変ホ長調　ロマンティック」と記しているが、この曲が現在高い人気を得ているのは、そのネーミングのせいでもあるようだ。ブルックナーはこの作品の標題的内容について、繰り返し人に語っている。聖フロリアンの司祭ベルンハルト・ドイプラーには、第一楽章についてこう語った。

「中世の町……夜明け……市門から聞こえる起床ラッパ……門が開き……見事な馬を駆る騎士た

ちが野外へ駆け出し、自然の魅惑が彼らを包む……森のざわめき……鳥の歌声……こうしてロマンティックな光景が繰り広げられる」

また第一楽章の第二主題部については、第一ヴァイオリンの動機が鳥の鳴き声を模倣し、ヴィオラの旋律は「森の中で自然の声を聴く喜び」を表現しているとも語ったという。ベルリンの批評家ヴィルヘルム・タッペルトには、第二稿のスケルツォについてこう書き送っている。

「新しいスケルツォだけがまだ残っているのですが、これは狩を表現しております。トリオは狩人たちの食事中に奏でられる舞踏のメロディーです」（一八七八年十月九日）

さらにこの十二年後、ブルックナーは詩人パウル・ハイゼに宛てて次のように書いている。

「『交響曲第四番　ロマンティック』第一楽章のホルンは、市庁舎が一日の始まりを告げることを意味します。そのように生活が展開して行くわけです。第二主題部のテーマは、四十雀のさえずり。第二楽章は歌、祈り、セレナーデ。第三楽章は狩、トリオは食事中に森の中で奏でられる手回しオルガン風に」（一八九〇年十二月）

またロベルト・ハースによれば、後年になって第二稿からコピーされたスコアの終楽章には、ブルックナーの手で「民衆の祭り」と記されているという。これらの情報をつき合わせると、およそ次のようなプログラムが浮かび上がる。

「第一楽章」中世の町の夜明け。市門から騎乗の騎士たちが駆け出してくる。彼らは森に分け入り、木々のざわめきや鳥の声を聴く。

「第二楽章」歌、祈り、夜の情景。
「第三楽章」狩のシーン。トリオの部分では、狩人たちが森の中で食事し、手回しオルガンに合わせてダンスを踊る。
「第四楽章」盛大な村の祭り。

ブルックナーが自作交響曲の標題的な内容について語っているのは、『第四番』と『第八番』の場合だけである。彼が人に語ったプログラムは、どの程度有効なのだろうか？　そもそもそれらのプログラムは、構想の段階から存在し、作曲は忠実にそれをなぞっているのだろうか？

私はブルックナーのこうした陳腐な自作解説を、厳密に受け止める必要はないと考える。それは曲の成立に不可欠な要素でもないし、ブルックナー交響曲はまったくそれに依存しない、自律的な内容を持っているからだ。カール・グレーベによって「もはや手を触れることのできない完璧さと、高度の複雑さを持つ」と評された『第四番』の終楽章が、田舎の祭といったい何の関わりがあろう。

実はブルックナーはちょうどこの頃、「音楽の内容とは何か」という問題に関して明確な見解を公式に述べている。だがそれを検討する前に、もうしばらく彼の就職活動に付き合わねばならない。

無給講師

ブルックナーは音楽院教授就任と同時に、宮廷オルガニスト候補者という地位を得ていた。当初このポストは無給だったが、七一年からは二百グルデンが支給されるようになる。一八七五年六月には宮廷楽団の副文書係、および少年聖歌隊の次席声楽教師に任命され、これには百グルデンの臨時報酬が与えられた。とはいえ、聖アンナ学校退職による減収を考えれば、この雑収入もわずかな穴埋めに過ぎない。

ヴィーン大学の求職の件は、依然として暗礁に乗り上げたままだった。文相シュトレーマイアーはブルックナーに、教授でなく講師のポストを求めてみるよう助言した。ブルックナーはこれに従い、七五年七月に四度目の求職請願を提出する。

文相はこれと歩調を合わせ、ヴィーン大学哲学科にこう提案した。ハンスリックの講座の補足として、ブルックナーの和声・対位法講座を開設してはどうか。ハンスリックはこれに抵抗を示したが、結局は承諾するほかなかった。ただしブルックナーに与えられたポストは、無給講師という最下位のものだった。

七五年十一月十八日、ブルックナーは無給講師としての辞令を受け、その一週間後には就任講演の原稿を書き上げた。その内容は「無教養」というハンスリックの批判を跳ね返すように、高度で格調高いものである。その中で彼は次のように述べ、和声学と対位法の重要性を説いている。

諸君もあらゆる情報を通じてご承知の通り、音楽はこの二世紀間に長足の進歩を遂げました。その内的有機体は拡大され、完全化され（その音素材の豊かさは注目に値します）、今日我々は、もはや完成の域に達した構築物の前に立っております。そこには部分間の確然たる構成原理と、構造の全体に対する部分の構成原理を認めることができます。一者から他者が生じ、一者もまた他者なしには存在せず、しかもそれぞれが個々に完全である様を、我々はそこに見るのです。あらゆる学問分野の課題が、法則の確立によって素材に秩序を与えることであるように、音楽的学問（あえてこの付加語的表現を用いますが）もまた、その構造全体を原子にいたるまで分析し、その素材を一定の法則に基づいて分類し、それによって一つの教則を打ち立てております。ほかの表現を用いれば、それは音楽的建築学とも呼べるものであります。この教則においては、再び和声法と対位法という重要項目が、その基盤となり、その魂となるのです。

「一者から他者が生じ、一者もまた他者なしには存在せず、しかもそれぞれが個々に完全である」という言葉は、まさに『交響曲第四番』の生成原理を表現している。そこでは冒頭の簡潔なホルン動機から、さまざまな動機が生じ、独自の発展を遂げながら、巨大な奔流の中で一つに溶け合うのである。そして「音楽的建築学」という言葉は、次作『交響曲第五番』の堅牢な音楽世界を最もよく表現している。

『交響曲第五番』

『第四番』初稿の完成から二か月後、ブルックナーは七五年二月に『第五番』に着手し、翌年五月に書き上げていったん筆を置いた。そして『第三番』の改訂に従事した後、七七年から翌年にかけて『第五番』を完成する。

この完成は最終的なものであり、ブルックナー自身の手になる複数の版は存在しない。ただしブルックナーの死後しばらく横行したものに、フランツ・シャルクによる改竄版がある。それは最初の出版譜であり、ほぼ全曲にわたって管弦楽法が手直しされ、スケルツォと終曲はずたずたに短縮されている。ヨーゼフ・シャルクによる『第八番』の改竄と並んで、シャルク兄弟による最悪の干渉である。

『第五番』は大伽藍のように厳格なフォルムを持ち、終楽章に壮大な二重フーガを置く。この交響曲はしばしば宗教性や神秘性と結び付けられ、かつては「信仰告白」のニックネームで呼ばれたこともある。ブルックナー自身はこの作品を「幻想的交響曲」と呼び、「対位法上の傑作」と位置づけていた。ブルックナーがヴァーグナーに宛てて得々と伝えているところによれば、リストは侍従長ホーエンローエの家で『第五番』のスコアを一通り演奏し、作曲者の栄誉を「宣言」したという。

『第五番』作曲の経過は、ヴィーン大学への求職時期と重なる部分が多い。全曲のスケッチは就任講演の一か月後に終了し、完成後に文相シュトレーマイアーに献呈された。『第五番』は対位法の大家ブルックナーが、その能力を存分に証明した作品である。『第五番』はその長大さで『第八番』に次ぐものであり、重要さにおいてもそれに比肩する。

第一楽章はいわゆる「ブルックナー開始」ではなく、荘厳な序奏で始まる。その冒頭主題は、ほかの楽章の主題とも有機的な関連を持ち、全曲を統一する核となっている。序奏の後は三つの主題によるソナタ形式が続くが、展開部には序奏のモティーフもひんぱんに登場する。

ブルックナーが最初に書き始めたのは、陰鬱な第二楽章アダージョからだった。ピチカートの三連符と、オーボエの四分音符的な動きが生み出す軋みは、その頃のブルックナーの心象を反映している。慰めと勇気に満ちた第二主題が、ひと筋の光のように地上を照らす。

スケルツォでは第二楽章の三連符の音型が、そのまま三拍子となって引き継がれていく。その上に現われる主題旋律は、いつもの荒々しさが影をひそめた、幻想的な表情を帯びる。

終楽章の導入部は、第一楽章の序奏を変形したものである。総休止をはさんでフーガ主題が断片的に予告された後、先行楽章の主題が次々と回想されるのは、やはりベートーヴェンの『第九』の先例を踏襲したのであろう。ブルックナーはこの終楽章で、ソナタ形式と対位法の融合を試みたといわれる。第一主題部自体がフーガ的な構成になっており、展開部はコラール風の新しいフーガ主題で始まる。後半では冒頭のフーガ主題が加わり、壮大な二重フーガとなる。

フィナーレは限りなく堅牢で重厚である。フルトヴェングラーはこの終楽章を「世界の音楽作品中最もモニュメンタルなもの」と評した。『第五番』はほかのどの交響曲にもまして、結尾に向かって収斂されていく「フィナーレ交響曲」なのだ。

『第五番』の渋くて分厚い音響は、ほかのどの交響曲にもましてオルガン的である。その緻密な構成と複雑な対位法によって、作曲技法上におけるブルックナーの神髄ともいえる。だが同時にこれらの特性が、この作品を近寄りがたいものにしていることも事実であろう。完成から十四年後、この交響曲がようやくグラーツで初演された時、「フォルクスブラット」紙はこう論評した。

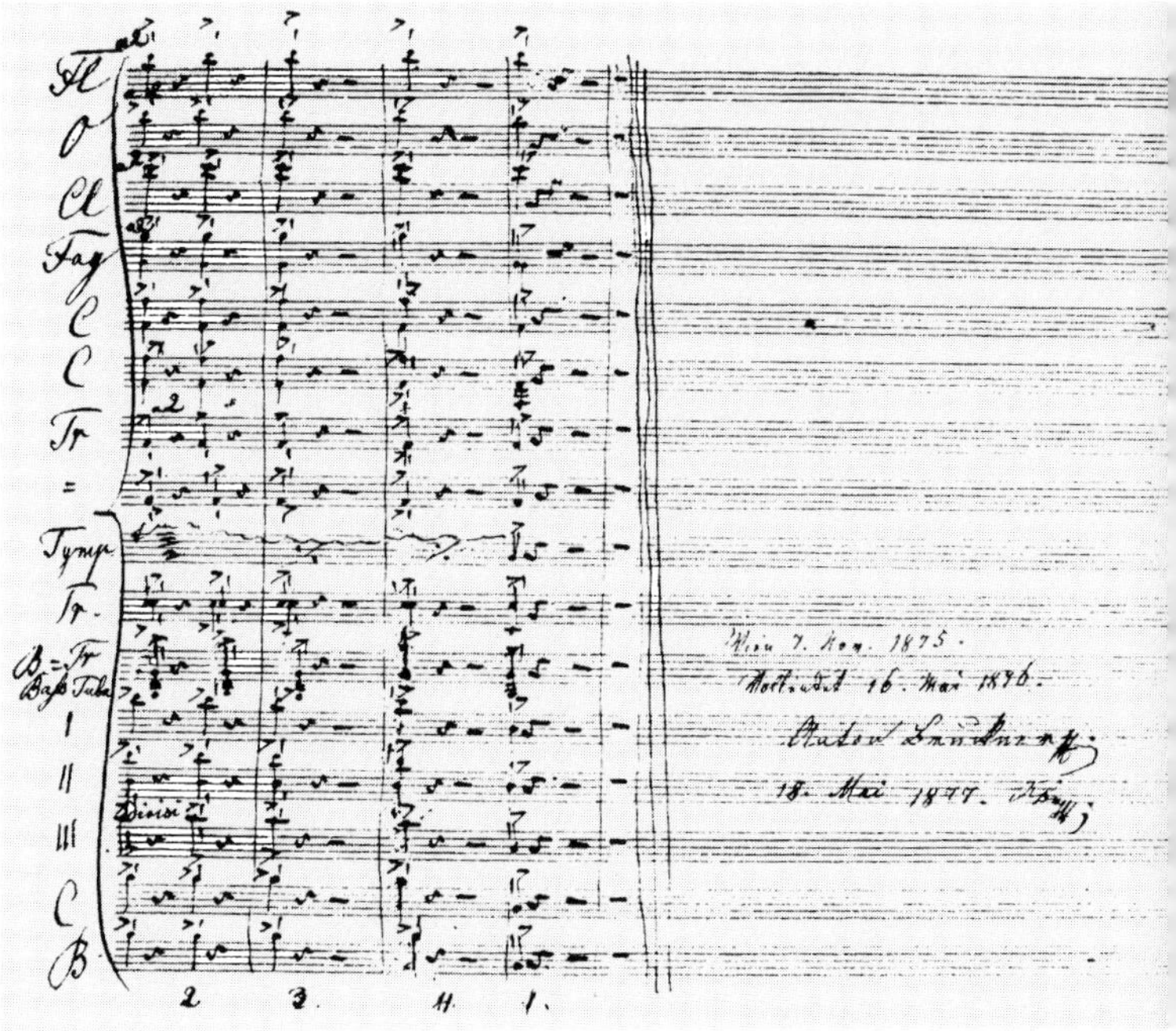

第5交響曲第4楽章　終結部（自筆譜）

「ブルックナーが大衆的になることは困難であろう。彼を賞賛しようとするなら、まず彼を愛さねばならない」

バイロイト祝祭

ブルックナーがヴィーン大学の哲学科で教え始めたのは、一八七六年の夏学期からだった。哲学科には百六十六人の学生が在籍していたが、音楽専攻の者は六パーセントに過ぎなかった。聴講生にはほかの学科や他校の者も混じっており、工科大学の学生だった人智学のルドルフ・シュタイナーもその一人だった。シュタイナーはブルックナーの弟子エックシュタインの友人であり、ヴァーグナーにも関心を抱いていた。七七年から七八年の聴講者リストには、ヴィーン音楽院生のグスタフ・マーラーの名も見える。

七六年二月、ブルックナーは宮廷楽団副楽長の地位を得ようと試みる。翌年一月にはアム・ホーフ教会楽長の地位を志願し、同時期にヴィーン大学での有給の地位を請願した。だがこれらのどれも実を結ばなかった。

七六年末、ブルックナーはリンク・シュトラーセの宮廷歌劇場の向かい側にある、ハインリヒスホーフという高級住宅の最上階に移り、約一年をそこで過ごす。そして翌七七年十一月、彼は住居問題から最終的に解放される。大学の聴講生で著名な建築業者を父に持つアントン・エルツェルト＝ネーヴィンが、ショッテンリンクに近いヘスガッセ七番地の最上階の二部屋を、無償で提供しようと申し出たのである。

この年若い家主は、年額二百グルデンの「ささやかな家賃」を、ブルックナーに代わって負担し続けた。彼の不在中に住居に関するトラブルが起こった場合、友人である医師ベックがブルックナーの面倒を見ることになっていた。郊外のカーレンベルクの丘や村まで見渡せるその住まいを、ブルックナーはたいそう気に入り、死の前年までの十八年間を過ごすことになる。

太っ腹な家主エルツェルト＝ネーヴィンは、後にベルンの大学でしばらく教職に就いた後、ヴィーンに戻って両親の遺産で暮らした。以来彼は在野の学者として活動し、哲学関係の著作を残している。

一八七六年夏、ヴァーグナー渾身の『ニーベルングの指環』四部作が、バイロイトで初演を迎えた。ブルックナーは夏休暇を利用してバイロイトに滞在し、三回目のチクルスを観た。初演指揮者ハンス・リヒターの助手を務めるのは、彼の愛弟子フェーリクス・モットルだった。

ヴァーグナーは相変わらず活力に溢れ、『ジークフリート』の幕間に誰彼となくブルックナーの『ヴァーグナー交響曲』について吹聴したという。ブルックナーはヴァーグナー家の夜会で、ベルリンの若い音楽評論家ヴィルヘルム・タッペルトの知己を得た。

バイロイトから戻ったブルックナーは、ベルリンでの初演を期待してタッペルトに『第四番』のスコアとパート譜を送り、指揮者ハンス・リヒターともコンタクトを取った。十月初旬、ブルックナーはタッペルトにこう書いている。

「ハンス・リヒターは『交響曲第四番』について、非常に好意的な意見を寄越しました。あなたへの敬意を伝えるとともに、こう問い合わせてくれとのことです。来年四月の初演に備えて、三月までにその楽譜をご返却くださるや、と」

十二月、ブルックナーはもう一度タッペルトをせっつく。

「どうかご親切なご意見を承りたいのですが、待望の初演が間もなく実現する場合、私がベルリンに出向いた方がよろしいでしょうか？　いろんな意味でそれがよいと思うのですが（例えば最後の練習などに）」

だがこうした刺激策も無駄に終わり、ブルックナーの自信は揺らぐ。七七年十月、彼はタッペルトに宛ててこう書く。

「『第四番　ロマンティック』を早急かつ徹底的に、改訂する必要があると確信するに至りました。例えばアダージョでは、ヴァイオリンの音型に演奏困難な箇所があります。管弦楽法も随所で凝り過ぎ、落ち着きがありません」

ブルックナーは翌年早々からその仕事にかかり、九月までそれに没頭する。

『第三番』の挫折

『第四番』と並行して、ブルックナーは早くから『第三番』のヴィーン初演を目論んでいた。彼は楽友協会オーケストラの指揮者ヘルベックと、ヴィーン・フィル指揮者デソフに働きかけたが、デソフは七四年秋に初演を断わってきた。多分このことが原因で、ブルックナーはこの頃『第三番』に小規模な「改良」を加えている。翌七五年初め、デソフは『第三番』の試演には応じたが、初演についてはあらためて拒絶した。

「デソフは休暇中にリハーサルをやり、ほんの言い訳に私を探させただけでした。後で彼が（十月初めに交わした約束を反古にして）言うには、もうプログラムがいっぱいだというのです」（七五年一月マイフェルト宛）

恐らく『第三番』初演の最大の障害は、この曲がヴァーグナーに献呈されたことと、デソフがブラームスの友人だったことである。デソフはこの翌年ブラームスの『交響曲第一番』を初演するが、彼がヴィーン・フィル在任中にブルックナー作品を取り上げることはなかった。

七六年夏のバイロイト祝祭後ただちに、ブルックナーは『第三番』第二稿に着手し、翌年四月末に書き上げた。彼はこの間『第五番』の作曲を中断し、ベートーヴェンの『第三』や『第九』のシンメトリー構造の研究や、モーツァルトの『レクイエム』の分析に没頭する。『第三番』は大手術をほどこされ、ヴァーグナーからの引用はあらかた取り除かれた。

七七年夏、ベネディクト修道院の千百年祭で、ブルックナーはオルガンを演奏した。一週間後には聖フロリアンでも演奏し、これを聴いたヘルベックはあらためて深い感銘を受けた。九月末『第三番』は重ねてヴィーン・フィルの拒絶に遭う。だがヘルベックが十二月十六日の楽友協会コンサートで、自ら初演の指揮を執る決意を示す。十月十二日、ブルックナーはベルリンのタッペルトに宛てて、初演後ただちに楽譜をベルリンに送りたいと伝えた。

その十六日後、ヘルベックはわずか四十六歳で病死する。ヘルベックは個人的には、ブルックナ

ヨハン・ヘルベックの肖像

かった。だが彼の才能を高く買い、ヴィーン進出の際にも協力を惜しまなかったヘルベックの死とともに、ブルックナーは最大の庇護者を失い、『第三番』の初演指揮者を失ったのである。

残された道は、ブルックナー自身が初演のタクトを執ることだった。伝記作家ヴェルナー・ヴォルフは、指揮者としての経験を踏まえてこう語る。

「新しいスタイルの作品を、オーケストラに納得させるために、指揮者には卓越した技術だけでなく、オーケストラへの感情移入の能力と、豊かなヴォキャブラリーが求められる。私たちの見るところ、ブルックナーはこうした能力をすべて欠いていた」

一方オーケストラの立場を代表して、リヒャルト・シュトラウスの父親であり、ミュンヒェン宮廷劇場の首席ホルン奏者だったフランツ・シュトラウスはこう語る。

「新顔の指揮者がオーケストラと向き合う時、彼が指揮台に上がってスコアを開き、タクトを取り上げる前から、彼が自分たちの支配者なのか、それとも自分たちが彼の支配者なのかを、オーケストラはいち早く悟っている」

問題は押しの強さや人心掌握能力、要するにカリスマ性である。勝負はすでに明らかだった。『第三番』のほとんどすべての練習に立ち会った出版業者、テオドル・レティヒはこう記す。

「若い楽員たちが老人のぎくしゃくした指揮をからかう様は、無惨でもあり腹立たしくもあった。ブルックナーに指揮の知識は皆無であり、テンポを指示するにしても、まるで体操人形《ハンペルマン》のようにぎくしゃくと動くだけだった」

「ヴィーン日曜月曜新聞」によれば、コンサート当日には曲の合間に、聴衆が次々とホールから去って行ったという。その日はブルックナーの『第三番』のほか、ベートーヴェンの『エグモント序曲』、シュポーアの『ヴァイオリン協奏曲第九番』、モーツァルトとフォン・ヴィンターのアリアが演奏され、楽員にも聴衆にも負担の重いコンサートとなっていた。初演の悲惨な結末について、テオドル・レティヒはこう記す。

多くはうら若い男女から成る、十人から二十人ほどの一団の拍手に対し、シューシューと歯を鳴らしたり、笑ったりしている連中がいた。内情に通じた「音楽界の上流階級」は、底意地悪くほくそ笑んでいた。彼らは大笑いのネタを見出して、家での夕食を待ちかねているのだ。やがて聴衆がホールから去り、楽員たちが舞台から去った時、打ちしおれた作曲家を、幾人かの生徒や崇拝者たちが取り囲んで慰めていた。だが彼はこう言った。「もう放っといてくれんか、誰も私のことなど構っちゃおらんさ」

上機嫌で夕食に帰った「消息通」の中には、楽友協会の上司ツェルナーもいた。彼はブルックナーにこううそぶいたという。

「あんたの交響曲なんぞ肥やしの中に打っちゃって、せいぜいピアノ編曲版でお稼ぎなさい。その方がずっと利口だて」

ハンスリックの批評も、かなり辛辣なものだった。

「私たちは彼の詩的な意図を、明瞭に把握することもできず（あるいはベートーヴェンの『第九』的ヴィジョンが、ヴァーグナーの『ヴァルキューレ』と手を結び、ついにその馬の蹄に踏み砕かれてしまったとでもいうのか？）、純粋に音楽的な脈絡を理解することもできなかった」

終演後ブルックナーを取り囲んだ学生たちの中には、十七歳のグスタフ・マーラーや、後に指揮者となったクジザノフスキがいた。出版業者レティヒはブルックナーに歩み寄り、自らの負担で『第三番』を出版したいと申し出た。

レティヒは翌七八年、『第三番』のスコアとパート譜を出版した。八〇年にはマーラーとクジザノフスキの編曲による四手用のピアノ・スコアが、「音楽界の驚愕をよそに」（レティヒ）出版された。およそ三千グルデンを要したこれらの出版譜により、ブルックナーはようやく七年後、百五十グルデンの印税を手にする。

五年あまりに及ぶブルックナーの第二創作期は、『第三番』初演の失敗という結末で幕を閉じた。そして彼が新作『第六番』のペンを取るには、二年半以上の沈黙を要するのである。

第5章　野の人

二つの肖像

ミュンヒェンの宗教画家フリッツ・フォン・ウーデに『最後の晩餐』という作品がある。磔刑の前日、イエスは十二人の使徒たちとともに食卓につき、顔を上げて静かにこう告げる。この中の一人が自分を裏切ろうとしている、その者はわざわいである、その者はむしろ生まれなかった方がよかった、と。男たちはイエスを見つめ、ある者はうなだれ、あるものは両手に顔を埋める。画面はその凍りつくような一瞬をとらえている。

画面左端の逆光の中で、一人の老使徒が、身を乗り出すようにイエスと対峙している。塩辛い風雪に耐えた、強靭な横顔。画家はこの老人を描く時、六十歳前後のブルックナーをモデルにした。ここにいるのは宗教的オーラをまとった「神の楽手」ブルックナーである。

カウルバッハによる肖像画（1885年）

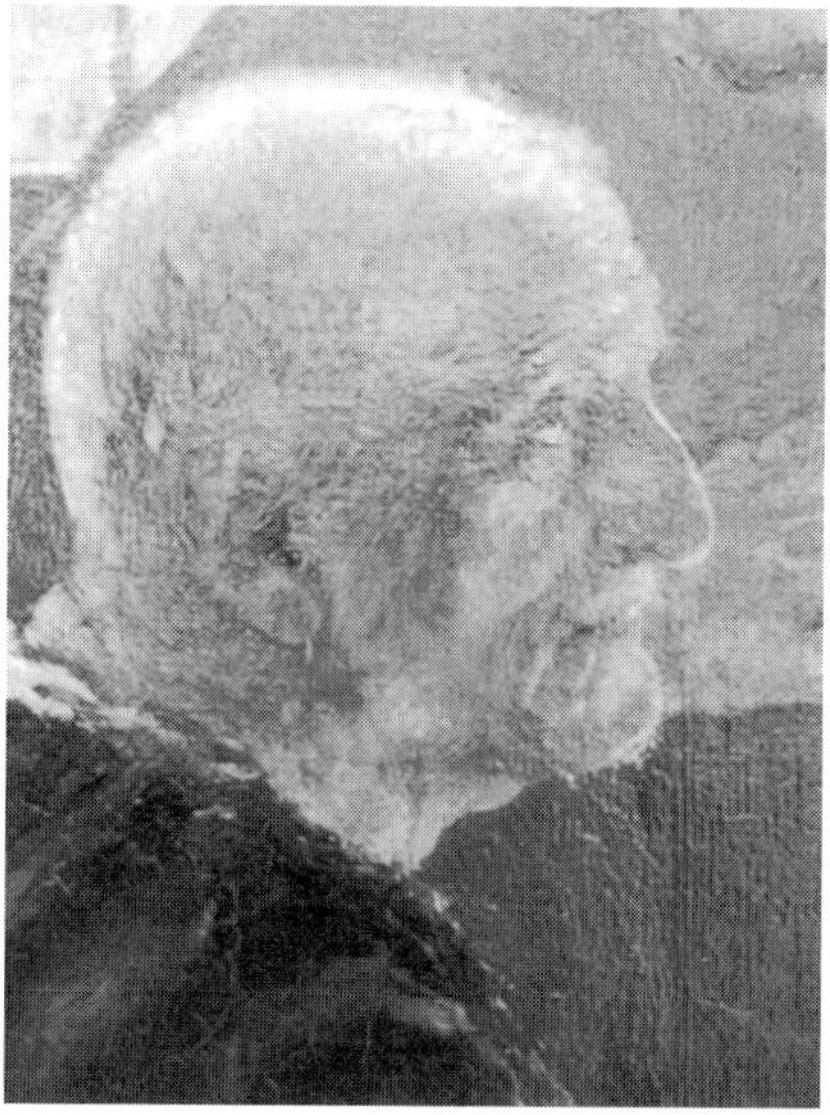

「最後の晩餐」部分

ウーデの「最後の晩餐」

これとちょうど同じ時期に、やはりミュンヒェンの画家ヘルマン・カウルバッハが、ブルックナーの横顔を描いている。だがそこでのブルックナーは、だらしなく肥満し、見るからに精力的だ。曲がった鼻は大きく突き出し、頭髪は剃り上げたように短い。シャツの襟は極端に広く、蝶ネクタイは喉元のはるか下にぶらさがっている。この珍妙な風采は「ヴィーン・アルゲマイネ新聞」の描写ともほぼ一致する。

ブルックナーの姿を一目見た者は、決してそれを忘れないだろう。肥満した聖職者のような体躯の上に、大きな丸い、球形の頭が乗っていた。黒いぶかぶかの服は肩が落ち、袖は指先にまで達していた。その赤らんだ逞しい首は、カラーの圧迫に耐え難いらしく、彼はいつも首を剥き出しにしていた。なにより印象的なのは、その顔だった。ローマ皇帝の横顔と、農夫の頭部……彼が古代ローマのきらびやかな衣装を着ている様子も、リボンの付いたフェルト帽をかぶっているところも、どちらもありありと思い浮かべることができた。

こうしてみると、カウルバッハの筆はかなり正確であるらしい。だがそれにしても、ウーデがこの老人に見た「老使徒」の面影はいったいどこに行ったのか？　またしてもこの疑問である。この男は聖者か、それとも俗物か？

静かな道化師

ブルックナーは自分の着るものを、高級商店街コールマルクトのシュテファン・ヤノヴィッツの店であつらえていた。といってもそれらは、リンツ時代に作ったある服の寸法に従って裁断されるだけだった。家政婦カティによれば、彼女が仕えた二十六年間、ブルックナーは一度も採寸させたことがなかった。

注文に際しての第一条件は、ゆったりとして着心地が良いことだった。ズボンは極端に太くて短かったが、それはオルガンのペダル鍵盤を踏みやすくするためだった。

靴もやはりオルガンを弾く時のために、丈夫で高級なものが選ばれた。ブルックナーが常用していたのは、角張ったアザラシ皮の半長靴だった。彼の靴には「青いやつ」とか「柔らかいの」とか「しゃれ男」とか、それぞれに呼び名が付いていた。死後に残された三十足ほどの靴の中には、鋲を打った登山靴も二足あった。

家で用いる室内履きは、暖かくてゆったりしたものを好んだ。彼は常々「フィアトゥルのスリッパほどの優れものはない」と言い、わざわざシュタイアの帽子屋フィアトゥルの店から、スリッパを取り寄せていた。だがシュタイアのバイアー夫人によれば、帽子屋はヴィーンからそれを仕入れていたのだった。

ブルックナーは黄緑色の平凡なフェルト帽を好んだが、そのほかに鍔の広い黒のソフト帽も愛用した。そのソフト帽はショッテンリンクのフランツ・トポルカ社製のもので、暑い時には団扇代わりにもなるのである。
ブルックナーの服装でとりわけ目立つのは、馬鹿でかい派手なハンカチだった。それは婦人用のショールほど大きく、赤や青の水玉や、市松模様のものだった。これらは物を包む風呂敷としても使われた。
ブルックナーの奇異な服装は、彼独特の合理性から生まれたものだった。だがヴィーンの子供たちにとって、その姿に一番近いのはサーカスの道化師だったに違いない。アンナ・フォン・ギュルコヴィチは、ブルックナーがまだヴェーリンガー街に住んでいた頃のことをこう書いている。

彼は住まいにオルガンを持っていた。私がまだ十三歳の小娘だった頃、きょうだいと一緒によく軍医少佐の未亡人を訪問したが、ブルックナーが素晴らしい前奏曲を弾いているのを耳にした。だが屋内や通りで彼に出会うと、私たちは陰でくすくす笑ったものだ。彼は鍔の広いソフト帽をかぶり、短くて太いズボンをはためかせていたが、そのずんぐりした姿はたまらなく滑稽だった。

ギュルコヴィチ家ではよくホームコンサートを催したが、ブルックナーは宮廷教会の老楽長エーダーや、ペーター教会の楽長グライペルと一緒にやって来た。彼はいつも控え目で言葉少なく、視線を向けられると静かに微笑んだ。ほんの時たま、ブルックナー自身ピアノに向かって即興演奏を

〝ブルックナー・ファッション〟２態（一八八五年）
（ルートヴィヒ・グランデ画）

ただいま講義中（ポケットにハンカチ）

列車中にて

披露することもあった。

ずっと後年のこと、アンナの女きょうだい二人が、高地オーストリアのシュヴァーネンシュタットでブルックナーに出くわした。二人が目を丸くしていると、ブルックナーはこう言ったという。

「わしが高地オーストリア育ちの石頭だということを、ご存じなかったですかな」

だがブルックナーの人となりは、しばしば子供たちを魅了した。画家カウルバッハの娘ペッピーナ・フォン・シュテッテンは、後年次のように書いているが、彼女が描き出すブルックナーは「薄幸の芸術家」の典型である。


ブルックナーは私たち子供の間では、とても評判がよかった。両親の家に出入りする大勢の知人の中で、彼ほど子供の心を掴むすべを知る者はなかった。残念ながら彼の音楽的側面について、私たちはまったく無関心だったが、私たちが騒いだりすると、彼がふざけて「ピアノの稽古をやらせるぞ」と脅かすことはあった。幸いにもこの罰は一度も実行されず、むしろ彼は愛情と独身者の無責任さから、私たちを甘やかした。彼はいつも私たちと一緒にお昼を食べたから、私たちが学校にいる時や、もう眠ってしまってから出入りする客たちよりも、ずっとよく知り合うことができた。彼は食後に思い切り「高い高い」をしてくれたが、それは私たちの大きな楽しみだった。そのことについては、私たちの丈夫な胃に感謝するほかない。子供たちはたいした批評家であり、人の外見を事細かに観察する。そういうわけで、彼の珍妙なカラーは私たちの議論の的となり、私たちはついに意を決して、どうしてぴったりしたサイズのを買わないのかと訊ねた。彼はこう答えた。「甲状腺を腫らしとってな、きついのはかなわんのさ」そんなことはきっと嘘だったにちがいないが、私たちはひどく同情したものだ。彼の苦難の人生については、知る由もなかったが、いわばまったく本能的な同情だった。彼が上機嫌な時でさえ、その言葉には一抹の憂いがあった。彼にとって喜びとは常に、我が身に起こるはずもない、驚くべきことであり、彼の感謝は真心からのものだった。彼が私の母に、ささやかな花束を捧げる時、彼女に何かを与える喜びで、その眼は涙にうるんだ。母は喜びを表現することにかけて、希有な才能の持ち主だったが、私は彼のためにそれが嬉しかった。彼は生き生きとそこに立っていた。その鼻は本当に大きかった。父がそれを大きく描き過ぎると不満げだったが、たぶん彼は、あらゆる男性がそうであるように、少しばかりうぬぼれが強かったのだ。そしてその大きな鼻こそが、彼の風貌を印象深くしていることを知らなかった。

カティ

ブルックナーの妹マリア・アンナが亡くなった後、ブルックナーの世話を任されたのは、カタリーナ・カッヒェルマイアーという家政婦だった。通称「カティ」はその頃まだ二十代半ばで、労働者の夫があり、知られる限りではルドヴィカという娘が一人いた。

カティの給金は月に五グルデンだった。働き始めて六年後、やっと七グルデンに増額され、その後の二十年間はずっとそのままだった。

カティの日課は、毎朝七時にやって来て、コーヒーを沸かすことから始まる。主人が寝間着姿を見られるのを嫌がるので、コーヒーが冷めないように火の側に置き、彼が着替えを終えて部屋から出て来るのを待った。ブルックナーは薄いコーヒーをたっぷりと飲み、一個二クロイツァーのパンの、固いところを二かけほど食べ、白い部分を残した。

白い部分はカティが取って置き、翌朝十一時の間食の時間に出した。ブルックナーは、前の晩にレストランから持ち帰った一切れの肉とともに、それを食べた。毎日が判で押したようにこの繰り返しである。

ブルックナーが朝食を採る間、カティもテーブルに座って相手をせねばならなかった。何も話の種がないような時は、カティの表現に従えば、すげなく主人に追い払われた。ブルックナーはカティに対しておおむね紳士的だった。きわどい話題に触れる時は、必ず「ご婦人の前で恐縮じゃが」と断わった。ある日ブルックナーが言うには、若い頃一度だけ女性にキスしたことがあるという。その口振りはひどく後悔しているようだった。

朝食後、ブルックナーはすぐ作曲にかかり、カティも部屋に入れなかった。週のうち火曜、金曜、土曜は、十一時までに音楽院へ行く日だった。だが彼が十一時前に家を出ることはなく、一頭立ての馬車を雇って駆けつけた。晩年は病気による欠講が多く、門衛のビンダーに断りを言いに行くのがカティの役目だった。

ほかの曜日には、ブルックナーは午後二時か三時までを、作曲やレッスンにあてた。カティはその間に昼食を作ったが、主人が特に好んだのは豚肉の薫製、それも聖フロリアンかフェクラブルック産のものに、粗挽きの団子や酢漬けキャベツを添えたものだった。

授業のない日のブルックナーは、カティの料理に目もくれず、作曲に没頭することもしばしばだった。そしてようやく夜十一時頃、王宮わきの「クーゲル」へ食事に行き、三人前のヌードルスープと、それに見合う量の肉料理をたいらげた。

ブルックナー家の主人と家政婦が、衝突するのは珍しいことではなかった。「わしを誰だと思う、わしゃブルックナーだぞ！」と主人がどなると、家政婦も「あたしゃカーディ（カティ）さ！」とどなり返した。これでたいていの衝突は収まった。

だがある時カティが主人の夜着をつくろって、その針を抜き忘れたことがあったが、ブルックナーはカティを窓から放り出しそうな剣幕で怒った。あまりに激しくやり合った時は、カティも家に逃げ帰り、翌日から仕事に来なかった。そうなるとブルックナーはなす術もなく、しおしおと彼女の家に謝りに行った。

カティが文盲だったという説は正しくない。彼女は機転がきいてユーモアもあり、気がよくて善良だが鼻っ柱も強い、一言で言えば典型的なヴィーン女性だった。ブルックナーの個人教授の生徒だったフリードリヒ・クローゼは、次のような場面に出くわしたことがある。

クローゼがブルックナー家を訪れたのは、それが二度目だった。六月のある蒸し暑い日の午後三時、ブルックナーはテーブルで食事を待っていた。間もなくカティが湯気の立つ鉢を持って現われ、皿にたっぷりとミルクスープを注いだ。ブルックナーは疑わしげにそれを眺めながら、「あんまりうまそうな匂いでもないな」とクローゼに言った。するとカティが断固としてこう言い渡した。

「いいえ先生、スープは上出来です。ちゃんと召し上がっていただきます！」

ブルックナーはおとなしく食べ始め、二皿もお代わりし、命令に従って大量のスープ団子まで平らげたという。カティは主人から「我が家の分隊長」と呼ばれ、名物家政婦として二十六年間ブルックナー家に君臨した。

家長的下僕

弟子たちに対するブルックナーの態度は、きわめて封建的なものだった。それは南ドイツの農村に典型的な、独裁的家長のタイプである。学生が黒板に間違った答えを書こうものなら、彼は容赦なく罵りの言葉を浴びせた。そのヴォキャブラリーの豊かさは、やはり南ドイツの農村に特有のものである。

ブルックナーにどなられた学生の中には、髭をたくわえた紳士もいた。彼が不平がましく、自分はこれでも妻帯者なのだと口をとがらすと、ブルックナーは一瞬たじろいだが、にやりと笑ってこう言った。「なぜ早くそう言わんのかね。それで奥方はお元気かな？」爆笑がこの険悪な場面を救った。

ブルックナーはいわゆる「開放された女性」に冷淡だった。彼は教室で一人の女学生に目を止めると、「近ごろのご婦人方は、対位法に関心をお持ちですかな？」と訊ねた。次の授業でもしつこくその質問を繰り返すので、娘はとうとう姿を消した。さすがにブルックナーはこの件では、学生たちの顰蹙を買った。

哲学の学位を持ちながら、音楽評論家志望の学生がいた。だが音楽の素養はあまりなく、転調の課題などで恥をかいていた。ブルックナーは彼に向かって、底意地の悪い笑みを浮かべながらこう言った。

「それ見い、思ったほど簡単じゃあるまい。今さら交響曲を書こうだと！　もしハンスリックの後釜に座ったら、わしみたいな哀れな作曲家を、せいぜいいたわるこった」

ある日ブルックナーは、学生たちに終止形の課題をやらせながら、エルンスト・デチェイの前に座って大口を開けた。臼歯のどれかがぐらついていないか、触って調べてくれというのである。デチェイが二本の指を突っ込んでみて、大丈夫だと報告すると、ブルックナーはさも満足げな顔をした。子分に毛づくろいをさせるボス猿といった図である。

彼は音楽院や大学では愛想がよかったが、自宅の個人教授では、おおむね不機嫌だった。一八七七年頃の彼は、学校で週に三十時間も教えており、自宅に来る生徒は創作の妨害者だった。レッスンに遅れようものなら、踊り場で時計片手に待ち受けるブルックナーに叱りとばされた。

弟子たちに対する態度とは裏腹に、上司や同僚に対するブルックナーの卑屈さも、また度はずれていた。ブルックナーとリストの弟子だったアウグスト・ゲレリヒは、この二人を近づけることに腐心したが、リストはいつもそれを避けていた。ブルックナーが自分を「カノニクス（司教座聖堂参事会員）猊下」と大仰に呼ぶことが、どうにもやりきれないというのだった。

ブラームスは楽友協会の芸術監督を務めていたために、ブルックナーから「監督閣下」と呼ばれた。旧楽友協会に近いレストラン「赤い針鼠亭」で、二人は時々顔を合わせたが、音楽の話をすることはまれだった。そんな折りでも、ブルックナーはブラームスに対して極端に腰が低かった。弟子たちが唖然とする中、彼は給仕然とカウンターに近づき、ブラームスにビールを運んでやることもあった。シュトラーダルによれば、ブルックナーはハンスリックについての愚痴を、ブラームスにさえこぼしたという。

ハンスリックに対する恐怖は、ほとんど強迫観念に近かった。ブルックナーはハンスリック夫人の霊名祝日には、うやうやしく花束を捧げ、その家政婦ヴェッティが買い物をしているのを見ると、自分のことを主人に取りなしてくれるよう頼み込んだ。彼はブラームスの友人ビルロートの病院で、しばしばクリスマスにオルガンを弾き、この高名な外科医を通じてハンスリックを懐柔しようとしたが、むろん成功しなかった。

『弦楽五重奏』のゲネプロには、批評家たちが招かれた。この時ブルックナーはハンスリックに駆け寄り、うやうやしく毛皮の外套を脱がせた。彼は演奏中もハンスリックから目を離さず、別際にはその手に接吻しようとした。こういった卑屈さが、ますます相手を苛立たせることに、彼は気付いていなかった。

伝記の誕生

学校での授業が終わると、ブルックナーは弟子たちとヨハネスガッセのレストラン「ガウゼ」に繰り出し、罪のない冗談を言っては時を過ごした。ブルックナーは彼らを「ガウデアムスども」と呼んでいたが、それは学生が酒を飲んでは歌う『ガウデアムス（いざ楽しまん）』にちなんでいる。

フリードリヒ・クローゼはブルックナーを笑わせようと、古い滑稽新聞などからジョークを仕入れてきて、ヨーゼフ・シャルクなどをからかった。フェルディナント・レーヴェは、椅子に座ったまま眠り込んでしまうので、よく叱られていた。

誰かが遅れて来たりすると、ブルックナーは機嫌が悪かった。ある夜クローゼがブルク劇場で『ファウスト』を観てから顔を出すと、「劇作家にでもなる気かな」と皮肉を言った。ブルックナー自身は演劇にまるで関心がなく、一度シェイクスピアを観たが、死ぬほど退屈したという。

遅刻しても文句を言われなかったのは、工場主フリードリヒ・エックシュタインだけだった。彼は八〇年から音楽院でブルックナーに師事し、八四年からは個人教授を受けていたが、二十一歳の若さで父の製紙工場の共同経営者となり、在学中から多忙をきわめていた。エックシュタインはブルックナーの信頼厚く、彼の個人秘書を務め、出版費用などの経済的支援も惜しまなかった。ブルックナーは彼を「ザミエル」と呼んだが、それはヴェーバーの『魔弾の射手』に登場する悪魔の名である。

博識多才だったエックシュタインに、神秘主義者としての特異な一面があることは、あまり知られていない。彼は一八八四年にロンドンでブラヴァツキー夫人に出会い、ヴィーン神智学協会の中心的存在となった。ルドルフ・シュタイナーが初めて神智学に触れたのは、エックシュタインのサークルがたむろする「誇大妄想狂カフェ」に出入りしてからである。

ブルックナー周辺の学生たちの中で、もう一人の特異な存在はアウグスト・ゲレリヒである。彼は音楽専攻ではなく、技術系の学生であり、菜食主義者で酒を好まず、「ガウゼ」の集まりにもめったに顔を出さなかった。だがその反面で、彼は熱烈なヴァグネリアンであり、リストにも私淑してその秘書を務めていた。後に彼はリストの弟子の一人と結婚し、リストの伝記作家ともなっている。

彼と同名の父アウグスト・ゲレリヒは、高地オーストリアの国会議員だった。同時にヴェルスの男声合唱協会の幹部でもあり、ブルックナーが六九年にフランス演奏旅行の帰路ヴェルスに立ち寄り、同地の合唱協会の名誉会員となったのは、父ゲレリヒの発案である。父ゲレリヒはブルックナーが大学に職を得る際にも支援を惜しまず、『第三番』を指揮できるように計らったのも彼だった。

ブルックナーが息子アウグスト・ゲレリヒと知り合ったのは、ヴェルスに立ち寄った際のことである。八年ほどして彼らはヴィーンで交流を深め、ゲレリヒは大学でブルックナーの講座を聴講するようになった。ゲレリヒの人となりについて、ブルックナーは再三シュトラーダルにこう語った。

「ゲレリヒは神秘的だ、彼には何か秘密めいたものがある」

アウグスト・ゲレリヒはすでにブルックナーの生前から、ブルックナー本人によってその伝記作家に指名されていた。彼はブルックナー自身の言葉や、弟子や知人たちの回想、当時の新聞や雑誌の記事など、玉石混淆のあらゆる資料を収集したが、そのかたわら教育者や指揮者として多忙な生活を送った。第一次大戦の混乱にも災いされ、ようやく一九二二年に『アントン・ブルックナー』第一巻を出版したが、その翌年に亡くなっている。

神智学に傾倒した
フリードリヒ・エックシュタイン

伝記作家となったアウグスト・ゲレリヒ

その仕事を受け継いだのは、一九〇〇年以来ゲレリヒの協力者として働いていた、マックス・アウアーだった。アウアーの故郷フェクラブルックには、ブルックナーの妹ロザリアの遺族が住んでおり、独自の資料も加えることができた。アウアーはゲレリヒの共著者として一九三六年までに『アントン・ブルックナー』全四巻を出版した。アウアーには単独での優れたブルックナー伝もあったが、ゲレリヒへの配慮からその死後に出版されている。マックス・アウアーは後に「国際ブルックナー協会」の創立者となった。

ゲレリヒ＝アウアーによる評伝には、同時代の直接的資料として、計り知れない価値があることは論を待たない。だが友人や信奉者の証言には、主観や思い入れもたっぷりと含まれており、理想化の傾向が強いことは注意を要する。

音楽院の学生の中に、後年ヴィーンのあるオーケストラの楽員となった、ユダヤ系の若者がいた。ある時ブルックナーは彼の頭に手を置き、哀れむようにこう言った。

「なあ君、この地上に救世主が一度も存在しなかったと、君は本気で信じとるのかね？」

十九世紀後半のドイツでは、台頭するユダヤ資本への反感から、ユダヤ人忌避の感情が勢力を増していた。ヴァーグナーは激烈な反ユダヤ主義者として知られていたが、ブルックナーは偏見とは無縁だった。彼が教室でふと洩らした疑問は、素朴な宗教的感情から出たものに過ぎない。

ブルックナーの個人教授の弟子に、マリー・ポホリレスという少女がいた。彼女はユダヤ系ポーランド人の商人の娘だった。マリーは音楽院でピアノを専攻していたが、十三歳の時から五年ほど、ブルックナーの自宅で対位法とフーガを学んだ。ブルックナーは彼女の真面目な性格を高く買い、エックシュタインに結婚を勧めたほどである。

ブルックナーの周辺には、マーラーをはじめユダヤ系の人々が少なくなかったが、人種の違いは何の支障にもならなかった。マーラーの妻アルマによれば、ブルックナーは若い連中と談笑する時、その一座にユダヤ人がいると、彼らのことを遠慮がちに「イスラエルの方々」と呼んだという。

数年間マーラーの次女と結婚していた、作曲家エルンスト・クルシェネクはこう評している。マーラーとブルックナーの交友は、ユダヤの知性と農村の純朴さが引き付け合う「オーストリア特有の現象」である、と。右派的傾向で知られる「東ドイツ展望」紙も、一八九〇年の紙面で次のように書いている。

「この偉大なドイツの楽匠は、人間的には純朴で愛すべき人物である。彼はユダヤ人やユダヤ系の人々と親しく交わりながら、内面的にはユダヤ性による影響をほとんど被っていない」

信仰者

フルトヴェングラーはその著書『音と言葉』の中でブルックナーを、エックハルトやベーメなどの「ドイツ神秘思想の後継者」と評した。だが現実のブルックナーには、そのような高僧めいた雰囲気はない。彼の信仰はごく庶民的で素朴なものだった。

ルドルフ・クヴォイカによれば、ブルックナーの信仰は「ヨーゼフ二世的・ロマン主義的」なものであり、ヨハン・バプティスト・ヒルシャーの公教要理（信仰生活の要諦を教える問答集）から吸収されたものだったという。ヨーゼフ二世は夢想家肌の啓蒙君主として知られ、農奴解放、出版の自由、信教の自由を推し進めた。彼はカトリックの勢力を殺ぐために、無用な修道院を解散させたが、その数は七、八百にのぼるといわれる。

ブルックナーの信仰生活は、毎朝教会でミサに参列することから始まる。祈りは彼の日常の姿だった。たとえ授業中であろうと、近くの教会から祈祷の鐘が聞こえれば、彼はひざまずいて「アヴェ・マリア」を唱えた。さまざまな機会にオルガンを弾く時も、彼はひざまずいて神の加護を祈った。最晩年の主治医の助手だったリヒャルト・ヘラー博士は、自宅での信仰者ブルックナーの姿を、次のように記している。

彼は熱心に祈った。時に奇妙な形を取ることがあったにせよ、それは心底からの深い信仰から出たものだった。彼が大きなキリスト磔刑像の前にひざまずいて祈る時、邪魔をすることは禁じられていた。だから私はしばしば部屋の中にたたずんだまま、彼の祈りを耳にする機会があった。彼は「主の祈り」と「アヴェ・マリア」を何度か唱えた後、たいてい自由な祈りで祈祷を締めくくった。たとえばその内容は「主よ間もなく健康を回復させたまえ、『第九番』を完成せねばなりません」といったようなものだった。彼はこの締めくくりの部分を性急にささやき、三度「アーメン」と唱えて祈祷を終えた。そして三度目の「アーメン」を唱える際に、両手で太股を何度かぱんぱんと叩いたが、その様子は「もし主がこの願いを聞き届けてくださらなくとも、落ち度は私にはありません」とでも言いたげな印象を否めなかった。

この太股をたたく癖については、コンメンダも言及している。それによればブルックナーは、祈祷の終わりに大声で三度「アーメン」を唱え、一度ごとに強く太股を叩いたという。

ブルックナーは晩年にいたるまで、聖フロリアンとの深い絆を保っていた。彼にとって故郷とか実家とか呼べるものは、今ではこの修道院だけだった。彼は復活祭の休暇を、たいていそこで過ごした。キリストの受難日である聖金曜日には、午前と午後に長い祈りを捧げ、その仕上げとして、床に横たえられた磔刑像の聖痕に口づけした。この日ばかりはシュタイアから友人が訪ねて来ても、彼に会うことはできなかった。

一八九一年頃の四旬節に、音楽院でのかつての教え子アントン・マイスナーが、ブルックナーの住まいを訪れた。イエズス会の高名な神父ハインリヒ・アーベルが、聖アウグスティン教会で説教をするので、ブルックナーにオルガンを弾いてもらいたいというのである。晩年のブルックナーは脚の傷みに悩まされていたが、快諾して『パルジファル』の主題による素晴らしい即興演奏を行なった。

その夜ブルックナーは家路をたどりながら、ゲトライデマルクト街で満天の星空を仰ぎ、マイスナーにこう言った。自らの創造主を愛することもできず、その存在すら信じられぬ者がいるなど、自分には考えられない、と。

ブルックナーの生活パターンや思考パターンが、カトリックの信仰を基盤としていたことは疑いない。彼は自らの創造活動をさえ、神から与えられた使命と考えていた。彼は繰り返しその考えを表明している。

一八九〇年頃、クロスターノイブルクの司祭ヨーゼフ・クルーガーが、ブルックナーの住まいを訊ねて来た。ブルックナーは彼に新聞の批評を見せながらこう言った。

「連中は私に、もっと違った風に書けと言いよる。むろんその気になればできんことはない、だが私にはそれが許されとらんのだ。主は何千人もの中から、かたじけなくも私を選ばれ、この才能を与えられた。いずれは私も主の御前で、申し開きをせにゃならん時が来る。だが私がほかの者の言いなりになったら、どの面下げて主の御前に立たれよう」

ある時彼はこうも語った。私は自分の作品を主に負うている。主がこの才能を与えられたのだ。私が全能の神に『テ・デウム』を捧げたのは、それへの感謝の印だった。人の子の手になるこのささやかな成果を、主が受け取られたかどうかは知らぬが、私はこれからも書き続けねばならない。いつか裁きの庭に立つ時、主が私をつかまえて「このろくでなしめが、お前に授かった賜物をなぜ存分に使わなんだ」となじられることのないように、と。

ブルックナーは長い休暇を、たいてい聖フロリアンやシュタイアの司祭館で過ごしたが、このほかクロスターノイブルク、ハイリゲンクロイツ、クレムスミュンスターの僧院にも滞在した。修道院という環境は、生活の場としても創造の場としても、ますます欠かせないものとなっていた。

ヴィーン近郊の修道院クロスターノイブルクへは、ヘルメスベルガーとヘルベックの紹介で訪れるようになった。そこはいわば手近な聖フロリアンであり、ブルックナーは六九年から二十五年間、毎年何度か祝日に招かれてオルガンを弾いた。

クレムスミュンスターの修道院には、音楽院で教えたラファエル・ロイドルという学生がいて、修道士オッドーと名乗っていた。ブルックナーはオッドーの招きを受け、八三年にそこでオルガン・コンサートを催した。病弱なオッドーはその十年後に早世してしまったが、その後もクレムスミュンスターはブルックナーの心の拠り所となっていた。

ブルックナーの交響曲にしばしば現われるコラールや牧歌、とりわけアダージョの癒しの響きは、僧院という環境と切り離して考えることはできない。

憂き世の楽しみ

バイエルンやオーストリアの田舎のレストランでは、日本人なら閉口するほど大盛りの皿を出されることがある。「肉を食わにゃ話にならん」と土地の者は言う。「ハルベ・ポルツィオン（半人前）」という表現は、ドイツ語でもやはり見下した表現である。

ヴィーン人の大食はつとに有名だが、ブルックナーの健啖ぶりも相当なものだった。リンツ時代の彼は、「黒山羊亭」でザリガニのスープを三皿と、詰め物をした子牛の胸肉を二人前食べ、金曜日には卵八個を添えた魚料理を食べた。

リンツのマイフェルト夫妻は、冬の数か月をしばしばヴィーンで過ごした。ある時夫人がブルックナーをグラーベン街の「メーブス」に招待すると、彼は好物の「団子と酢漬けキャベツ添え薫製ポーク」を三人前たいらげたという。彼の好物はこのほかグーラッシュ（ハンガリー風シチュー）、骨付きビーフ、団子スープ、チョコレート・ソースのヌードル料理などだった。

ブルックナーは夜十時頃にレストランへ行き、若い連中と談笑しながら夜食を採るのが常だった。ただしその前にも六時から七時の間に、大皿で二杯の団子スープを食べるのである。フーゴ・ヴォルフがその場に来合わせ、量の多さに目を丸くした。

「おやおや教授、盛りが良くてご機嫌ですね」

ブルックナーは食事の手を止めて皿を下げさせ、カティにこう言い渡したという。

「二度とこの悪ガキを家に入れんように。こやつはシュタイアーマルクのがさつ者だ」

金曜日ごとの精進や、四旬節の精進日は、ブルックナーには耐え難い苦行だった。彼は七六年二月に大司教に請願書を提出し、クリスマスの祝日や聖金曜日などを除いて、毎日毎食における肉食の許可を求めている。

現存するカレンダー式ポケット日記

ブルックナーの食卓には、むろんビールも欠かせなかった。彼はピルゼン・ビールのジョッキをスープ皿に乗せたのを注文し、皿に泡があふれるのを好んだ。それを空にすると、小さなグラスでコニャックを一杯ひっかけ、次のジョッキを注文した。高地オーストリアに滞在する時は、リンゴとナシの果実酒にも目がなかった。

ブルックナーの酒量は、南ドイツ人としては通常以上のものではない。彼が泥酔したところを見た者もなかったという。音楽院の学生だったフランツ・マルシュナーによれば、ある時ブルックナーは三分の一リットルのジョッキで、十二杯のビールを飲み干したという。ゲレリヒ＝アウアーによれば、恐らくそれは例外的な出来事であった。仕事のない日の彼は、作曲に集中するために、冷めたいコーヒーをやはりリットル単位で飲んでいた。

ブルックナーは若い頃からダンスを好んだ。デュルンベルガーの姪マリー・マドレーヌによれば、「かなり達者な踊り手」だったという。彼のポケット日記には、ダンスの相手をした娘たちの名が、几帳面に書き留められている。七七年の謝肉祭には、とりわけ頻繁に踊りに出かけている。

ブルックナーのカレンダー式ポケット日記は、およそ三年にわたって使用されるのが常だった。一年目は予定表、家計簿、住所録として使われ、音楽上のアイデアや、会った人の名が書き込まれた。次の年には予備の手帳として使用され、まだ余白がある場合は、休暇旅行中のメモや、毎日の祈祷の記録用に使われた。

ブルックナーのポケット日記は、一八六〇年から最後の年まで使用され、そのうち二十三冊だけが、完全にあるいは部分的に残存している。九三年から九四年にかけての分は残っていないが、その内容の大部分は判明している。

ブルックナーのすぐ下の妹ロザリアは、結婚してザルツカンマーグート高地のフェクラブルックに暮らしていた。彼女の夫ヨハン・ネポムック・ヒューバーは、かつてブルックナーが聖フロリアンで結成した四重唱団の一員だったが、フェクラブルックでもリーダーターフェルの一員となっている。ブルックナーはフェクラブルックの妹夫婦を訪れ、しばしばトラウン川で水泳を楽しんだ。

ブルックナーは六十歳を越えても、水泳と潜水の名人だった。彼は水泳場の飛び込み台から飛び込み、若者たちに数を数えさせながら潜水した。そして彼らが座っている木の階段の下まで潜って行って息を継ぎ、彼らが心配そうに五十、六十と数えるのを聞きながら、もとの場所に戻って顔を出した。このいたずらをさんざんくり返した後、彼は目を丸くしている監視人にこう言った。

「あんたわしを知りよるかね？　わしゃ皇帝のオルガニストで、ヒューバーのかみさんの兄貴じゃよ」

九歳年下の弟イグナツは、ブルックナーに生き写しだった。彼は聖フロリアンで寺男や庭師を務めながら、生涯兄の影の中で生きた。彼はべつだんそれを苦にしなかったが、ある時兄にこう訊ねたことがある。二人のうちいったいどちらが、オルガンを自由に操れるだろう、と。ブルックナーがにやにやしていると、彼はこう言った。

「そりゃ兄さん、わしの方だて。わしがオルガンのふいごを踏まにゃ、兄さんはなんも弾けんでしょうが」

クレムスミュンスターでは、聖霊降臨祭の月曜になると、農民たちの大市が立った。ブルックナーは毎年これを心待ちにしていた。彼はおもちゃのトランペットや、大きな赤いハンカチを買い、トルコ蜜の菓子を頬張ったりした。ある年彼は、角の生えた悪魔のびっくり箱を買った。彼は子供のように喜びながら、知り合いの婦人にこう言った。

「ごらんなさい、わしもこやつらの仲間ですて」

知的生活

ある時ブルックナーは、ある交響曲の初演を前にして、ハンスリックの家を訪れた。あいにく主人は留守だったが、応対に出た夫人にこう言った。「私について一度くらい好意的な批評を書いてもらえんものか、教授にお願いにあがったのです」そう言うと彼は夫人の手に一枚の紙幣を押しつけ、逃げるように立ち去ったという。一九一六年にヴィーンで出版された『音楽家のユーモア集』という本に出ている話である。

フランツ・グレーフリンガーが伝えるところでは、ハンブルクのさる高名な指揮者の家で、次のようなブルックナーのエピソードが語られた。音楽院生クジザノフスキの母親が、ある日ブルックナーの住まいを訪ねて来た。ノックをすると「どうぞ」と返事があったので、ドアを開けて中に入ると、ブルックナーは素っ裸で腰湯の桶に浸かっており、にこにこしながら立ち上がったという。

アルマ・マーラーによれば、この婦人はハンス・ロットの母親だったという。ブルックナーは暑い日に行水しながら作曲する癖があった。あるいはこの頃彼は体調を崩し、医者の指示で毎日座浴しながら、作曲に熱中していたともいう。この話にはほかにも幾つかヴァリエーションがあり、新聞のゴシップ欄をにぎわした。
これらのエピソードからうかがえるのは、噂話やジョークが飛び交うヴィーンの夜会で、ブルックナーは格好のネタになっていたことである。笑い話の中のブルックナー像も、彼の通俗的イメージの一つだった。だが彼の同時代人の中には、その素顔を冷静に観察していた者もいた。ヴィーンのヴァーグナー協会や、バイロイトなどで彼を見かけたことのある、作家マックス・フォン・ミレンコヴィチはこう書いている。

私は遠くから彼を観察し、彼自身の口から話を聞くよりも、彼についての噂話を聞くことが多かった。だがこれだけは確かである。それこそ私が年若くて、彼と「親密」でなかったからこそ、もし彼が滑稽だったとしたら、その印象は強く残っていただろう。(……)ブルックナーが「がさつ」だとか「粗野」だとか、いわんや非知性的だとかいう評価は、私にとっては明らかに後世の創作に過ぎない。当時の私には、彼のぶかぶかのズボンでさえ、少しも常軌を逸しているとは思えなかった。

一八八三年始め、アウグスト・シュトラーダルは個人教授の生徒として、初めてヘスガッセ七番地の最上階を訪れた。彼はブルックナーの暮らしぶりについて、次のように証言している。

最初の部屋の真ん中には、かなり骨董品のベーゼンドルファー製グランドピアノが置いてあった。それはほこりと嗅ぎ煙草の粉のために、黒鍵と白鍵の区別もつかなかった。一方の壁際には二つの手鍵盤と、ペダルと、六つの音栓から成る、シュトゥットガルトのトライザー社製ハルモニウムが置いてあった。反対側の壁際にベッドがあり、その近くに大きな十字架がかかっていた。

窓の前には小さな書き物机があったが、それは晩年には食卓兼用となった。そこには生存に必要な最小限のものしか存在せず、これらの調度自体が「無駄」とは何かを物語っていた。

ピアノの上には楽譜が堆く積み上げられ、バッハ、ベートーヴェン、シューベルト、ヴァーグナーなどが目についた。当時ブルックナーの蔵書はたった二冊きりで、一冊は聖書、もう一冊はナポレオンの伝記だった。彼はこの二冊をくり返し読み、特に聖書については、たいていの神学者よりも詳しかった。

もう一つの部屋はほとんど空っぽで、人が住んでいる気配さえなかった。ただしその一角に、手稿や新聞や手紙の類が山と積んであった。ここにはレヴィやニキシュやリヒターの手紙、新聞の批評などの中に混じって、彼の交響曲やミサ曲の原稿が埋まっていた。ある時私はブルックナーに、『弦楽五重奏』の原稿を探し出すよう頼まれたことがある。私は彼の唯一のピアノ曲『思い出』を発見し、彼にねだってこの原稿を手に入れた。いつそれを書いたのか、残念なことに彼はもう思い出せなかった。

やはり個人レッスンに通ったフリードリヒ・クローゼによれば、ブルックナーの蔵書は次の四冊しか目にしたことがなかったという。メキシコ戦史、極地探険に関する本、ハイドンとモーツァルトとベートーヴェンの伝記集、ルルドのマリアの奇跡に関する本である。ブルックナーが予約購読していた唯一の雑誌は「北極探険家」だった。

ヘスガッセの住まいを訪問した者の注意を引くのは、一面あるいは数面の壁が、青く塗られていることである。あるいはそれは、神経症の治療の一環だったかも知れない。青年実業家エックシュタインはこう書いている。

オーストリアに関する二つの特異な事件が、彼の心に深い痕跡を残し、その精神生活に特別な役割を演じたと思われる。メキシコ皇帝マクシミリアンの処刑と、オーストリアの北極探険隊である。彼は事の成り行きだけでなく、その土地の地理などといった瑣末事にまで、ほとんど不可解なほどの関心を示した。彼は激しい渇望とともに、メキシコの風土、人民、歴史、あるいは極地とそこに到達した探険隊に関する、あらゆるものをむさぼり読んだ。普段は政治や歴史や地理などにうとい彼が、この二つの分野については呆れるほど詳細な知識を披瀝し、内心の感動をあらわにしながら、グリーンランドとノヴァヤ＝ゼムリアの氷原について、メキシコの国家体制と政治状況について、飽きることなく語り続けた。そして時折り、長い沈黙と物思いに沈んだ後で、ふっとため息を吐きながら「そうだ、あのディアツめが」とつぶやくのだ

ブルックナーの部屋（ヘスガッセ７番地）

った。彼はディアスの名をそう発音することに固執した。

ポルフィリオ・ディアス将軍は、獰猛残忍なメキシコのゲリラを率いて、メキシコ皇帝最大の敵となった人物である。またオーストリアの北極探険隊は、一八七二年に出発して、シベリア沖にフランツ・ヨーゼフ・ラントを発見し、その二年後に帰国している。

晩年のブルックナーは、オーストリア北極基地の創設者、ハンス・ヴィルチェクの面識を得ている。彼が一八九一年、ヴィーン大学から名誉博士号を贈られた時、友人カール・アルメロートの発案で胸像が作られることになり、彫刻家ヴィクトル・ティルクナーのアトリエでモデルを務めた。その顛末をアルメロートはこう記す。

ヴィルチェクの名を聞いたとたん、ブルックナーは興奮して訊ねた。「それはあの北極のヴィルチェクのことですかな？」「もちろんです」とティルクナーは答えた。「お願いです教授、すぐ上がって来てもらってください、こりゃ大変だ」ブルックナーはヴィルチェク伯爵と挨拶を交わし、相手にろくに物も言わせず、好奇心に目を輝かせてこう言った。「お願いです閣下、緯度七十四度の世界がどんなものか、ほんの少しでもお聞かせください」ブルックナーがあまりに北極探険に精通しているので、ヴィルチェクは呆気にとられていたが、やがて大変興味深い話を始めた。ブルックナーは全身を耳にして聞き入り、北極探険に関する知識が増えることを喜んだ。

人は死に臨んだ時、超越的な感覚を目覚めさせることがある。危うく処刑をまぬがれた者や、墜落したことのある登山家などがそうである。マクシミリアンの処刑や極地探険も含めて、ブルックナーが特別に関心を抱いていたのは、極限的な人間の運命だったかも知れない。後に述べるように、彼は機会あるごとに、死の疑似体験を試みるのである。

ヴィーンのヨーゼフシュタットに「リートホーフ」というレストランがあった。主として医師、将校、官吏たちの溜まり場だったが、ブルックナーはここで長年にわたり、一団の医師やインターンたちと交流を続けていた。医師たちが患者や手術について話し合う時、彼は注意深く耳を傾けた。彼は人体構造や電気技術など、さまざまな分野について熱っぽく質問を浴びせた。

ブルックナーは医師たちに対して、常にへりくだった態度を示した。彼は学識豊かな紳士たちの団欒に、自分のような「哀れな音楽家」が加えられる名誉を、繰り返し口にしたという。医師アレクザンダー・フレンケルはこう記す。

一般に「学識」と呼ばれるものを、ブルックナーがささやかにしか蓄えていなかったことは、躊躇なく認めねばならない。学問を一種の職業訓練とみなすなら、彼の生い立ちは多くの学識を蓄えることを許さなかったのだ。だが彼を身近に知る者は、その精神的視野がいかに拡大力に富み、その思考がいかに順応性に富んでいるかに気づくのである。彼はもちろん書斎人ではなかったが、外界が彼の感覚に供給するものを素直に受け入れ、いわば逍遥派のようにやすやすと、それらを身に付けてしまうのだった。

リートホーフの医師団の中には、ヴェルス出身のカール・ラープルがいた。ブルックナーがフランスからの帰路ヴェルスに立ち寄った時、ラープルはまだ十六歳だった。この時ブルックナーは、彼の姉に求婚して断わられたという。ラープルはヴィーンでブルックナーに再会し、ガウゼやリートホーフの団欒に加わった。

ラープルよりさらに若いアルフォンス・フォン・ロストホルンは、一八九二年にバイロイトで『パルジファル』の初演を観た。この時六十八歳になっていたブルックナーは、ひどく体調を崩してロストホルンの手当を受けている。それ以来ロストホルンのあだ名は「命の恩人」だった。ハインリヒ・ヴァルマン医師は、ハインリヒ・フォン・デア・マッティヒの名で詩を書いていた。ブルックナーはその数篇に作曲している。

後に『輪舞』の作家となるアルトゥール・シュニッツラーも、医学生時代はリートホーフに入り浸った。彼の友人リヒャルト・ホルンが、大学でブルックナーの対位法の講座を聴講しており、彼はホルンに連れられてブルックナーの住まいを訪れた。ブルックナーは三十分ほどハルモニウムを演奏したが、個人的な接触はその一度だけだったという。シュニッツラーはその回想録の中で、「袋のような服」を着たブルックナーが自作交響曲のコンサートのステージに立ち、不器用に頭を下げるのを幾度か目にしたと書いている。

メメント・モリ

生涯独身だったブルックナーは、最晩年まで結婚願望を持ち続けていた。若い女性に対する彼の関心は、むろんプラトニックな面だけではなかっただろう。ヴァイトホーフェンのマリア・ラビーという女性は、祖母の思い出として次のように語っている。

一八四三年生まれの祖母は、まだ若くてぴちぴちした娘だった頃、聖フロリアンの村の宿屋で台所の手伝いをしていた。ある日祖母が、宿屋の中庭でサラダ菜を洗っていると、ブルックナーさんがやって来て腕を掴み、こう言った。「何てきれいな腕だ、これじゃ太股はどんなだろう」

ブルックナーはこの時三十代半ばだった。次の証言は、ブルックナーのややアブノーマルな面を窺わせる。写真師フリッツ・ランツェンスドルファーは、一八九〇年頃ヴィーンのフーバーのアトリエで、ブルックナーの写真を撮影した。彼は自分の家族に「ブルックナーというのはおかしなやつだったにちがいない」と洩らした。撮影の際にブルックナーはこんな話をしたという。板塀の節穴から中の人間を覗くのはおもしろい、若い娘やご婦人を観察するのはなおさらおもしろい、と。

ブルックナーは猟奇的な事件に、しばしば異様な関心を示した。新聞をいくつも買い込んでは読みあさり、殺人者の裁判や処刑がある時は、前の晩から眠れぬほど興奮した。名高い女殺しフーゴ・シェンクの裁判では、彼はシュトラーダルの友人である弁護士を介して、審理だけでなく処刑にも立ち会えないものかと画策した。

処刑の見学はどうにか断念させたが、ブルックナーは審理の間中ひどく興奮し、被告が何を言ったかと、しつこくシュトラーダルに訊ねた。彼は被告の姿をよく見ようと、幾度も自分の席から立ち上がり、裁判所の衛士にたしなめられた。

シェンクの処刑前夜、シュトラーダルは地方裁判所に近いリートホーフで、ブルックナーとともに夕食を採った。その頃ブルックナーはヴィーンでは「おかしな爺さん」で通っており、何人かの若い医師が彼をからかい始めた。そのうちの一人がこう言った。シェンクの最後の望みがこの店のシュニッツェルだったので、たったいま主人が出前を届けさせたところだ、と。ブルックナーは即座にそれと同じ子牛肉で、同じ料理を作るよう注文した。彼はその夜一晩中、殺人者のために祈りを捧げた。

この夜のブルックナーは、痺れるような死の恐怖を、少しばかり味わってみたかったのだろう。もし彼が現代人なら、ゾンビ映画に夢中になったに違いない。同様の怪奇趣味は、次のエピソードにも繰り返されている。

一八七九年の夏のある日、ブルックナーは友人たちと連れだって、クレムスミュンスター修道院が所有するアルトペルンシュタイン城を訪れた。その古城はハンガリー人の侵略に備えて建造され、十七世紀にはトルコ軍を迎え撃った砦でもある。

この日ブルックナーは、城内を熱心に見学していたが、城の牢獄を目にしたとたん、ぜひ中に入ってみたいと言い出した。彼は格子の隙間からむりやり侵入し、長いこと暗闇の中にいたが、やがて蒼白な顔で出て来た。服は蜘蛛の巣だらけで、きれいにしてやるのに一苦労だった。城の管理人はすっかりつむじを曲げ、同行していた作家カール・ツァイトリンガーにこう言った。

「こんな馬鹿くせえ客は、二度と連れて来ねえでもらいてえ」

フライアの子

北ドイツと南ドイツの境目あたりの教会には、木の葉におおわれた異形の人面が、装飾に使われていることがある。木の葉の髪を額に散らし、木の葉の髭を生やし、アルカイックな瞳を見開いた男は、研究者のあいだで「グリーンマン」と呼ばれている。ある意味でそれは、ブルックナー芸術の化身と見ることもできる。

ドイツ人は森に魅せられた民だと、しばしば言われてきた。木の葉や樹木は、彼らの習俗や精神生活に、重要な役割を果たしてきた。バイエルン北部では、白樺の若葉に身を包み、樹皮の仮面をかぶった「フィングストル」を森から連れてきて引きまわし、夏が来たことを告げる。オーストリアでも「緑のゲオルク」と呼ばれる木の葉男が町を練り歩き、最後は水の中に投げこまれてしまう。

ドイツでは五月一日の「五月迎え」のしばらく前、森に命がみなぎる真夜中に樅の木を切り倒し、瑞々しい樹冠だけを残して皮をはぎ、花環やリボンで飾り立てて広場に立てる。「五月の樹《マイバウム》」と呼ばれる行事である。これらの奇怪な風習は、キリスト教以前の古代の祭に由来するといわれる。

カエサルの『ガリア戦記』によれば、ゲルマン人は森のほとりに住む人々であり、森に人はいなかったという。彼らは文字を知らなかったが、単純な音楽や踊りを好み、英雄を称える詩を好んだ。タキトゥスの『ゲルマニア』によれば、シュプレー河上流にいたゲルマンの一族は、一つの聖なる森を崇拝し、そこで犠牲を捧げる秘儀を行なっていた。またエルベ河下流にいた者たちは、ある島の聖なる森に住む女神を、ただ一人の祭司に守らせていた。ポーランドのヴィスワ河付近にいた者たちも、やはり彼らの聖なる森を、女装した一人の祭司に守らせていた。

古代のゲルマン神話では、人間界の波打ちぎわに「イグドラジル」と呼ばれる、巨大なとねりこの樹がそびえていた。それは地底界に深々と爪を立て、その樹冠は天界に抜きんでていた。汎神論的なゲルマン世界では、巨木はとりわけ神聖なものだったが、巨樹崇拝は古代日本とも無縁ではない。

先に挙げた「グリーンマン」は、キリスト教に吸収された森の民の残像である。キリスト教は森の民の宗教や習俗を、そのような形で教会に封じこめたのである。だがその記憶は消え去ることなく、ドイツ・オーストリア常民の無意識の底に蓄積された。むろんブルックナーの場合とて例外ではない。

アルプスを越えてやって来たローマ人は、ゲルマン人との間に死闘を繰り返し、数世紀をかけて彼らを下した。やがてゲルマン人の文明化とキリスト教化が始まる。教皇グレゴリオは、野蛮なゲルマンの祭や習俗を、キリスト教に取り込むよう命じた。それらは教会暦や農事暦と融合し、一年のサイクルが作られていく。

初期キリスト教では、キリストの誕生日は一月六日だった。神は天地創造の六日目に人間を造られたと、聖書にあるからである。だが四世紀末のコンスタンティノープル宗教会議で、キリストの誕生日は十二月二十五日と定められた。古代の暦ではその頃が冬至にあたり、冬至は古代ゲルマン人にとって最大の祭だったからである。

冬のドイツでは、午前八時になっても夜が明けず、午後三時にはもう日が暮れ始める。冬の暗さや寒さに対する恐れは、ゲルマン人のトラウマのようなものだった。昼が最も短い冬至を、彼らは新しい太陽の蘇りの日として祝った。

クリスマスに樅の木を飾ることは、記録上では十七世紀初めのエルザス地方に始まるといわれる。だがこれは元来ゲルマンの風習であり、ゲルマン人はその時期に常緑樹の枝を切ってきて飾っていた。樹木を祀ることは異教的として禁じられていたから、クリスマス・ツリーが一般化するのは宗教改革以降のことである。

ドイツ語ではクリスマスを「浄夜　Weihnacht」と呼び、薬草を燻して害虫や災いを追い払う。これも冬至の頃にゲルマン人がやっていたことである。彼らの信仰では、その頃祖先や死者の霊が帰ってくるといわれ、好物の食べ物や飲み物を供えた。

二月の「謝肉祭」は教会暦にない民間行事だが、もともとは冬の終わりを待ちきれず、乱痴気騒ぎをする古代の習俗だった。ローマのサトゥルヌス祭が起源といわれ、中世に幾度も禁止されたが消滅しなかった。ドイツでは「冬の神」に見立てられた藁人形が、焼かれたり流されたりする。また仮装行列の中には二人の魔女ペルヒタが加わっており、一人は老いて去りゆく醜い冬を、一人は若く初々しい夏を象徴している。

ドイツの五月は、世界が生まれ変わったように美しい。その美しさに人も自然も陶酔する季節である。ゲルマン神話では、主神ヴォーダンと女神フライアの結婚の時であり、めざましい開花と結実の時である。記録の上では「五月の樹」の風習は十三世紀のアーヘンで始まったとされるが、おそらく事実はもっとさかのぼり、巨樹を囲んで歌い踊った古代習俗の名残であろう。

五月祭前日の四月三十日、ドイツ中部の山岳地帯ブロッケン山では、「ヴァルプルギスの夜」と呼ばれる魔女の饗宴が催されるという。これは最後までキリスト教化に抵抗したその地のザクセン族が、仮装して大地母神に生贄を捧げていたのが起源であるとされる。

六月二十四日の夏至は、太陽が最高点に達する喜びの時であり、ゲルマンでは冬至とならぶ最大の祭だった。夏至はキリスト教の浸透以後「ヨハネの火祭」と姿を変え、キリストの先駆者ヨハネの誕生日とされた。村人や家畜はたき火のそばで火の粉を浴び、若い男女が火の上を飛び越えたりする。

七月二十五日の「聖ヤコブの日」は、麦刈り開始の合図となる。記録によれば、麦の初穂は十七世紀頃まで主神ヴォーダンに捧げられたという。麦の一粒、あるいはその一束を畑に残すのは、ヴォーダンが乗る馬のためだったが、もはやその起源を知る者は少ない。麦畑には「麦婆」という恐ろしい守り神がいて、子供たちは畑を荒らさぬよういいましめられたが、この「麦婆」はヴォーダンの妻フライアのなれの果てである。

ドイツ人は実にさまざまな守護聖人を持つ。いわく農作物の守護者「聖マルガレーテ」、野生動物の守護者「聖ゲオルク」、家畜の守護者「聖マルティン」、穀物や鉱山の守護者「聖アンナ」、水難火難の守護者「聖フロリアン」、ワインの守護者「聖ウルバン」、巡礼の守護者「聖ヤコブ」、狩の守護者「聖オイスタヒウス」、兵士の守護者「聖マルティン」などなど……。

これらは自然のあらゆる場所、また住居の隅々に巣くっていたゲルマンの聖霊たち、つまり彼らの「八百万の神々」が姿を変えたものなのである。聖母マリアは農耕全般の守護者として、農村ではとりわけ敬愛されたが、これはゲルマンの大地母神フライアにほかならない。私たち日本人が古来の山岳信仰や太陽信仰を、巧みに仏教と同化させたように、ドイツ民族もまた自らのゲルマン性を封じ込めたまま、キリスト教と同化していったのである。

こうしてドイツの「内なるゲルマン性」は、ドイツ文化の底流に身を潜め、ある時はドイツ的な非合理主義や神秘主義のうちに、ある時はドイツ・ロマン派の「ほの暗い熱狂」のうちに蘇った。例えば荒涼とした自然や無骨な樹木を好んで描いた、カスパー・ダーフィト・フリードリヒの風景画は、無限への限りない憧憬と同時に、限りない不穏さを呼び起こす。

それはキリスト教の表皮の下に沸き立っている、デモーニッシュなマグマであり、時としてドイツ人自身でさえ、その禍々しい奔流に恐れをなした。ハインリヒ・ハイネは一八三四年にこう書いている。

「キリスト教は（これこそキリスト教のもっとも素晴らしい功績というものだが）あの残忍なゲルマ

ン的好戦心を幾分か和らげたが、しかしけっして打ち砕くことはできなかった。いつの日か、手なずけるための護符、つまり十字架が砕け散れば、ふたたびあの古代戦士の獰猛さが、北方の詩人たちにあれほどよく歌われ語られた、あの熊皮の凶暴な戦士ベルゼルケルのすさまじい激怒が、武具を鳴らしつつ立ちあらわれてくる」(森良文訳)

やがてニーチェが、キリスト教の十字架を粉々に打ち砕いた。ユングはナチスの台頭を目前にしてこう書いている。

「キリスト教的な世界観がその権威を失うにつれ、『金髪の野獣』が、いつでも飛び出していってすべてをめちゃくちゃにしてやろうと身構え、地下牢のなかをうろつきまわる音が、ますますはっきりと聞こえてきて、人びとを脅かすであろう」(鈴木晶訳)

キリスト教とゲルマン性の二重構造は、ブルックナーの作品にもひそんでいると見てよい。宗教曲の作曲家として成功していた彼が、交響曲に手を染めたのは必然の成り行きだったといえよう。「未来音楽」に触れたことで呼び覚まされた、魂を焦がすような複雑な感情が、宗教曲とは別の器を要求したのである。

むろんブルックナーの交響曲が、彼の宗教曲と深い関連を保ち、互いに浸透し合っていることも事実である。彼の交響曲には、自作宗教曲からの引用がしばしば見られるし、交響曲のテーマが変形されて宗教曲に用いられることもある。それは互いの尻尾を食い合う蛇のように繋がっている。

ブルックナー交響曲の特徴のひとつに、紋切り型のハッピーエンドがある。そこではしばしば冒頭主題が、輝かしい長調で回帰する。そこにあるのは圧倒的な信仰の勝利であり、偉大なる神への

カスパー・ダーフィト・フリードリヒ「雪の中の巨人塚(ドルメン)」(1807年頃)

手放しの賛美である。ブルックナーの一日が祈りで終わるように、フィナーレが千篇一律なのは当然のことであろう。

だが彼の交響曲は、偽装した宗教曲ではない。むしろその根っこの先は、ドイツ・オーストリアの集合的無意識の奥深く、ゲルマンの古層に触れているように思える。ブルックナーの交響曲は、キリスト教の表皮を乗せたまま、彼の無意識の底から噴出した黒い山塊だ。

それはヴァーグナーのスペクタキュラーなゲルマン神話劇とは異なる、荒涼とした原初の記憶である。それは雪と氷河の薄明の地獄に繰り広げられる、無人の音響世界であり、夢幻的なカタストローフのヴィジョンである。それはまた、森の祭司と星々との交感であり、その研ぎすまされた宇宙感覚である。

ブルックナー交響曲には三つの性格的要素がある。宗教性（キリスト教）、自然の息吹、そして土俗性（ゲルマン性）である。これから書かれようとしている『第六番』を経て、後期の三つの交響曲には、非キリスト教的なものがますますその影を拡げていく。

『弦楽五重奏』

『第三番』初演の挫折から『第六番』着手までの約二年半、ブルックナーは『第四番』を大幅に改訂し、『第五番』に手を入れて完成した。そして室内楽の主要作である『弦楽五重奏』を作曲している。

このほかこの時期の作品として、さまざまな機会に作曲された声楽曲がある。リンツのルディギア司教在職二十五年を記念する『マリアよ、あなたはことごとく美しく』、聖フロリアンの聖歌隊指揮者トラウミーラーのために書かれた『正しい者の口は知恵を語り』、ヘスガッセ七番地の家主エルツェルトの婚礼のための『二つの心』、女声ヨーデルとホルン四重奏を伴う男声合唱曲『夕べの魅惑』などである。

伝統あるヴィーンの「宮廷楽団」は、宮廷礼拝堂の儀式に参加する聖歌隊、管弦楽団、オルガニストなどの総称である。かつてアントニオ・サリエリもこの団体の楽長を務めた。この団体の正式メンバーとなることは、オーストリアの教会音楽家の最終目標だった。宮廷楽団は現在も存続し、その構成員にはヴィーン少年合唱団やヴィーン・フィルのメンバーも含まれている。

一八七七年暮、宮廷聖歌隊児童のヴァイオリン教師ヴェンツェル・ベツデクが死去した。翌年一月、ブルックナーはその欠員を埋める形で、ヴィーン宮廷楽団の正式メンバーに昇格する。それまでは副文書係および次席声楽教師として、百グルデンを支給されていたが、これ以後は年俸六百グルデンに住居費を加算して、八百グルデンに昇給された。

この前年にヴィーン音楽院長に就任した、ヨーゼフ・ヘルメスベルガーは、副宮廷楽長も務めており、ブルックナーにとっては二重の意味で上司だった。彼の同名の息子ヨーゼフも、ブルックナーの昇格と同じ年に、ヴィーン音楽院のヴァイオリン科教授となっている。ヘルメスベルガー家は三代にわたって音楽院教授を務め、ヴィーンのヴァイオリン界に一流派を形成する名門だった。

ヘルメスベルガーが主宰する弦楽四重奏団は、ベートーヴェンやシューベルトを得意とし、ブラームスの室内楽を積極的に手がけてきた。ブルックナーが室内楽に手を染めたのも、ヘルメスベルガーの勧めによるものだった。

「今へ長調の弦楽五重奏を書いています。私の作品に熱を上げているヘルメスベルガーから、再三くどかれるものですから」（七九年二月タッペルト宛）

弦楽四重奏に第二ヴィオラを追加した『弦楽五重奏』は、七九年六月に完成し、『第三番』挫折以後の最初の重要作となった。だが楽譜に目を通したヘルメスベルガーは、スケルツォ楽章が難しすぎると初演に難色を示した。ブルックナーはその年の暮れまでに『インテルメッツォ』を作曲し、スケルツォに替えたが、それでもヘルメスベルガーは腰を上げなかった。

この状況を見かねたヨーゼフ・シャルクが、ヴィーン・ヴァーグナー協会の非公式コンサートでの初演を企てた。だが肝心の楽譜は、やがてイギリスで大成することになるハンス・リヒターが、イギリス客演の折りにそちらに置いてきていた。幸いなことにシャルクがピアノ連弾用の編曲を第三楽章まで完成しており、それをもとにパート譜が復元された。こうして『弦楽五重奏』は三つの楽章だけが、八一年十一月に初演された。

この曲は八三年と八四年にも、ベーゼンドルファー・ホールで私的に演奏された。やがて国外の演奏団体からの問い合わせも増え、八四年に楽譜が出版された。出版に際してこの曲は、バイエルン王家のマックス・エマヌエル公に献呈された。彼はオーストリア皇妃エリーザベートの末弟であり、音楽好きで自作品を出版したこともあり、ブルックナーとは飲み仲間だった。

『弦楽五重奏』に消極的だったヘルメスベルガーも、こうした状況を無視できず、完成から五年半後の八五年一月、ついに公式初演に踏み切る。結果は楽章ごとに大喝采が巻き起こり、作曲者が十回も舞台に呼び出される成功となった。

ブルックナーの『弦楽五重奏』は、シューベルトのそれと同じく、交響曲的な規模と構造を持ち、とりわけ終楽章がシンフォニックな性格を感じさせる。出版の際に緩徐楽章とスケルツォ楽章の順序が逆転されたが、これは『第八番』と『第九番』の交響曲だけに見られる特徴である。だがこう

ヨーゼフ・ヘルメスベルガー（父）

(16 Seiten enthalten!)

Nr.

Im Namen Seiner Majestät

Franz Joseph I.

Kaisers von Oesterreich, Königs von Böhmen u.s.w. und Apostolischen Königs von Ungarn.

Reise-Paß

für Anton Bruckner

Charakter

Beschäftigung

wohnhaft zu

im Bezirke

Kronland

Wien

ブルックナーの旅券

いった特色にもかかわらず、この曲は第一楽章の冒頭から、室内楽的な柔和な響きに満たされている。

『弦楽五重奏』の頂点は、疑いもなく第三楽章アダージョであろう。それは当初から高い評価を受け、テオドア・ヘルムは八四年の私演の際、この楽章を「五重奏曲中の真珠」と呼んだ。ブルックナーに冷淡だったリストでさえ、「全体としては不満だが、この楽章には見るべきものがある」と評し、ヴィーンに来る度にヘンリエッテ・フォン・リストとこの楽章を連弾した。

ヘルメスベルガーはブルックナーのこの作品を、ベートーヴェンの後期弦楽四重奏に比較したといわれる。だがブルックナーはベートーヴェンのこの傑作群を知らず、『弦楽五重奏』初演後、ゲレリヒからその楽譜を贈られた。『弦楽五重奏』はブルックナー唯一の本格的室内楽であるだけでなく、その時代を代表する傑作の一つとなった。それはブルックナー交響曲の岩壁に咲いた、あえかな草の花である。

『第三番』挫折後の数年間は、ブルックナーにとって厳冬の季節だった。だがその凍った土の下で、あらゆるものが萌え出そうとしている。今や彼の周囲には、一群の若い支持者が集まり、彼の作品を世に出そうと献身していた。彼らのそうした努力が実を結び、八〇年二月にはヴィーンの「ドイツ新聞」に「アントン・ブルックナー、ヴィーンの一音楽家の肖像」と題する長文の記事が掲載された。

宮廷楽団での地位は確かなものとなり、これまで無給だったヴィーン大学でも、八〇年十一月に年額八百グルデンの報酬が承認された。ブルックナーは同じ年の夏、ヴィーン男声合唱協会の次席指揮者のポストを請願したが、この求職は不成功に終わっている。

やはり八〇年の六月六日、宮中礼拝堂で『ミサ曲第一番』が演奏され、ブルックナーは自ら指揮を執り喝采を浴びた。彼はこの機会にヘルメスベルガーから、次のような証明書を取り付けている。

「宮廷オルガニスト、アントン・ブルックナー教授の大作『ミサ曲ニ短調』は、真の傑作と呼ぶにふさわしい。その着想は天才的であり、テキストの音楽化も素晴らしく、宮中礼拝堂における演奏では、好楽家に強い印象を与えることに成功した」

こうした状況の好転が、しだいにブルックナーの自信を取り戻させたのであろう。彼は七九年夏、『弦楽五重奏』の完成からほどなくして『第六番』の作曲に着手し、爆発的な第三創作期の口火を切るのである。

モンブランのパノラマ

一八八〇年は生活の上でも、明るさの見え始めた年だった。ブルックナーはこの年の夏休暇に、スイスへの旅行を企てる。スイスのオルガンを体験することと、アルプス最高峰モンブランを間近に見ることが目的だった。

宮廷楽団の勤務の都合で、ようやく八月十三日にヴィーンを発ち、聖フロリアンへ向かった。そこで例年通り一週間滞在した後、ミュンヒェンを経て南下し、二十二日はオーバーアマガウに一泊した。世界的に知られるこの村では、十年ごとに村人が総出でキリスト受難劇を演じる。ペストが大流行した十七世紀前半から、村はその伝統を守ってきたが、その年はちょうどその催しの年だった。

この年「エルサレムの乙女」の一人を演じた十七歳の美少女、マリー・バルトゥルにブルックナーは目を見張った。彼は一年ほどマリーと文通を交わし、祈祷書を贈ったりしたが、この交際は仕立て職を営む母親により打ち切られる。オーバーアマガウは宗教的な木彫細工で知られ、マリーは後にその木彫職人の一人と結婚している。

オーバーアマガウからミュンヒェンに戻り、ブルックナーはあらためて西のリンダウへ向かう。そこから船でボーデン湖を渡り、スイスへの国境を越える。列車でヴィンタートゥールを経てシャフハウゼンへ行き、名高いライン滝を見物した後、チューリヒへ向かった。翌二十六日、列車でプフェッフィコンへ行き、徒歩でウンター湖畔の城や聖堂を見学する。夏の午後、船でチューリヒへ戻った。

それに続く二日間は、チューリヒ市内の見学に費やす。古寺グロースミュンスターでは、水力送風式のオルガンを試奏した。この時オルガン奏者グスタフ・ヴェーバーの知己を得る。二十九日には一気にフランスとの国境をめざし、ジュネーヴに向かった。その車中、ハプスブルク家発祥の地、ハービヒツブルク城を垣間見る。

翌三十日、ジュネーヴからシャモニへと発つ。オーヴィーヴ駅を出てほどなく、車窓からモンブラン山塊が遠望された。ラ・ロシュ、ボンヌヴィルを経てシャモニへ。海抜約千九百メートルのラ・フレジェール展望台から、モンブランの雄大な姿を一望するはずだったが、悪天のためボソン氷河の洞窟の見学に予定を変えた。

九月二日、ついにラ・フレジェール展望台からの大パノラマを体験する。シャモニ周辺でのこの数日、氷河と岸壁とお花畑を満喫し、続く四日間はオルガンの旅となった。

九月四日ジュネーヴへ戻り、サン・ピエール大聖堂でアントン・ヘーリンクのオルガン・コンサートを聴いた。彼と知り合ったブルックナーは、翌日のコンサートで自ら鍵盤の前に座った。翌六日からは、フランス国境からドイツ国境へと戻るコースを取る。レマン湖を渡ってまずローザンヌに行き、時代物のオルガンを試奏した。翌七日、フリブールのサン・ニコラ大聖堂では、ヨハン・フォークトのオルガン・コンサートを聴いた。その夕刻ベルンに到着。

翌日ヨハン・ヤーコプ・メンデル博士の知己を得て、『ジークフリート』から「指環の主題」による即興演奏を行なった。翌八日はさらに東を指してルツェルンへ行き、教会音楽家P・アンブロース・マイアーと知り合い、ここでもオルガンを試奏した。

スイス旅行は恋の旅でもあった。彼のポケット日記には、旅先で出会った娘たちの名が書き留められている。いわく、ベルンのポストガッセ二十二番地に住む娘。ベルンからルツェルンに向かう車中で、言葉を交わしたマリー・シュトゥーダー嬢。ルツェルン駅に到着する時、ホテルのような白い建物からこちらを見ていた娘（「よそ者だろうか？　何処からetc.？　すてきだ！」）。キーム湖に近いトラウンシュタインの、ホテルオーナーの娘ヴィスバウアー嬢（「彼女はとても美しい」）。パルテンキルヒェンの街を父親と歩いていた娘……。

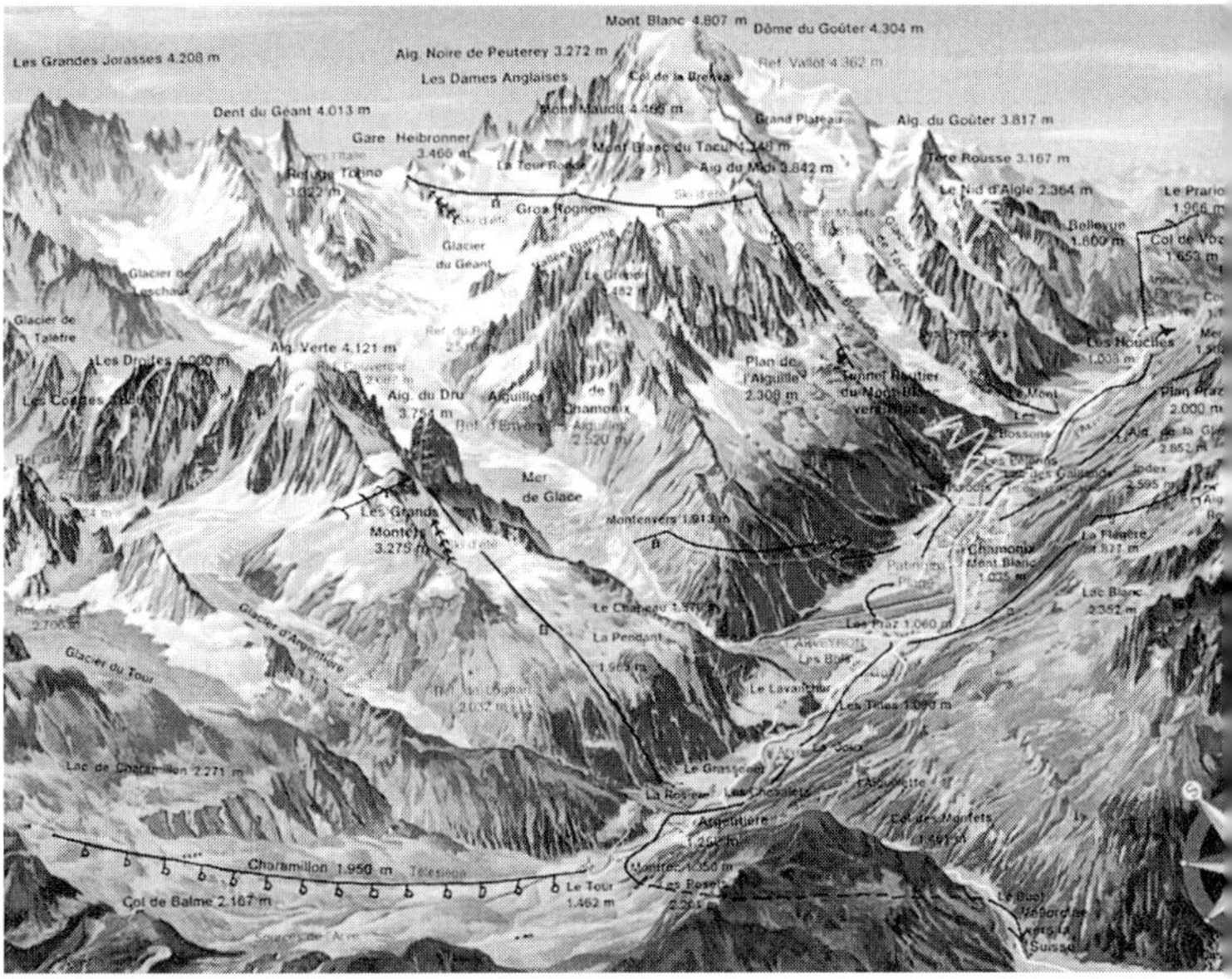

モンブラン展望図

スイス旅行の締めくくりは、またしても山の旅となる。九月九日、フィアヴァルトシュテッター湖を渡ってフィッツナウへ行き、アプト式鉄道でリーギに登頂。その日は山頂のホテルに宿泊し、アイガーやユングフラウの眺望と、日没と日の出を満喫する。ここではオーナーの娘バベッテ・シュライバー嬢と知り合う。

翌十日ルツェルンを発ち、十一日早朝ミュンヒェン着。そのままリンツへ帰り着き、ブルックナーのスイス旅行は終わった。

『交響曲第六番』

ブルックナーはスイス旅行のほぼ一年前から『第六番』に着手していたが、旅行直後に第一楽章を書き終えた。残りの楽章は順番に書き進められ、全曲完成はこの約一年後である。その後ほとんど改訂の手が加えらず、複数の版が存在しない点で、まさに例外的なブルックナー交響曲である。この作品を献呈されたのは「親切な家主」エルツェルト夫妻だった。

『第六番』は前作『第五番』とは対照的な性格を持つ。曲はあらまし簡明で古典的であり、「ブルックナー休止」は影をひそめ、冒頭からよどみなく流れて行く。ブルックナー的カタストローフは鳴りをひそめ、その意味ではもっともブルックナー色の薄い交響曲ともいわれる。

力強く伸びやかな第一楽章では、展開部のクライマックスと再現部の開始が重なるという、休止とはまったく逆の試みがなされている。ブルックナーの後期は、彼独特のブロック様式からロマン派様式へと転換するのである。

『第六番』の白眉は、中間の二つの楽章であろう。詠嘆的な第一主題で始まるアダージョは、柔和な光と影とで織りなされ、山上の夕映えのような翳りを帯びる。第三楽章はいつもの無骨なスケルツォと違い、第二楽章の気分を引き継いだ、幻想的な雰囲気を醸し出す。そしてトリオの直前に、全曲中唯一の総休止が現われる。劇的な終楽章にも、さだめない浮遊感がつきまとうが、末尾では例のごとく第一楽章の第一主題が回帰し、輝かしく曲を閉じる。

『第六番』は後期への道を探る過渡的な性格を持つとともに、『第四番』に始まる中期交響曲群の掉尾を飾る作品でもある。ややもすれば見過ごされがちだが、後期の険しい山岳に分け入る前の、牧歌的な哀歓に彩られた交響曲である。

八三年二月の初演では、宮廷歌劇場監督ヴィルヘルム・ヤーン指揮のヴィーン・フィルにより、第二楽章と第三楽章だけが演奏された。このマチネではほかにベートーヴェンの序曲、エッケルトのチェロ協奏曲、シュポーアの交響曲が演奏されたため、全曲初演は割愛されたのである。ブルックナーは楽章ごとに喝采を浴びたが、ハンスリックは冷ややかにこう評した。

「全般的に言えば、野人作曲家ブルックナーはやや躾を身に付けたが、自然を喪失した」

その後この作品は、ほとんど世の注目を集めなかった。この曲が煩雑な改訂をまぬがれたのは、そのためでもある。番号付きのブルックナー交響曲のうち、未完の『第九番』を除けば、『第六番』は作曲家の生前に出版されなかった唯一の作品でもある。全曲初演はブルックナーの死後、マーラーがかなりのカットを加えてようやく実現した。

『第四番』初演

スイス旅行から約半年後の八一年二月、『第四番』第二稿がヴィーン・フィルによって全曲初演された。ただし正規の定期演奏会ではなく、ドイツ学校協会という団体の催しの一環としてだった。三八歳の指揮者ハンス・リヒターは、ハープとオーボエ以外のあらゆる楽器をこなし、さまざまなオーケストラで活動した経験を持つ。五年前の『指環』初演で頭角を現わしたばかりだったが、楽員の絶大な信頼を得ていた。リヒターはこう記す。

私はブルックナーの交響曲を、リハーサルの時に初めて指揮した。彼はすでに年を取っていたが、作曲家としてはまだ正当な評価を受けておらず、その作品もほとんど演奏されていなかった。交響曲のリハーサルが終わると、ブルックナーは感動と幸福で顔を輝かせながら、私のところにやって来た。そして私の手に何かを握らせてこう言った。「まあ取っといてくださらんか。私の健康を祝して、ビールでも一杯やってください」

それは一枚のターラー銀貨だった。リヒターは老人を傷つけるに忍びず、ありがたく受け取り、後に時計の鎖に取り付けて記念とした。『第四番』初演のもようについて、ヴィーンの「タークブラット」紙はこう報じている。

「各楽章が終わるごとに、作曲者は幾度も呼び出された。その困惑した表情には、自分自身に対する驚きと、聴衆への感謝が入り交じっていた」

「祖国」紙はブルックナーの独創性に注目し、彼を「現代のシューベルト」と評した。「ヴァーグナーがベートーヴェン崇拝者であり、ベートーヴェンがモーツァルト崇拝者であったと同様の意味で、ブルックナーはヴァーグナー崇拝者であるが、別の意味ではまったく異なっている」

一方「アーベントポスト」紙は『第四番』終楽章について、「それ自体としては非凡だが、先行三楽章との有機的なつながりを欠くように思われる」と指摘した。ブルックナーの終楽章の孤立性については、別に触れなければならない。

反ヴァーグナー派はこの作品に対しても冷ややかだった。ブラームスの伝記作家マックス・カルベックは、『第四番』を「怪力を具えた子供の作品」と評し、「芸術家も外交官と同様に、沈黙すべき時があることを、ブルックナーはわきまえない」と書いた。ハンスリックはしぶしぶながら、仏頂面で祝福を述べた。

「アントン・ブルックナーの新作交響曲の、尋常ならざる成功については、すでに本紙で報じたので、今日は次のことを付け加えるにとどめる。この作品が完全には理解可能なものと言いがたいにせよ、作曲家の尊敬すべき、また共感すべき人柄のゆえに、我々はその成功を率直に喜んでいる」

そのコンサートではブルックナーの『第四番』のほか、ハンス・フォン・ビューローの交響詩『歌手の呪い』が演奏された。当時マイニンゲンの宮廷楽長を務めていたビューローは、その作品がほとんど注目されなかったために、ブルックナーに根深い敵意を抱いたといわれる。

毒舌で知られたビューロウは、ブルックナーを「半ば天才、半ば阿呆」と評していた。彼はブルックナーの作品を生涯に一度も演奏したことがなく、一八九一年にベルリンで『テ・デウム』を聴くまでは、かたくなにその才能を認めようとしなかった。

リンク炎上

『第四番』初演の年も暮れようとする頃、思いがけない大惨事がヴィーンを襲った。リンク劇場の焼失である。

ショッテンリンクに着工されたリンク劇場は、パリのオペラ・コミックを摸した喜歌劇場だった。工事は株価大暴落のあおりを受け、七四年になってようやく完成する。狭い敷地を有効に使うため縦に細長く、観客席は七階から成っていた。

八一年十二月七日、ジャック・オッフェンバックの未完の遺作『ホフマン物語』が、リンク劇場でヴィーン初演された。初演は大成功を収め、急遽翌日の再演が決まる。翌日のリンク劇場は、評判を聞きつけた客で超満員となっていた。

午後七時開演の十五分ほど前、舞台のガス照明に不具合が生じた。舞台係が点火作業をくり返すうちに、充満したガスが小さな爆発を起こした。消火にやっきになっている最中、舞台と楽屋をつなぐドアが開き、冷たい新鮮な空気が流れ込んだ。炎は緞帳を突き破って客席を呑み込んだ。

この時点で、俳優や劇場関係者はいち早く逃げ出した。あわてた舞台係がガスの元栓を切ったために、客席の人々は闇に取り残された。火災の通報装置は設置されていたが、守衛はその鍵を見つけられなかった。屋根から火が出ているのに通行人が気づき、ようやく午後七時になって一台の消防車が到着する。彼らはバルコニーや窓に逃れた者を救出したが、中にいる人々をどうすることもできなかった。

劇場内は阿鼻叫喚に包まれていた。観客は非常口を求めて

炎上するリンク劇場（左がブルックナーの住居）

逃げまどったが、そこには鍵がかかっていた。ある者は煙で窒息し、ある者は二階からなだれ落ちる群衆に踏み砕かれた。

すべてが終わった時、死者は三百八十六人にのぼっていた。火災の予兆は前々からあり、市当局から再三にわたって注意を受けていた。劇場総監督フランツ・ヤウナーは責任を問われ、四か月の禁固刑を受けた。彼はその後カール劇場の支配人などを務めたが、事故から八年ほど後に自ら命を絶っている。

ブルックナーのヘスガッセの住まいは、狭い通りをへだてて、劇場のほぼ向かい側にあった。その夜彼は劇場に行く予定だったが、演目が『ホフマン物語』に変更されたのを知り、ヴォティーフ教会のミサに参列した。その帰りに火事に遭遇し、自宅の窓からその惨状を眺めていた。

そこへ駆けつけたのは、ブルックナーの個人教授の弟子で、後にヴィーン音楽院オルガン科教授となるヨーゼフ・フォックナーだった。この時ブルックナーは、楽譜や草稿を積み上げた部屋に立ちすくみ、作品が灰になる恐れにおののいていた。フォックナーはほかにも見舞うところがあったので、義兄リヒャルト・シェーンベルガーに、朝までブルックナーに付き添ってもらった。

こうしてブルックナーは、眠られぬ一夜を過ごした。だが翌日になると、恐いもの見たさに我を忘れ、警察署に集められた死骸を見に行っている。

この事件以後、彼は火災を極度に恐れるようになった。爆発の危険があるという理由で、石油ランプを使わず、ロウソクだけを灯すようになった。眠りに就く時は念入りにロウソクを消したが、何度も起きあがってはその部屋に戻り、火が消えているか確認した。

第7章　名　声

パルジファルの夏

一八八二年夏、バイロイトの丘がふたたび輝きを取り戻す。ヴァーグナーの新作が、六年ぶりに上演されるのである。押し寄せた観客の中には、リスト、サン＝サーンス、ドリーブ、青年マーラーなどの姿があった。この時に上演された『パルジファル』は、はからずもヴァーグナーの遺作となる。彼は数年ほど前から、狭心症の発作に悩まされていた。

ブルックナーはエックシュタイン、シャルク、ゲレリヒ、シュトラーダルらを引き連れて、バイロイトに来ていた。この時にブルックナーと知り合ったフリードリヒ・クローゼは、四年後から彼の弟子になる。この祝祭でブルックナーは思いがけず新聞ダネになった。スリの被害に遭ったのである。

現在開催中のバイロイト祝祭には、スリたちも足を運ぶ価値ありと踏んだようだ。昨夜の第一幕終了後、祝祭劇場の前で、ヴィーンのさる音楽学校教授が、内ポケットの財布もろとも三百マルクの盗難にあった。正確に言うなら、切り取って持ち去られたのである。スリは鋏かナイフを用いて、上着の内ポケットを切り取り、まんまと財布の中身を手に入れたのである。この鮮やかな手口から、犯人はさぞ大都会で豊富な経験を積んだものと思われる。しっかりと上着のボタンをかけ、手でポケットを庇い、くれぐれもご用心のほど（七月三十一日付「バイロイター・タークブラット」）。

盗まれた三百グルデンは、ブルックナーの所持金ぜんぶだった。弟子たちは金を出し合い、七十グルデンを彼に用立てた。祝祭開催中のヴァーンフリート荘には、大勢の客が詰めかけたが、ブルックナーは愛想よく迎えられた。後に彼は「バイロイト通信」編集人、ヴォルツォーゲンに宛ててこう書いている。

一八八二年、すでにご病気だったマイスターは、私の手を取りながらこう言われました。「ご安心なさい、君の交響曲とすべての作品を、私自身が演奏しますよ」「おお、マイスター」と私が答えると、マイスターは「もう『パルジファル』を観ましたか、どうでした？」と言われました。マイスターは私の手を握っておられたので、私はひざまずいてその手に接吻し、

「おおマイスター、あなたを崇拝しております」と答えました。マイスターは「まあ落ち着きたまえブルックナー、ではおやすみ」と言われました。それが私への最後の言葉となりました。別の日に私が『パルジファル』を観ながら、あんまりうるさく手を叩くもので、後ろに座っておられたマイスターが、おどかすような仕草をなさいました。どうか男爵閣下、誰にもお話しなさらぬよう。これは私があの世へ持って行く、何より何より大切な思い出なのです！

ヴァーグナーはバイロイトでもヴィーンでも、ブルックナーに会うたびに「ともかく演奏することだ」と言った。彼の息子ジークフリートによれば、ブルックナー作品を演奏するという約束は、社交辞令に過ぎなかったようだが、それがどれほどブルックナーの励ましとなったかは想像に余りある。

『第六番』完成のわずか二十日後、ブルックナーは『第七番』の作曲に着手している。だがその後三つのミサ曲を次々と改訂し始めたために、作曲は中断されたままだった。そして『パルジファル』の夏から、彼は本格的に『第七番』と取り組み始める。翌年十月十六日、スケルツォ楽章が完成する。暮れの二十九日には第一楽章が完成し、翌八三年一月二十二日にアダージョのスケッチを終えた。ブルックナーはこのアダージョについて、フェーリクス・モットルにこう書いている。

「ある日私は、ひどく沈んだ気持ちで家に帰って来た。マイスターのお命はもう長くはないのではないか、そう考えていると、嬰ハ短調のアダージョが心に浮かんできた」

この三週間後の二月十三日、ヴァーグナーは静養先のヴェネツィアで没した。享年六十九歳、死因は恐らく心筋梗塞だった。ブルックナーはその翌日音楽院で訃報に接し、手放しで泣いたという。ブルックナーはちょうどこの頃、アダージョのオーケストレーションをほぼ終え、コーダ直前のハ長調のクライマックスまで筆を進めていた。彼はそれに続く部分に、四本のヴァーグナー・テューバによる三十五小節のコラールを書き加えた。「今は亡き、熱愛する不滅の巨匠の思い出に」と題された哀悼の音楽である。

同じ年の夏、ブルックナーは終曲に取掛かり、九月五日に全曲を完成した。

『交響曲第七番』

ブルックナー『第七番』の冒頭主題は、あらゆる交響曲の中でも最も美しいものの一つであろう。それは典型的なブルックナー開始の霧の中から、二オクターヴにわたって上昇し、二十二小節にわたって伸び広がっていく。ブルックナーはこの主題によって、無限の空間性を特徴とする後期交響曲群の地平を切り開くのである。

この茫洋とした主題を聴く度に、私の脳裏に浮かぶのは、ドイツ・ロマン派の画家フリードリヒの『雲海の上の旅人』である。岩山の上に後ろ向きで立つ黒衣の旅人、彼の足下で鈍い光りを放つ雲海、遠景に向かって不規則な波のように連なる山々、果てしない彼方へ視線をいざなう乳色の雲……。

この絵についてしばしば語られるキーワードは「永遠」である。この旅人が凝視しているのは、

カスパー・ダーフィト・フリードリヒ「雲海の上の旅人」（1818年頃）

自然の中に投影された永遠なのだ。人為の加わらない自然には神が宿ると、ロマン主義者たちは信じた。ロマン派の音楽もまた、自然の中に永遠を聴こうとする。「音楽は無限なるものから直接に発生する」というのが彼らの理念だった。

『第七番』の冒頭主題の由来は、いくらかミステリアスである。ハンス・リヒターがこの主題をどのように着想したのかと訊ねると、ブルックナーはこう答えたという。実はそれは自分の思い付きではなく、十年ほど前に死んだイグナツ・ドルンが夢に現われ、口笛で吹いて聞かせたのだ、と。「『ブルックナー、あんたはこの主題で成功を掴むだろう』とドルンが言うので、私は起き上がってローソクを灯し、急いでそれを書き止めたのです」

ブルックナーがその主題を、夢の中で探し当てたというのは象徴的である。彼は後期の作品世界で、自らの内面にますます沈潜しようとしている。そしてそこにあるすべての名付けがたいものが、名付けがたいままに噴出してこようとしている。その封印を解いたのは、彼自身の無意識と直感なのだ。

だが『第七番』はまだその入り口に過ぎない。そこには若々しい叙情性と、後期の峻烈さが同居している。そしてこの柔軟さこそがこの曲を、ブルックナー最大の成功作にしているのかも知れない。

『第七番』の第一楽章は、型通り三つの主題とその反行形が、巧みに綾なされながら進行する。「ブルックナー休止」はますます影をひそめ、淀みない音の奔流が心地好い。この楽章を支配しているのは、伸びやかな肯定の精神である。

一転して第二楽章アダージョには、ヴァーグナーの死を予感する心のおののきが満ちている。第一主題の後には、同時期に作曲された『テ・デウム』からの引用が見られる。この長大な楽章は、ブルックナーのアダージョが深い癒しの音楽であることを、改めて私たちに思い知らせる。

『第七番』はハース版とノヴァーク版に若干の違いがあるのを除いて、『第六番』と同様に煩雑な異稿問題を免れている。唯一議論が分かれるのは、アダージョ楽章のクライマックスにおける打楽器の一撃であろう。スコアのその部分には、ブルックナー自身が書いたと思われる打楽器パートが貼り付けられており、後から付け加えられたことを示唆する。同時にその紙には、鉛筆で「無効」と書き入れられている。

この鉛筆の筆跡をブルックナーのものとするハース版には、このパートが含まれておらず、ブルックナー以外のものとするノヴァーク版には含まれており、実際の演奏も指揮者によってまちまちである。『ブルックナー・ハンドブック』はこの問題について、ブルックナーが八五年一月十日ヨーゼフ・シャルクに宛てた次の文面を引用している。

「たぶん君は知らんだろうが、アダージョ（ハ長調の四六の和音のところ）にシンバルとトライアングルとティンパニの、待望の一撃を断固付け加えて、私たちをひどく喜ばせたのは、ニキシュなんだ」

これによるとブルックナーは、ニキシュの主張を容れて打楽器パートを書き加え、その効果について完全に満足していたことになる。一撃派の指揮者にとっては朗報であろう。

長大なアダージョ楽章を締めくくるこのクライマックス部分は、ヴァーグナーの訃報が届く直前に書かれた。音楽はこの後、夕闇に溶け入るように息をひそめ、ヴァーグナー追悼の短い結尾部がくる。その寡黙さがかえって、ブルックナーの驚愕と悲しみを実感させる。

スケルツォは演奏によってかなり印象が異なる。それは比較的簡潔な筆致で書かれており、『第六番』の幻想的なスケルツォから見れば、従来の無骨なスタイルに戻っている。典型的なブルックナー・スケルツォとして演奏することもできれば、後期特有の「宇宙の鳴動」を鳴り響かせることもできよう。

ハンス・リヒターは『第七番』について、終楽章だけが気に入らなかった。ブルックナーはそれを受けて一箇所変更をほどこしたが、それでもリヒターを満足させることはできなかった。その後のリハーサルでは楽員たちもブルックナー自身も、終楽章が最上の出来だと感じたという。つまり単独の楽章としての完成度は高いものの、それが第一楽章の継続であり終結であるという点では不満が残るのである。

ヴェルナー・ヴォルフはブルックナーの終楽章について、「むしろ終楽章とともに新しい交響曲が始まる」と評している。ブルックナーの終楽章は独立性が強く、全曲を終結に向かわせるという役割を、時として忘れたかのように見える。先行楽章との主題的関連が図られてはいるが、本質的には第一楽章と同様の性格を持ち、新たな着想が新たな局面へと導こうとする。特に『第七番』の終楽章は、三つの主題がまったく逆の順序で再現されるという、ピラミッド型のシンメトリックな構造を持つために、よけいに自己完結性が際だつ。

ここで思い出されるのは、ブルックナーのオルガン演奏に関するアルフレート・ツァマラの回想である。ブルックナーはまず嵐のようなペダル音から弾き始め、急速な音型で和音を鳴り響かせた後、二つのテーマによるフーガを演奏し、オルゲルプンクトの目覚ましい効果で曲を閉じたという。この描写はほぼそのまま、ブルックナーの終楽章の書法にも当てはまる。

つまりブルックナーの終楽章は、オルガンによる彼の即興演奏を反映しているように思われるのだ。近年よく試みられる、オルガン独奏用に編曲された彼の交響曲を聴くたびに、私はこの感を強くする。「私の指はいつかは埋葬されるが、その指が書いたものは違う」と彼は言ったが、彼の終楽章は書き留められた即興演奏ではなかったろうか？

先行楽章と終楽章との有機的関連について、ブルックナーは次作『第八番』で一つの解決に至る。そして遺作となった『第九番』では、終楽章そのものが未完に終わったために、皮肉にもこの問題を免れてしまった。この未完の終楽章の代用として、生前のブルックナーが想定していたのは、彼の代表的宗教曲『テ・デウム』だった。

『テ・デウム』

ブルックナーが『テ・デウム』の構想に着手したのは、『第六番』作曲中の八一年五月だった。彼はそのスケッチに二週間ほど費やしている。本腰を入れるのは『第七番』完成後の八三年九月、完成は半年後の八四年三月だった。

『テ・デウム』はブルックナーの声楽曲中、注文によらず自発的に書いた数少ない作品の一つである。彼は作曲の動機について、自分がまだ迫害者たちの手にかからないでいることを、神に感謝するためだと語っている。元来『テ・デウム』という曲種は、神への感謝の讃歌であり、古くから聖務日課や祝日に歌われてきた。

ブルックナーの『テ・デウム』は、「天主よ、我ら御身を称え」「御身に願いまつる」「とこしえに得しめ給え」「御身の民を救い給え」「主よ、御身により頼みたてまつる」の五楽章から成る。『テ・デウム』は彼のミサ曲に比べてはるかに短いが、極度に凝縮され、鮮烈で力強く、確信に満ちている。だが終曲には『第七番』アダージョの主題の一部もはっきりと聴き取れ、ヴァーグナーの死に対する慟哭が秘められている。

宮廷副楽長ヘルメスベルガーは『テ・デウム』初演の機会を、宮中礼拝堂での枢機卿載帽式で提供しようとした。ただし式次第を優先させて、第二曲のテノール・ソロなどは割愛せざるを得なかった。ブルックナーはこれに応じなかった。ヘルメスベルガーがこの曲を、皇帝に献呈するよう勧めた時も、ブルックナーは固辞した。「ヴィーンでの幾多の苦難を耐え忍ぶことができた」感謝の印に、それはすでに神に捧げてしまったというのである。

こうして『テ・デウム』は初演の機会を逸したが、八五年五月に『弦楽五重奏』が楽友協会小ホールで演奏された際、ブルックナーの指揮と二台のピアノ伴奏という形で世に出た。ヨーゼフ・シャルクによるピアノ伴奏版は、同年フリードリヒ・エックシュタインが費用の大半を負担し、テオドル・レティヒによって出版された。

独唱・合唱・オーケストラから成るオリジナル版の初演は、翌八五年一月ハンス・リヒター指揮ヴィーン・フィルによって行なわれた。『テ・デウム』はブルックナーの生前に三十回余り演奏され、『第七番』と並ぶ最大の成功作となった。

成功の手触り

一八八四年夏、ブルックナーはバイロイト、ミュンヒェン、聖フロリアン、クレムスミュンスターに滞在し、妹ロザリア一家の住むフェクラブルックで誕生日を祝った。彼はその前年、同市のリーダーターフェルから、名誉会員の称号を贈られたばかりだった。

九月四日の誕生日、リーダーターフェルと市民軍音楽隊はブルックナーのためにセレナーデを奏で、たいまつ行列が町を練り歩いた。還暦を迎えたブルックナーの創作意欲は衰えを見せず、彼はこの日『第八番』に着手する。

ブルックナーはこの滞在で、懐かしい女性と再会する。助教師時代に『ヴィントハーク・ミサ』を捧げたアンナ・ヨプストである。彼女はフェクラブルックの時計職人と結婚し、その地の住人となっていた。アンナはすでに六十六歳になり、この三年後に死去する。

「ブルックナーの三使徒」と呼ばれる、ヨーゼフとフランツのシャルク兄弟、そしてフェルディナント・レーヴェは、ピアニストや指揮者として活動するかたわら、ブルックナー作品を世に出すために、献身的な努力を重ねていた。彼らはそのためには、ブルックナーに改訂を強要したり、自ら短縮や改竄をあえてすることも辞さなかった。

三使徒はこの頃『第七番』の売り込みに奔走していた。ヨーゼフ・シャルクとレーヴェは八四年二月、ベーゼンドルファー・ホールでピアノ連弾により『第七番』を初演する。翌月彼らはライプツィヒで、アルトゥール・ニキシュが主宰する現代音楽の夕べに出演し、『第七番』を連弾する予定だった。ニキシュはヴィーンでヘルメスベルガーにヴァイオリンを学び、十八歳の時にブルックナー指揮による『第二番』初演に参加した経験を持つ。この当時彼はライプツィヒ市立劇場の楽長を務めていた。

ニキシュは小柄で青白く、指揮ぶりにも余計な動きがなく、指揮台上ではほとんど目立たなかった。だが瞬きひとつでオーケストラを操るといわれ、催眠術師にも喩えられた。ニキシュはやがてベルリン・フィルの伝説的指揮者として、ビューロウとフルトヴェングラーの間に位置することになる。彼が一九一三年にベルリン・フィルと録音したベートーヴェンの『第五』は、世界初の交響曲全曲録音として知られる。

ライプツィヒでの『第七番』連弾の企画は、レーヴェの急病でいったんは流れたが、ニキシュが代演を引き受けてなんとか実現した。以後ニキシュはブルックナー支援者の一人となり、『第七番』のオーケストラ上演を確約する。六月、ブルックナーはニキシュに宛てて、いやが上にも丁重な手紙を書き送った。

楽長閣下！　高貴にして高名なる芸術家閣下！

なにはさて、閣下のご婚約をお喜び申し上げます。神が閣下に幸多き前途を賜りますよう！

フェルディナント・レーヴェ

シャルク兄弟
(右＝ヨーゼフ、左＝フランツ)

再度お訊ねいたしますが、コンサートは実現しますでしょうか？　予定は今月二十一日ですか？　実現しますれば、二度の最終リハーサルはいつ頃になりましょうか？　ぜひとも立ち会いたく存じます。ヴィーンでの実現が期待できぬ以上、私がこの曲を聴く機会はこれが最後かも知れず、もし閣下にご異存がなければ、ぜひそうさせて頂きたく存じます。もし閣下が私の立ち会いをお望みなら、上司各位に休暇願いを提出せねばならず、折り返しのご指示を、切にお待ち申し上げます。幼き我がみどりごが、ドイツに冠たる指揮者の手で世に送り出されるという、計り知れぬ喜びに、今から胸を躍らせております！　昨今はドイツやバイロイトの新聞が、飛び切りの批評を寄せております。再度この私と我がみどりごに、閣下のご好意を賜りますよう。感謝と賛嘆のうちに。一八八四年六月十一日ヴィーンにて。アントン・ブルックナー。

六月の初演は繰り延べになったが、ニキシュは批評家たちを招いてピアノによるレクチャーを行なうなど、万全の根回しをほどこした。初演のしばらく前、ニキシュは「現実にそぐわないために響きがよろしくない」数箇所について、ブルックナーにオーケストレーションの変更を求めている。リハーサルは五回行なわれ、ブルックナーは最後の二回に同席した。先に触れたアダージョへのシンバル追加は、その際に合意されたものであろう。

『第七番』は十二月三十日、ゲヴァントハウス管弦楽団により初演された。翌八五年一月二十七日には、ザクセン王アルベルト臨席のうちに、中間二楽章が再演された。これらは大成功とは呼べないにせよ、その呼び水となったことは疑いない。

『第七番』初演の九日後、ヘルメスベルガーによる『弦楽五重奏』の公式初演が実現した。その一月ほど後には、オランダのデン・ハーグで『第三番』が演奏された。『第三番』はその年の暮れにウォルター・ダムロッシュによって、ニューヨークのメトロポリタン・オペラハウスでアメリカ初演された。

ブルックナーは八五年二月、妹ロザリアとその夫に宛てて、つぎのように近況を報告している。

いろいろと送ってくれてありがとう。サリ、もうなにも送るこたない。十グルデン同封しておく。私は達者だ、サリの具合が早く良くなるよう祈る。お前は私の近況を知らんと思う、それに国内や国外の報道も！　この四日にはオランダで私の『交響曲第三番』が演奏され大成功した。一月二十八日にはライプツィヒで『第七番』の二度目の公演が、国王御夫妻の御前で行なわれた。新聞は、オランダのもそうだが、えらく褒めとる。『第七番』は三月にミュンヒェンでも演奏される（ハンブルクでも準備中）。何かと物入りで困る。ハーグ（オランダ）ではぜひ私に来てもらいたいと言っとるよ。ではまた、皆によろしく。

この予告通り『第七番』は八六年二月にハンブルクでも初演された。この時の演奏を、ブラームスの師エドゥアルト・マルクスゼンが聴き、指揮者ベルヌートからスコアを借用して研究した。これを仲立ちした批評家ヴィルヘルム・ツィンネによれば、マルクスゼンは『第七番』を「現代最高の交響曲」と絶讃し、ブラームスについては一言も触れなかったという。

ツィンネから報告を受けたブルックナーは、驚喜してマルクスゼンに自分の肖像写真を送った。間もなくマルクスゼンから礼状が届いたが、それはヴィーン大学の講義中に、学生の一人によって誇らしげに読み上げられた。

バイエルンのうたかた

一八八四年夏、『第七番』のライプツィヒ初演の準備が進んでいた頃、ブルックナーはミュンヒェンを訪れ、レオポルト公妃ギゼラに拝謁した。ギゼラはオーストリア皇帝夫妻の長女で、母親の実家であるバイエルン王家に嫁いでいた。この拝謁には、皇妃の末弟マックス・エマヌエル公も同席した。『弦楽五重奏』を献呈された人物である。

ブルックナーはこの訪問の機会に、宮廷劇場総監督カール・フォン・ペルファルとも会見した。ペルファルは演劇好きなバイエルン王ルートヴィヒ二世の側近であり、ブルックナーのミュンヒェン訪問の目的は、バイエルン王に対する『第七番』献呈の根回しだったと思われる。

ブルックナーはすでにその年の初め、ミュンヒェンのヴァーグナー協会を通じて、その地の宮廷楽長ヘルマン・レヴィに『第七番』のスコアを手渡していた。レヴィはバイロイトにおける『パルジファル』初演指揮者である。彼は『第七番』に好感だけでなく反撥も覚えたが、演奏については検討する考えを示した。

やがてミュンヒェンでも『第七番』初演の準備が始まり、ブルックナーは三月八日、エックシュタインを伴ってその地に向かう。レヴィによれば、ミュンヒェンの宮廷オーケストラには、ヴァーグナー派は皆無に近かった。だが練習が進むにつれ、楽員たちは『第七番』に好意を示し始めた。ブルックナーはレヴィに多大の信頼を寄せ、年下の彼を「芸術上の父」と呼ぶようになる。

三月十日、ミュンヒェンでの『第七番』初演は実現し、ライプツィヒを凌ぐ大成功となった。この日を出発点として、ミュンヒェンはブルックナー演奏の一拠点となる。その伝統はクナッパーツブッシュ、ヨッフム、クーベリック、ケンペ、そしてチェリビダッケへと引き継がれていくのである。

このミュンヒェン滞在中、ブルックナーはオデオン・ザールのオルガンで即興演奏を行ない、同地のヴァーグナー協会の招待に応じた。宮廷写真師エトガー・ハンフシュテングルは、彼の肖像写真を二枚撮影した。ブルックナーはこの地で幾つかの肖像画も残している。

著名な歴史画家ヘルマン・カウルバッハは、イギリス公園内のアトリエにブルックナーを招き、彼の半身像を描いた。画家の娘ペッピーナの回想にある「大きな鼻」の肖像がこれである。

三月十四日、文人コンラート・フィードラーの私邸で、ブルックナーの『弦楽五重奏』が演奏された。この聴衆の中に画家フリッツ・フォン・ウーデがいて、ブルックナーを『最後の晩餐』の十二使徒のモデルに使うことを思いつく。ブルックナーに同行していたカール・アルメロートが仲介を頼まれたが、ブルックナーはにべもなく断った。

「十二使徒の末席を汚すなど、とんでもないこった。是が非でもというなら、ハンフシュテングルの店に写真がある」

ウーデの『最後の晩餐』は翌年完成したが、群像の左端に描かれたブルックナーの横顔は、内密のスケッチと写真をもとにしたといわれる。後日この絵がヴィーンの「芸術家の家」に展示された時、アルメロートに誘われて見に来たブルックナーは、感動のあまり言葉を失ったという。

ミュンヒェンから戻ったブルックナーは、さっそくニキシュに成功を報告した。その文面は以前の卑屈な調子から、弟子たちに対する気軽な口調に変わっており、ブルックナーの対人関係の二面性がよく表われている。

親愛なる友、気高い支援者へ！

たった今ミュンヒェンから戻ったところだ。十日の『第七番』初演は、つつがなく成功裡に幕を閉じた。聴衆は大喝采、指揮者とオーケストラも大拍手、月桂冠を二つも貰った。次の公演は秋だ。批評もすこぶるよろしい。今回もとりわけ「最新ニュース」や「南独プレス」などが褒めちぎっている。レヴィ氏は居並ぶ芸術家を前に「ベートーヴェン以後最も有意義な交響曲」とぶち上げてくれた。この作品の演奏に加わったことは彼の誇りであり、彼の芸術活動の頂点である、と。そして会食！　国王陛下にも奏上せられ、劇場総監督殿のお招きにもあずかった。カウルバッハが私の肖像を描き、写真を二度も撮られた。レヴィ氏が君の要望通りに、『第四番』のスコアを送る。支援者の方々、特に総監督とフォーゲル氏によろしく。ご婦人方の御手にキスを。私の幸運の源である君には、千回のキスを！　感謝、感謝、とこしえに感謝！　「最新ニュース」の批評だけを同封するが、読みおわったらフォーゲル氏に回してくれるとありがたい。できることならどうか公表してもらいたい。出版社が私を見直すかも知れん。レヴィ氏は『ヴァルキューレ』の公演後、テューバとホルンの奏者に『第七番』アダージョの葬送の音楽を、私のために三度も演奏させよった。君はきっと噴き出すだろうがね。元気にしとるかね、手紙をくれたまえ。君のフィアンセの御手に接吻を。君には感謝、崇拝、そして賛嘆を。

バイエルン王への『第七番』献呈の件は、ブルックナーのミュンヒェン滞在中に、宮廷劇場総監督ペルファルを通じて王に達せられ、王の了承が得られた。ブルックナーがバイエルン王に寄せた感謝状は、レヴィの忠告もあって、最大級の慇懃さと賛嘆で飾り立てられている。

国王陛下の御温情に対し、この身がいかほどの幸せを感じておりますことか、筆舌に尽くせません。巨匠リヒャルト・ヴァーグナー氏は、かねてより私を評価せられ、私の全交響曲を演奏しようという意向を洩らされました。国王陛下、不滅の巨匠の真の庇護者であられた陛下は、私にとって常にドイツ王侯の理想像であらせられました！　陛下の崇高極まりなき御真影は、常に私と共にありました！　深い畏敬と恭順のうちに、神がその限りなき英知によって、陛下をドイツ芸術の神々しき庇護者に任ぜられたことを、陛下の御前に膝を屈し感謝いたします。陛下はドイツ芸術を、太陽の如き御慈愛の光として、真の王者の輝きのうちに、芸術を解するすべての国々に伝えられました。来るべきあらゆる世代が、陛下への賛嘆と感謝の念を、歌い継いでゆくことでありましょう！

ブルックナーは同じ書面の中で、ヴィーンでの生活苦にも触れてみたが、期待した報賞は得られなかった。『第七番』の革装献呈スコアは翌年三月、宮廷書記官によって、ホーエンシュヴァンガウ滞在中のバイエルン王に届けられた。だがそれに対する王からの返事はなかった。『第七番』にかぎらず、ルートヴィヒ二世がブルックナーの作品に関心を示した形跡はない。

ビスマルクとその時代に翻弄されたルートヴィヒ二世が、現実逃避の築城に没頭し、自滅していったことはよく知られている。ブルックナーの献呈スコアが届けられた三か月後、王は廃位宣告を受けて幽閉され、シュターンベルク湖で自ら命を絶った。

ブルックナーがゲレリヒに語ったところでは、アダージョの葬送の音楽を書いていた頃、彼はヴァーグナーの死だけでなく、この王の死をも予感していたという。

ワルツ王のサロン

『第七番』はその後カールスルーエ、ケルン、ハンブルクでも演奏された。オーストリア国内で初めて『第七番』を演奏したのは、グラーツの青年指揮者カール・ムックだった。

ムックは十四回ものリハーサルを重ねた結果、スコアに無数のミスを発見した。ブルックナーはエックシュタインとともにゲネプロに同席し、グラーツでの国内初演は大成功となった。これ以後ムックも、ブルックナーが最も信頼を寄せる指揮者の一人となる。

『第七番』国内初演の意向を示したのは、実はグラーツよりヴィーン・フィルの方が先だったが、ブルックナーはそれに応じなかった。ヴィーン・フィル委員会への回答によれば、「当地の悲しむべき地域性に染まった有力な批評家が、先頃のドイツにおける成功にケチを付けかねない」というのがその理由だった。「有力な批評家」がハンスリックを指すことは、マイフェルト宛て（八五年十一月六日）の手紙でも明らかである。

『第七番』初演には断固抵抗します。ハンスリックとその一派がある限り、ヴィーンでの初演は無意味です。ヴィーン・フィルが私の異議を無視するつもりなら、どうとでも好きにするがいい。いずれにしろパート譜が印刷されてないので、一月以前の演奏は無理です。聞くところではスコアその他（ピアノスコアなど）もまだ当分先になるとのこと。国外から二件、アメリカから三件注文が来ています。

結婚については、まだ相手が見つかりません。本当に私にふさわしい、愛すべき女性が見つからんものでしょうか？　確かにガールフレンドなら大勢おります。近頃ご婦人方に追い回されるので、やむなく理想の人物を演じておりますが。

ブルックナーの名声が上がるにつれて、女性の崇拝者たちも現われ始めていたらしい。彼の「ガールフレンド」の一人には、ハンガリー出身の将校の娘で、二十歳になるマリー・デマールがいた。

ブルックナーは宮廷歌劇場の天井桟敷の階段に陣取り、ヴァーグナーの楽劇の一幕に耳を傾けることがあったが、そこで時折り彼女に出会った。マリーは熱烈なヴァーグナー崇拝者で、ヴィーン音楽院で声楽を学んでいた。ブルックナーはその年の二月に『交響曲第八番』のアダージョを書き始めるが、彼によればその主題は、マリーの瞳から読み取ったものだという。

マリーはブルックナーとの交際を喜び、両親にも彼を紹介した。やがて二人が両親同伴で、プラーター公園を散策する姿が見受けられた。カティはブルックナーの言いつけで、主人の写真をマリーに届けたり、彼女の写真を貰って来たりした。八五年五月、ブルックナーはマリーにこう書いている。

素晴らしいお写真をありがとう。その無邪気な美しい瞳が、幾度この私を慰めたことか。この命の尽きるまで、聖なる遺物として大切にします。折ふしそれを眺めることは何たる喜びか！　親愛なるフロイライン、どうかこの友情を、私からお奪いなさるな！　私の友情を、永遠にお信じください。たった今、バイエルン国王に宛てて、献呈受諾への感謝状を書いたところです。これもひとえにレヴィ氏のおかげです。もう一度心から感謝を、そして優しく美しい御手にキスを。あなたを崇拝する友人より。

彼らの交際はしばらく途絶えた後、マリーが八六年にレーヴェの生徒になったのを機に再開される。ブルックナーは彼女に求婚し、『第八番』の献呈を申し出るほど熱くなっていた。だがマリーはそれを退け、後に政府事務官となるヴィルヘルム・ブラシェクと結婚する。彼女は歌手として経歴を積み、『タンホイザー』のエリーザベート役を歌ったこともあった。

　ブルックナーの名誉欲も、いまだ衰えを見せない。彼は八二年に、イギリスのケンブリッジ大学から名誉博士号を得ようと画策したが、これは不調に終わった。ライヴァルのブラームスはその六年前、ケンブリッジ側から申し出を受けたが、船旅をいやがって辞退している。

　ブルックナーは八五年頃、あるレストランでヴィンセント博士と名乗る男から、フィラデルフィアかシンシナティの大学の、名誉博士号取得を持ち掛けられたとされている。ブルックナーは周囲の忠告に耳を貸さず、金を騙し取られたというのである。だがこの「詐欺事件」の根拠はさだかではない。

　ヴィーンの国立図書館には、八五年三月二十四日付けのブルックナーの請願書が保存されている。書類の全体は七十六ページにのぼり、洗礼証明書、各種の証明書や鑑定書、辞令、新聞の批評などが添えられている。宛て名はフィラデルフィアのペンシルヴァニア大学学長だが、後からシンシナティの宛名がその上に貼り付けられている。

　この請願書を作製し、英訳したのが、エラルド・ヴィンセントだった。彼はドブルホーフ男爵、ジョン・C・ウォーカー医学博士とともに、請願書の署名人に名を連ねている。彼の「ヴィンセント博士」という肩書きは、英語教師および法廷通訳によるものであり、請願書には役所による証明書が、印紙とともに添付されている。アメリカの大学側にはこの請願書の受領記録がなく、恐らく実際には送付されなかったと思われる。

こうしてみると、ヴィンセント博士の身元は確かであり、正式な請願書も作成されたが、なんらかの理由で提出はされなかったと見られる。なにがしかの謝礼が渡されていたとしても、これを詐欺とするのは不当であろう。つまるところそれは、ブルックナーの無邪気さを強調するための脚色であったろう。

一八八四年一月、ブルックナーはヴィーン・ヴァーグナー協会から、名誉会員の称号が贈られた。好むと好まざるとにかかわらず、彼はヴィーンにおけるヴァーグナー派の看板となる。八六年三月二十一日、ついに『交響曲第七番』がヴィーンで、ハンス・リヒター指揮ヴィーン・フィルにより演奏された。聴衆の反応は熱狂的だったが、ブラームス派の反応は予想通りだった。ハンスリックはこの成功を党派的なものとし、次のように書いている。

「ブルックナーはヴァグネリアンたちの新しい偶像となったが、彼が時代の寵児となったとは言い難い。どこの聴衆であれ、その流行に従おうとしないからだ。だがヴァーグナー派にとっては、彼は軍令となり、『第二のベートーヴェン』となり、信仰箇条となったのである」

リヒターのカード仲間だったヨハン・シュトラウスは、夫人アデーレを同伴して『第七番』を聴いた。終演後ブルックナーが住まいに戻ると、シュトラウスから電報が届いていた。「まことに感動せり、我が生涯に最大の印象を刻む作品の一つなり」ブルックナーはこの文面を友人たちに吹聴したが、電報そのものは現存しない。

シュトラウスはさまざまな同業者と親交があり、彼らの作品を自分の楽団用に編曲して演奏して

ハンス・リヒター

ヨハン・シュトラウス2世、ブラームス

いた。そのレパートリーにはヴァーグナーも含まれている。『第七番』初演の翌日、シュトラウスは作曲家ゴルトシュミットに、ブルックナーを自分の夜会に連れてくるよう依頼した。ブルックナーはその話に乗り気ではなかったが、同席者はほかに彫刻家ティルクナーだけだと聞かされ、しぶしぶ招きに応じた。

その夜ブルックナーがシュトラウスと対面し、「偉大なマイスター」とうやうやしく呼びかけると、シュトラウスはすかさずこう言った。

「いや、あなたこそ偉大なマイスターだ。あなたに比べれば、私なぞ場末の作曲家に過ぎん。あなたの交響曲は素晴らしい」

やがて食事のテーブルを囲みながら、ゴルトシュミットがブルックナーの恋愛沙汰をしきりに話題にするので、ブルックナーは冷や汗をかいた。「これ以後は親友のお付き合いを願いたい」とシュトラウスが提案し、ブルックナーとティルクナーもグラスを挙げた。以後ブルックナーはこのサロンの常連となる。

ブラームスはこれより二十年以前から、シュトラウス家に出入りしていた。彼がシュトラウスの娘の扇に『青きドナウ』の数小節を記し、「残念ながらヨハネス・ブラームス作にあらず」と書き添えたのは、あまりにも有名なエピソードである。事情さえ許せば、ブルックナーとブラームスの間にも、このように打ち解けた交流があり得たかも知れない。

ワルツ王を感嘆させた『交響曲第七番』は、その年のうちにニューヨーク、シカゴ、ボストン、アムステルダムでも演奏された。同じ年の初めには『テ・デウム』が、その一年前には『弦楽五重奏』の初演が実現している。ブルックナーの名声は、まずこの三曲の成功によって、揺るぎないものとなったのである。

第8章――改訂の迷宮

リストとブルックナー

フランツ・リストはカールスルーエで『第七番』を聴いて以来、ブルックナーに対する評価を改めたといわれる。だがリストとブルックナーの関係は、最後まで実りのないものだった。両者の弟子だったゲレリヒとシュトラーダルも、この状況を好転することはできなかった。

リストの見るところ、ブルックナーは交響曲という「潜在的熱病」に犯されていた。リストは亡くなる二か月前、ゾンダースハウゼンで『第四番』の冒頭楽章とスケルツォを聴いたが、乱雑に演奏されたホルン主題が気に入らず、第二主題は「オーケストラに編曲されたクレメンティ」のように空疎だと評した。スケルツォ楽章のところである音楽編集者が、ビューロウの「半ば天才、半ば阿呆」というブルックナー評を引き合いに出すと、リストはこう言った。「なるほど。狩か、はたまた雄鳥のコケコッコか、というわけだ」

ブルックナーがオルガンでオラトリオの伴奏をするのを、リストは一度だけ聴いたことがあった。彼はオルガニストとしてのブルックナーにも不満を抱いていた。一方ブルックナーは、自分の経歴をアピールする際には決まって、ヴァーグナーとリストに認められたことを書き添えた。だが彼はリストの作品に対しては懐疑的だった。

シュトラーダルによれば、リストのオーケストラ曲中、ブルックナーが唯一評価していたのは『ファウスト交響曲』だった。二曲のミサ曲にも好感を持っていたが、それ以外の作品にはほとんど関心がなかった。「リストはむしろホモフォニーの大家であって、対位法に関してはさほどでもない」と彼は弟子マルシュナーに語った。管弦楽法に関して、彼はリストよりベルリオーズを高く買っていた。

ヴァーグナーを崇拝していたブルックナーも、リストとは張り合うような気配がある。一八八四年にリンツのルディギア司教が亡くなった時、ブルックナーはゲレリヒに同行を求めが、ゲレリヒはそれを断わった。その日はハンス・フォン・ビューロウが、シューベルトの『さすらい人幻想曲』をリスト編で弾く予定だったからである。ゲレリヒがリストのお供でローマへ行くことを知っていたので、ブルックナーはなおさらへそを曲げた。

「リストとなら地の果てまで行くくせに、わしにゃヴィーンからリンツまでも付き合っちゃくれん」

リストその人に対しては、ブルックナーはそれなりの敬意を払っていた。リストは復活祭ごとにヴィーンに来て、いとこの宮中顧問官エドゥアルト・リストの住むショッテンホーフに滞在するのが常だったが、ブルックナーは彼の都合を問い合わせて訪問した。

八四年四月末、ブルックナーは『第二番』のスコアをたずさえてショッテンホーフに現われた。リストに『第二番』を献呈するためだった。リストはヴァイマールに持ち帰ってよく検討すると約束したが、忙しさにまぎれてスコアを置いたまま旅立った。一年後これを知ったブルックナーは、カティにスコアを取戻させ、献呈の意向も撤回した。

恐らくリストとブルックナーの間には、本能的な反撥があったのだろう。リストはハンガリー貴族の家に生まれ、ヨーロッパ中でもてはやされた超絶的ピアニストであり、華やかな女性遍歴を重ねてきた。彼はノーブルで寛容な人物として知られ、恵まれない芸術家を援助し、聖職者の身分も持っていた。だがブルックナーは彼の音楽にも信仰にも、まがい物の臭いを嗅ぎ取っていたに違いない。一方リストは、ブルックナーの卑屈で田舎じみた物腰をひどく嫌った。

一八八六年七月、コジマの長女ダニエラがバイロイトで結婚し、リストは孫娘の婚礼に列席した後、ルクセンブルクに近い友人の館に数週間滞在した。その後『パルジファル』と『トリスタン』を観るためにバイロイトに戻ったが、咳と高熱で体調を崩していた。列車に乗り合わせた若い男女が、窓を開け放したために、肺炎をこじらせたともいわれる。リストは病を押して夜会のホスト役などを務めたが、祝祭期間中の七月三十一日、七十四歳で他界した。

バイロイトに滞在していたブルックナーは、リストの訃報に衝撃を受け、一日中興奮状態にあった。リストはバイロイトの墓地に葬られ、ブルックナーはゲレリヒとともに、弔問者の列の最後尾に並んだ。

八月四日、ブルックナーはコジマの求めに応じてレクイエムの伴奏を務め、『パルジファル』の主題で即興演奏を行なった。だがこの時は最後まで調子が出ず、気落ちしたままオルガンの前を離れた。シュトラーダルがなぜリストの主題を使わなかったのかと訊ねると、ブルックナーはぷりぷりしてこう答えた。

「この阿呆どもが、その主題をさっさと教えてくれりゃよかったに！」

その後ブルックナーはシュトラーダルとともに、早々にバイロイトを去った。列車の中の彼はひどく多弁で、作曲中の『第八番』について語った。第一楽章のフィナーレに弔鐘を模した部分があること、スケルツォ楽章で「ドイツの野人ミッヒェル」が踊ること、終楽章の冒頭でオーストリアとロシアの皇帝が出会うこと、コザック兵が馬を駆ること、そして二人の君主を表わす力強い金管のテーマ、などについて。ブルックナーはこれらのプログラムについてたびたび人に語っている。

彼らは夕方ミュンヒェンに到着し、駅のレストランで夕食を採った。この時ブルックナーはシュトラーダルに、どこに行けばグロースグロックナーを見られるかと訊ねた。グロースグロックナーは標高四千メートル近い、オーストリアの最高峰である。この一月ほど前にはパラヴィチーニ伯のパーティーが、クレヴァスに転落して遭難死しており、ブルックナーの突然の「山岳趣味」はこれと関連しているかも知れない。シュトラーダルはリストの死に打ちひしがれたまま、ツェル・アム・ゼーの駅名を告げた。ブルックナーは夜行でそこに向かった。

目的地に着いたのは翌朝四時だった。駅長に訊ねると、そこから見えるのは別の山だという。ブルックナーは延々四時間かけて近くの峰に登り、ようやくグロースグロックナーと大氷河を遠望した。これ以来ブルックナーは、山の話が出るたびに「なんせシュトラーダル君は名登山家じゃから」と嫌味を言った。

皇帝との昼

一八八六年四月、バイエルン王が変死するしばらく前、『テ・デウム』がミュンヒェンで初演された。この時の指揮者ヘルマン・レヴィから、ブルックナーはバイエルン公女アマーリエを紹介された。アマーリエはヴァーグナー・ファンの音楽愛好家で、レヴィに作曲のレッスンを受けていた。

著名な眼科医である彼女の父、カール・テオドア公もヴァグネリアンだった。父の弟マックス・エマヌエル公は、ブルックナーから『弦楽五重奏』を捧げられた人だった。この兄弟の姉にあたるのが、オーストリア皇妃エリーザベートであり、アマーリエはエリーザベートの末娘で三歳年下の従妹、マリー・ヴァレリーと大の仲良しだった。これらの人脈が、ブルックナーの叙勲を実現するのである。

その動きはまずブルックナー周辺から起こり、レヴィがその件でアマーリエに助力を求める。アマーリエは従妹マリー・ヴァレリーに相談を持ちかけ、マリー・ヴァレリーは皇帝に「マイスターの窮状」を訴える。彼女は皇帝夫妻の四人の子供のうち、はじめて母親の手で育てられた秘蔵っ子だった。

皇帝は軍事と狩猟にしか関心がなく、彼にとってブルックナーは、宮廷楽団に属する下級の宮内官に過ぎなかった。それでも彼は娘の願いを容れ、最下位の「フランツ・ヨーゼフ騎士十字勲章」の授与に同意した。そして申請書に書き添えられた要望に応じて、自分の懐から三百グルデンの補助金を支出することも承諾した。

だが序列や手続きを無視したこの叙勲は、宮廷楽長ヘルメスベルガーを立腹させた。宮廷楽団を管轄する宮内長官コンスタンティン・ホーエンローエも、やはりこの叙勲を快く思わなかったようだ。宮廷楽団はこの年をさかいに、ブルックナーの作品を演奏することはなかった。

七月初め、ブルックナーはホーエンローエ侯を自宅に迎え、うやうやしく「フランツ・ヨーゼフ騎士十字勲章」を拝受した。彼はホーエンローエに対する感謝のしるしとして、後に『第四番』を献呈している。

その年の九月二十三日、ブルックナーは皇帝フランツ・ヨーゼフに拝謁を許され、直接に謝辞を述べることとなった。彼は規定通り騎士修道会の正装に身を包み、騎士十字勲章を佩用して、午前十一時に拝謁室に招き入れられた。

拝謁の直後に出会った宮中顧問官ドゥラバックに、ブルックナーが語ったところによれば、皇帝はブルックナーの正装を見るなり笑い出したという。皇帝は彼をじっと見据え「何か望みがあるなら言うてみなさい」とうながした。ブルックナーは勇気をふるってこう答えた。「なにとぞ陛下、ハンスリックに私のことを悪く書くことを、禁止していただけませんでしょうか」皇帝は微笑みながら、それは自分にも難しかろうと答えたという。

アウグスト・シュトラーダル

「フランツ・ヨーゼフ騎士十字勲章」受章（1886年）

それからブルックナーは、宮廷楽団の勤務や手元不如意のため、国外での自作演奏に立ち会うこともままならないと訴えた。必要な休暇や費用については計らおう、と皇帝は約束した。ブルックナーが重ねて口を開こうとすると、皇帝はそれを制した。ブルックナーは伝令兵に導かれて退出したが、すべてはあっと言う間の出来事だった。

宮内長官ホーエンローエの妻マリーは、広い視野を持つ進歩的な女性と評され、ヴィーンの貴族サロンを取り仕切る才女だった。マリーは伝記作家アウグスト・ゲレリヒの問い合わせに答え、ブルックナーと宮廷の関わりについてこう書いている。

頂いたお手紙を拝見し、いささか困惑しております。私の率直な物言いが、ブルックナーに対するあなたの崇敬の念を、傷つけることになるかも知れないからです。ブルックナーは教会音楽作品により、特にリンツである種の広範な崇拝を集めております。リストは他者の才能を曇りなく評価することにかけて、比類のない人でしたが、この同郷愛の前には沈黙を守りました。私の夫は、自国の作曲家としてブルックナーに援助を惜しまぬ反面、彼の芸術と人間性を峻別しておりました。ブルックナーはそのビーダーマイアー的ポーズにより、一部の宮廷人の人気を博しましたが、これは家父長的だったフランツ帝のいわゆる「良き時代」の伝統に連なる気風です。そこでは芸術家の繊細で社交的な側面よりも、卑小で垢抜けない側面の方が好まれるのです。これはリストの個性とまったく正反対のものでした。けれども夫と私は、ブルックナーが宮廷とのコネを利用することに長けているとも感じていました。彼が世に吹聴した様々なことには、真実のかけらもありません。交響曲の献呈に関しても、私は特別な「エピソード」は何も存じません。夫はブルックナーの功績を確信し、彼の献呈と皇帝の受諾について、単に仲介の労を取っただけです。誰も証人のいない拝謁の件については、彼のファンタジーが少しばかり羽ばたき過ぎたものと、私は信じて疑いません。彼は夫に宛てた書面で、例のへつらうような調子で謝辞を述べたほか、特別に何も書いて寄越しませんでした。

私は率直さこそが最良の語り口だと、常に考えております。私たちの見解があなたの崇拝に反するなら、どうかお許しください。きっとあなたは、まったく自然体のブルックナーをご存じだったでしょうね。巨大な才能というものは、粗野な面を併せ持っているのかも知れません。残念ながら彼は私たちに、不快な仮面だけを見せていました。彼の宮廷作法の根底には、自惚れと鈍感さに由来する、ある種の打算が横たわっておりました。

取り澄ました表現だが、ほとんど罵倒に近い物言いである。ブルックナーの農民的なしぶとさや押しの強さが、「洗練された人々」の反感を買っていたことは想像できる。だがそれにしても、マリーのこの辛辣さはどこから来るのだろう?

マリーはリストの愛人ヴィトゲンシュタイン伯爵夫人の娘であり、リストとは親子同然に暮らした時期もあった。リストには最初の愛人マリー・ダグー伯爵夫人との間に三人の実子がおり、パリでリストの母親に育てられていた。マリーはリストやヴァーグナーとともに三人を訪ね、リストの娘コジマについて次のような回想を残している。

マリーによれば、十六歳のコジマは痩せて血色が悪く、美しいのはその金髪だけだった。その弟ダニエルが学校で貰った冠を、マリーがふざけてヴァーグナーの頭に乗せると、コジマの長い鼻筋に涙が流れた。だがその時もヴァーグナーは「この醜い娘」を見ていなかった、と。

マリーはこういう人なのである。ブルックナーに対する彼女の辛辣な評価も、彼女自身の仮借ない攻撃性と、養父リストのブルックナー嫌いを反映しているのかも知れない。

バイエルン公女アマーリエも、ブルックナーの人となりについて回想を残している。叙勲から五か月ほど経った八六年十二月、彼女がヴィーンを訪れた際、皇女マリー・ヴァレリーはブルックナーを王宮に招いた。アマーリエはこう書いている。

私はこの時初めて、ブルックナーの真に感動的な性格に触れた。子供のような無邪気さと純朴さの一方で、彼は自らの価値と才能とをよく自覚していた。リヒャルト・ヴァーグナーが「ブルックナー、君は偉大な作曲家だ」と言って、彼の交響曲を演奏することを約束したという。彼の言葉には自惚れの響きはなく、天賦の才に恵まれた芸術家としての、正当な誇りがあるだけだった。ブルックナーはちょうど『第八番』の終楽章と取り組んでいたが、それについてはこう語った。スケルツォは「ドイツの野人ミッヒェル」を表現している。終楽章は葬送行進曲であり、死者の枕辺に友人たちが集まるように、すべての主題が帰って来る。ドイツのミッヒェルも悲しげな表情でその場にいる、と。彼はその交響曲を、自分に冷淡なヴィーンではなく、ミュンヒェンで初演したいと言っていた。当時彼はこの交響曲について、宮廷楽長レヴィと意見が合わないようだった。後日聞いた話では、この芸術的対立ではブルックナーの方が譲歩したという。ブルックナーは自国の皇帝について、真に感動的な愛着を示し、初めて皇帝と言葉を交わした日を、人生最良の日と呼んだ。皇帝フランツ・ヨーゼフの名を冠した勲章を拝受したことについても、彼はとても喜んでいた。特段の援助を賜ることになったが、いつもいつもそれに甘えて、なにかと出費の多い皇帝の懐からくすねるつもりはない、と彼は言っていた。それは高地オーストリア人としてできることではない、と。

ここにいるブルックナーは純朴そのものである。だがアマーリエの証言をよくよく観察すれば、そこにはヴァーグナーを持ち出してしっかりと自己をアピールし、次作『第八番』の宣伝に努め、ミュンヒェンでの初演の可能性を探り、君主に対する忠誠心を強調するブルックナーがいる。彼は決して世渡りにうとい人ではないのだ。

これを「不快な仮面」となじるのは、マリーらしく底意地の悪い態度であろう。私たちが社会的存在である限り、いくつかのペルソナを使い分けながら世間と折り合うほかないのだから。同時にアマーリエのいうブルックナーの「子供のような無邪気さ」も、人が彼に期待するイメージの一部に過ぎない。

レヴィの困惑

アマーリエの回想でも、ブルックナーは『第八番』の標題音楽的内容について語っている。シュトラーダルの証言と考え合わせると、ブルックナーはすでに第一稿の段階から、『第八番』に描写的なプログラムを持ち込もうとしていたようだ。

彼が再三言及している「ドイツの野人ミッヒェル」は、第二楽章スケルツォの主要主題として登場する。「野人ミッヒェル」はドイツ＝オーストリア的愚直さを象徴するキャラクターだが、この楽章が八五年夏のシュタイアで着想された時、スケッチの主題部分には「アルメロート」と書き込まれていた。友人アルメロートには「ミッヒェル」と重なるなにかがあったのだろう。

ブルックナーの年若い友人カール・アルメロートは、アルペン鉱業会社の総代理人を務め、ヴィーンで工場を経営していた。幅広い人脈と影響力を持ち、ブルックナーに馬車を用立ててどこにでも同行したので、「馬車どん」のあだ名で呼ばれていた。ヴィーンの市立公園のブルックナー記念像の台座には、アルメロートの最初の妻が、ミューズの姿で刻まれている。ブルックナーは彼らの結婚式でオルガンを弾いたのである。

ブルックナーは『第八番』の作曲中、まるでミッヒェルが実在するように、絶えず話しかけていたという。ある時知人が来て、いっしょに外出することになった。ブルックナーは書きかけの楽譜をそのままにして外へ出たが、急いで部屋へ引き返すと、しばらくして帰って来た。わけを訊ねると、ブルックナーは秘密めかしてこう言った。ミッヒェルの身を包んでやったのだ、と。

『第八番』は一八八四年の六月か七月に着手され、ちょうど三年後の八七年夏、第一稿が完成した。ブルックナーはその一月後、ミュンヒェンでの初演に期待を抱いて、ヘルマン・レヴィにスコアを送った。スコアに目を通したレヴィは九月三十日、当惑し切った手紙をヨーゼフ・シャルクに書いてよこした。


ほかになす術もないので、あなたに忠告と助言を求めるのです。ありていに言えば、私は『第八番』に順応できず、演奏する勇気もありません。前もって断言しますが、あの曲はオーケストラと聴衆の強い抵抗に会うでしょう。私自身が『第七番』に魅了された時のように、「五回も練習すればきっと気に入る」と楽員たちに言えさえすれば、事は簡単なのです。しかし私はひどく失望しました。何日もかけてスコアを研究してみましたが、あの曲を把握することができません。なにか批評しようにも、あまりに私の気持ちとかけ離れているのです。もちろん私が（あまりにも間抜けだとか、年を食っているとかで）間違っているのかも知れません。しかしこの管弦楽法は現実的にも無理があるし、なにより愕然とさせられるのは、そのスタイルが判で押したように『第七番』とそっくりなことです。第一楽章の冒頭は壮大ですが、展開部はお手上げです。

終楽章にいたってはちんぷんかんぷんです。いったいどうすればいいやら。彼がこの状況を知ったらと、それを考えるとぞっとします。彼に手紙など書けません。一度リハーサルを聴きに来てくれと提案すべきでしょうか？　考えあぐねて、心安くしている有能な音楽家にスコアを見せたのですが、彼の意見もやはり演奏不能でした。ブルックナーに対してどのような態度を取るべきか、どうかすぐにご返事をください。彼が私のことを頓馬と思うなら、いやもっと悪いことに不誠実だと思うなら、それも仕方ありません。けれども私が何より恐れるのは、失望が彼を打ちのめしてしまうことです。

あなたはあの交響曲を詳しくご存じですか？　その上であの作品について行けますか？　どうか教えてください、ほとほと困惑しています。

ヴァーグナーがヴァーンフリート荘の墓所に葬られた時、レヴィはその棺に付き添った一人だった。「自分は遠い回り道をし、多くの内なる戦いを経てヴァーグナー崇拝者となった」と彼は語っている。レヴィはユダヤ人だったのである。彼のヴァーグナー崇拝には、自虐的といえるほどの一途さがあった。

もしヴァーグナーがその生前に、お世辞にせよブルックナーの作品を評価していなかったら、レヴィは『第七番』を採りあげていただろうか？　『第七番』にはヴァーグナー追悼の念がこめられていたが、『第八番』にはそれすらなかった。『第八番』に対するレヴィの拒否反応は、予想通りブルックナーを打ちのめした。またしても彼の自信は揺らぐ。

「むろん『第八番』について恥ずべきは私の方です。私は阿呆だ！　今ではあの作品は少しばかり違ったものになってきています」（八八年二月レヴィ宛）

こうしてブルックナーは『第八番』の改訂に三年を費やす。シャルクやレーヴェがこの機会に乗じて、過去の作品の見直しを勧めたのであろう。「第二改訂期」とも呼ばれるこの時期に、ブルックナーは『第一番』『第二番』『第三番』の大幅な改造に取り組むのである。

恋するオルガニスト

八九年八月、バイロイトに滞在するアウグスト・ゲレリヒに、ブルックナーは奇妙なことを問い合わせている。

　申しわけないがもう一つ頼みがある。(以前私たちが見た)市門にある二つの塔の屋根の上部がどうなっていたか、ぜひ知りたいのだ。屋根の上にまず（a）ぎぼしがあって、それから（b）飾りの付いた風見だったか？　それから……（c）十字架だった？？？　避雷針か何か？　あれは十字架だったか？　カトリック教会の塔はどうだったか？　十字架がなくて風見だけだったと思うのだが？

この時期のブルックナーは、自信喪失や過労のために神経症を再発させていた。六七年頃と同様、数に対するこだわりも昂じていた。シュトラーダルはこう回想する。

ある時私がブルックナーと一緒に、ヴィーン・オペラ座の向かいに立つ巨大な「ハインリヒスホーフ」の側を通りかかると、ブルックナーは突然立ち止まってその窓を数え始めた。むろん彼は数えそこない、やり直してはますます苛立った。私も手伝って、なんとかファサードの窓全部を数え終わったが、ブルックナーは別の壁面へ回って、またもやその厄介な仕事に取りかかった。別の大建築の側を通りかかった時にも、私はしばしば同じことを経験した。なぜそうするのかと訊いても、ブルックナーには答えられなかった。

『第八番』の第一楽章を作曲中の八四年のこと、ブルックナーはフェクラブルックの金物屋ハルトマンの、ピアノ付きの部屋を借りることになった。ブルックナーはその家に娘がいるかと訊ね、嫁のマリーがいることを知ると「そりゃいい、それで作曲ができる」と言った。家の者は庭の花で毎日、ブルックナーのために花束を作らねばならなかった。ブルックナーはそれをマリーに捧げ、マリーは彼と一緒にピアノの前に座らされた。

とうに還暦を過ぎていたブルックナーは、ジールニングのレストラン「フォルストハウス」に、度々友人たちと馬車を駆った。その店の十六歳になる娘、マリア・ヴィンマーに求婚するためだった。マリアの回想によれば、一八八五年か八六年頃、彼女の家にブルックナーとジールニングの楽長カルテンバッハが現われ、以来ブルックナーは毎週のようにやって来たという。彼はいつも白い夏服とだぶだぶのズボンを身に着け、マリアを教会に呼んでオルガンを弾き、彼女のツィターに耳を傾けた。

ある日のことブルックナーは、彼女の父親に結婚の許しを求めた。父親が何で暮らしを立てるつもりかと聞くと、ブルックナーは「音楽で」と答えた。「それじゃわしはあんたらに、手回しオルガンでも買ってやらにゃなるまい」と父親は笑い出し、マリアはくるくる回りながら「アウグスティン」を歌った。だがブルックナーは気を悪くした様子もなく、それ以後も訪ねてきたという。ブルックナーはマリアに『薔薇』という作品を捧げたとされるが、この楽譜は現存せず、曲種も明らかではない。

コンメンダによれば、ブルックナーは八〇年代中頃、リンツの友人たちとドナウの岸辺を散歩した帰路、裕福な市民の娘を見初めた。ブルックナーは友人の仲介で彼女の家を訪ね、しばらく話をした後「帰ろう、あの娘はとんだ阿呆だ」と言うなりさっさと出て行ってしまった。残された友人は弁解に大わらわだったという。

シュタイアの医師フランツ・ヴィースナーは、ブルックナーの年若い友人だった。彼によれば、ブルックナーは八六年の夏、シュタイアのパン屋の娘を見初めた。彼は一日に幾度となくそのパン屋に現われ、娘と言葉を交わしたという。

コンメンダによればやはりその頃、ブルックナーは聖フロリアンの庭を散歩しながら、医師ヴィースナーにこう言ったという。食事の時に修道院の連中が自分をからかい、主席司祭には「ブルックナー家が絶えるのはまことに惜しい」と言われた、と。彼はしばらく口をつぐんでから、ヴィースナーの妹の齢や目の色を訊ね、十七になるその娘と結婚したいと言い出した。この唐突な求婚は一週間後に退けられた。

ブルックナーは一八九〇年の晩夏をシュタイアで過ごし、すでに婚約者のいるパイライトナー嬢を見初めた。彼は婚約解消に望みをかけ、シュタイアの友人レオポルト・ホーフマイアーに様子を問い合わせている。ブルックナーは六十六歳になっていた。

八九年三月、妹ロザリアの長女ヨハンナが、三十四歳の若さで亡くなった。死因は肺結核だった。

「おまえたち夫婦の一人娘の逝去を心から悼む。神がふたりに力と勇気をお与えになるよう！ 故人（我が愛する姪）には永遠の安息を！ 昨日の水曜日にショッテンで、故ヨハンナのためにミサを上げてもらい私も列席した。同封の二十グルデンは埋葬費の足しにしてほしい。私たちをさしおいて神に召された者のために絶えず祈ろう。兄アントン」（三月十四日ロザリア宛）

ブルックナーが溺愛した姪の娘ラウラ

ヨハンナが残した一人娘ラウラは、ロザリア夫妻が引き取って育てた。ラウラは豊かな楽才を示し、六歳でピアノを弾き始めた。姪の忘れ形見を溺愛していたブルックナーは、愛用のベーゼンドルファーを彼女に遺した。このピアノは後に、弟イグナッツの希望で聖フロリアンのゆかりの部屋に戻されている。

ラウラは後に教職を選び、リンツでアウグスト・ゲレリヒにも学んだが、大伯父アントンの死から八年後、母と同じく肺結核で亡くなった。二十歳の誕生日を迎える三か月前のことだった。

アントン・ブルックナーの兄弟は十一人いたが、成人したのは五人だけだった。五人のうち彼と同居していた末の妹マリア・アンナは、生来病弱で一八七〇年に肺結核で亡くなった。二番目の妹ヨゼファは、エーベルスベルクのゲオルク・ヴァーゲンブレンナーの後妻となったが、マリア・アンナの死から四年後、やはり肺結核で亡くなっている。彼女は子供を残さなかった。

一番上の妹ロザリアは、ヨハンナも含めて五人の子をもうけたが、次女モニカは生後一年の命だった。アントン、テオドル、グスタフの三兄弟は比較的長生きしている。

ブルックナーの弟イグナツは、早くから聖フロリアンに身を寄せ、庭師やオルガンのふいご踏みなどをしていた。彼は兄弟の誰よりも長生きし、八十歳で亡くなった。イグナツは聖フロリアンに妹マリア・アンナと姉ヨゼファの墓を作り、自分もそこで眠っている。

ブルックナーのやみくもな結婚願望は、むろん彼の「血気盛んさ」をうかがわせるものであろうが、こうして家族の墓碑銘を書き連ねていると、おのずと別の感慨も浮かんでくる。家父長的封建制の中で生まれ育った彼が、最晩年まで結婚にこだわった理由は、家系を守るという責任感だったかも知れない。事実アントンもイグナツも独身だったために、ブルックナー家の男系は絶えたのである。

これに反する説があることも、ここで触れておこう。ヴィーン・フィルのヴァイオリン奏者マクシミリアン・ヴァイスゲルバーは、ブルックナーに生き写しといわれた。彼はブルックナーの肖像画のモデルを務めたほど似ていた。これに関してヴァイスゲルバーは、自ら次のような説を唱えていたという。

彼の母ベルタ・バルゲージは、一八五五年（ブルックナーがまだリンツからゼヒターのもとに通っていた頃）にヴィーンで生まれた。彼女は公証人ヨーゼフ・シーダーマイアーの妻と、ブルックナーとの間に生まれた娘であるという。この説は幾度か議論の的になったが、今のところその真偽は明らかでない。

ブラームスとブルックナー

一八八五年に完成したブラームスの『交響曲第四番』は、マイニンゲンとライプツィヒの初演では大成功を収めたものの、ヴィーンではあまり反響を呼ばなかった。この前年の、ブルックナー『第七番』の成功が影響しているといわれている。この二人の交響曲は、今や国内外で競合し始めており、それが彼らの亀裂を深めた。

ブラームスとブルックナーは、同じ頃ヴィーンに居を定め、どちらも楽友協会のジングフェラインに属し、生涯独身だった。だが北ドイツ人でプロテスタントのブラームスと、南ドイツ人でカトリックのブルックナーでは、その性格や作品の質はまったく異なる。

ベートーヴェンの故郷が北ドイツのボンであることを、ヴィーンっ子は忘れがちだが、ブラームスがハンブルク生まれであることは忘れなかった。ブラームスは北ドイツ人らしく、寡黙で偏屈で辛辣だった。だがその率直で誠実な人柄によって、ヴィーンに多くの友人や支援者を持っていた。

彼の子守歌は、モーツァルトやシューベルトのそれとともに、ヴィーンっ子の愛唱歌となっている。

シュトラーダルによれば、ブルックナーに対するブラームスの態度は、かなり慇懃無礼なものだったという。ブラームスがブルックナーという存在に苛立っていたことは、さまざまな証言で明らかである。ある時彼は、ブルックナーについて意見を求められ、こう答えたという。

「どう解釈されようと構わんが、ブルックナーの名声はひとえに私のおかげであり、私がいなければ彼のことなど誰も気に止めなかっただろう。（……）ブルックナーの作品が不滅だと？　そもそもあれが交響曲だと？　まったくお笑い草だ」

ブラームスは出版業者アルベルト・グートマンとの会話中、ブルックナーの作品をこう評した。遺憾ながらそれには形式と論理が欠けている、と。

「しかしそこに偉大な思想があることも否定できないでしょう」

グートマンがそう反論すると、ブラームスは持ち前の皮肉でこう切り返した。

「そうだとしても、私ならそのいわゆる偉大な思想だけを出版しますな。そうすりゃあなたもずいぶんと無駄金を使わずにすんだでしょうに」

ブルックナーは十三歳で修道院に引き取られたが、同じ年頃のブラームスはハンブルクの酒場で、船乗りや娼婦たちのためにピアノを弾いていた。人間の欲望の裏表を知り尽くしていたブラームスは、友人ヘルツォーゲンベルク夫人に宛ててこう書いている。

「ブルックナーは浮き世離れしていて、彼の作品をうんぬんするのは論外です。彼の人間性についても同様です。彼は聖フロリアンの坊主どもにスポイルされた、哀れな、頭のおかしい人間です。

坊主どものところで青春時代を送るということが、いったいどんなことかご存じですか？　私はそのことやブルックナーの場合について、説明してあげられるでしょう。ああ、でもそんな醜悪なことを、あなたに話せるものですか！」

ブラームスはヴィーンの批評家マックス・カルベックにも、ブルックナーは「頭がおかしくて教養がない」と洩らしていた。ブルックナーにとって、こうした陰口のダメージは大きかった。彼は一八八六年、ハンブルクの批評家ツィンネにこう書いている。

「ハンスリックと、そして残念ながらブラームスについて、気の滅入る話を聞きましたが、それについては何も言いますまい。しかし私の心は八つ裂きになりました」

コンメンダによれば、暑がりのブルックナーがシュタイアの水泳教室で泳いでいた時、話がたまたまブラームスのことに及んだ。ブルックナーは「ああブラームス」とつぶやいてため息を吐き、会話を避けるように潜って行ってしまったという。

八四年にプラハの音楽堂「ルドルフィヌム」にオルガンが建造された時、ブルックナーは招待されて試奏におもむいた。ある歓談中にドヴォルジャークの話が出ると、ブルックナーは「私は彼の崇拝者じゃない」と素っ気なく話題を打ち切った。ブラームスがドヴォルジャークの才能を高く買い、奨学金や作品出版などについて力を貸していたからである。

ちなみにドヴォルジャークはブルックナーの『第八番』について、「もう少し短ければ国際的成功を収めるチャンスもあるだろう」と評したという。確かに彼の『新世界』は『第八番』より三十分ほど短い。

ブルックナーは作曲家としてのブラームスを、たいていは遠回しに否定した。「大変よい作品を書く、立派な作曲家だが、わしの曲の方がいくらか好ましい」とか、「ブラームスよりはシュトラウスのワルツの方がましだ」とか語っている。ブラームスの『ヴァイオリン・ソナタ第一番』が楽友協会ホールで演奏された時、ブルックナーは弟子マルシュナーとともにそれを聴いた。彼はこの曲を「メンデルスゾーン路線への追随」と評した。モーツァルトのト短調の『弦楽五重奏』を聴いた時には、彼は緩徐楽章でこうささやいた。

「ブラームスがこれほどの旋律を書いたことがあるかね？」

八七年頃のヴィーン楽壇では、ベートーヴェン、ブラームス、ブルックナーを「三大Ｂ」と呼ぶことが流行していたが、ブルックナーはこの言い方を嫌った。ベートーヴェンと並び称される資格はなく、ブラームスと比べられることも愉快ではない、と。

ブルックナーとブラームスの間には、南ドイツ人と北ドイツ人相互のアレルギーがあった。南は北の軍人的尊大さを毛嫌いし、北は南の農民的鈍重さを侮蔑する。その背景にはカトリックとプロテスタントの宗教的対立があり、オーストリアとプロイセンの政治的対立があった。ブルックナーは弟子アントン・マイスナーとの散歩中、ブラームスの作品について感想を求められると、しばらく考えてからこう言った。

「ええかねアントン、わしら二人は熱い血潮のカトリック教徒だが、ブラームスは冷血なプロテスタントだ」

一方ブラームスの方では、ブルックナーの抹香臭さを嫌った。彼は風刺画家グレーバーにこう語っている。

「彼の場合すべてが作り物じみて、気取っていて、不自然だ。彼の信仰については私の知ったことではない。だがあのミサ願望にはまったく胸が悪くなる」

ヴィーン音楽院でブルックナーにオルガンを学んだハンス・ロットは、在学中からピアリスト修道院のオルガニストを務め、ブルックナーから「我が最良の弟子」と呼ばれていた。彼は二十歳の時に『交響曲第一番ホ長調』の第一楽章を音楽院の作曲コンクールに提出したが、嘲りとともに斥けられた。この時はさすがのブルックナーも色をなして抗議したという。

二年後ロットは全四楽章を完成し、ブラームスの評価を乞うた。ブラームスは美しい部分もあるがそれ以外はナンセンスだと評し、その美しい部分もロット作であることに疑問を洩らした。その後ロットは心を病み、コンクールの六年後に精神病院で没した。マーラーは夭折した友人ロットについて「音楽が彼の死によって失ったものは計り知れない」と語った。近年ロットの清新な交響曲は正当に評価され、演奏や録音が相次いでいる。

ブルックナーはロットの不幸の原因が、『交響曲第一番』に対するブラームスの冷評にあると見ていた。マルシュナーによれば、ブルックナーはロットの葬儀の帰り道、険しい口調でこう言ったという。

「ブラームスは非凡な芸術家だ、対位法の大家だ。だがわしは彼にこう言いたい、あんたは作曲家よりむしろ職人だ、と」

ブラームスの反対陣営は、彼を「模倣の巨匠」と呼んでいた。確かに彼は、過去の巨匠や民謡か

両巨匠、最後の写真

ブルックナー（一八九五年）

ブラームス（一八九七年）

ら多くを学んだ。「もし自分がオペラを書くことがあれば、それは新ドイツ楽派のようでなく、モーツァルトのようなスタイルになるだろう」と彼は言った。ブラームスにとって黄金時代は過去のものだった。

だがブラームスが単に過去の模倣者だったとしたら、彼の名はとっくに音楽史からかき消えていただろう。シェーンベルクは『進歩主義者ブラームス』と題する講演の中で、ブラームスの音楽がその構造の細部に至るまで、ほとんどセリー理論に近いほど体系化されていることを論証している。いぶし銀のような、古色蒼然たるブラームスの中に、シェーンベルクを驚嘆させる革新家が隠れているのである。

さまざまな事情さえ許せば、ブラームスとブルックナーの間には、語り合うべき多くのことがあったに違いない。ブラームスはブルックナーを歯牙にもかけぬ風を装いながら、その作品には決して無関心ではなかった。彼の遺品の中には、『第七番』『第八番』のスコアと『テ・デウム』のピアノ編曲版が残されていた。

ブルックナーとブラームスの支持者たちの間にも、無益な反目を解消したいという思いは強かった。彼らは和解の道を探る。旧楽友協会にほど近いレストラン「赤い針鼠亭」は、音楽家たちの溜り場になっていた。ブラームスはいつもここで昼食を採り、ここを応接室代わりに使っていた。ブラームスとブルックナーの会食の場がここにしつらえられる。ブルックナーのポケット日記によれば、その日は一八八九年十月二十五日である。

次に述べるエピソードは、どの伝記でも判で押したように繰り返されるが、ここでもそれをおさらいするほかない。テーブルに気まずい雰囲気が流れる中、ブラームスがメニューを手に取って眺め始めた。

「薫製ポークの団子とキャベツ添え、これが私の好物だ」

ブルックナーがすかさず彼を振り返った。

「ほーらね先生、団子を添えた薫製ポーク、これがわしらの合意点ですて」

一座は和やかな大笑いとなったが、その後も二人の関係が好転することはなかった。

弟子たちの功罪

「三使徒」シャルク兄弟とレーヴェ、そしてミュンヒェンの宮廷楽長レヴィは、ブルックナー交響曲の普及に力を注いだが、それには幾つかの問題点があった。断裂的でごつごつとした構成、コントラストの強い原色的なオーケストレーション、異様ともいえる長大さである。

彼らがブルックナーに求めていたのは、ヴァーグナー風の流麗さや通俗性やドラマチックな展開だった。彼らはブルックナーに対して短縮や改訂を強要し、機会あるごとに自ら改竄を加えた。これらが複雑な版の問題を引き起こす。

一八八六年、アメリカに滞在するアントン・ザイドルから、『第四番』を演奏したいという意向が伝えられ、ブルックナーは終楽章のフィナーレにほんの少し手を入れた。同じ年にニキシュからもその意向が伝えられた時、ヘルマン・レヴィによる改訂が加えられた。レヴィはこの曲の出版のために千マルクを集め、フェルディナント・レーヴェとフランツ・シャルクが出版の準備に当たった。この時の印刷原稿には、レーヴェによる夥しい改訂が加えられていた。

レーヴェ版『第四番』のスコアでは、楽器編成や表情記号にヴァーグナー風の濃厚な味付けがほどこされている。スケルツォや終楽章には大幅な短縮が加えられ、完璧な構成を誇る終楽章は、三十小節以上のカットによってずたずたにされた。一聴して響きは洗練され、流れは滑らかになっているが、ブルックナーの肉声はかき消されている。

ブルックナーはこのスコアの版下に数回目を通し、スケルツォと終楽章のカット部分を復活させるよう、指示を書き加えたが無視された。通常彼は改訂の終了とともに、スコアに署名する習慣だったが、このスコアにはそれがなく、彼の不満と抵抗の表明と見られている。『第四番』のレーヴェ改竄版は八八年に初演され、翌八九年に出版された。そしてこの曲はそれから半世紀の間、唯一その版でのみ演奏されることになる。

レーヴェの『第四番』改竄と並行するように、ブルックナーは『第三番』の改訂を進めていた。『第三番』は初演失敗後に書かれた第二稿が、レティヒによって七八年に出版されたが、売れ行きは思わしくなかった。ブルックナーは八八年夏、終楽章を除く改訂に着手するが、これにはフランツ・シャルクの意志が大きく関わっていた。マーラーはこの改訂に強く反対したが、翌年三月に『第三番』第三稿が完成する。

この改訂の結果、『ヴァーグナー交響曲』の名にふさわしかった初稿とは、大きくかけ離れたものとなった。ヴァーグナーからの引用はあらかた削られ、全体で五分の一ほどが短縮された。数オクターヴにわたるユニゾンや、全休止などが廃され、オルガン的色彩は後退した。ブルックナー初期の荒削りな感触は、円熟した滑らかな筆致で覆い隠され、個性という角が取れた分だけ、第三稿は受け入れやすいものとなった。
『第三番』第三稿は九〇年十二月二十一日、リヒターとヴィーン・フィルによって初演され、大成功を収めた。クリスマス・イヴの「プレッセ」紙は、かつて苦杯をなめた『第三番』の復権を報じた。だが一部の聴衆のこれ見よがしな熱狂ぶりについては、こう苦言を呈している。

楽友協会ホール一階立見席の一団が、楽章ごとに巻き起こす喝采の喧しさは、筆舌に尽くし難い。これは楽匠を祝福するにふさわしい真の姿ではない。これまでまったく無視されてきたブルックナーの交響曲が、今や大喝采を浴びている。保守的な批評家は常にアントン・ブルックナーを嘲笑してきた。彼は党派性に染まった支持者たちの手に落ち、彼らはこの「寄る辺ない人」をあらゆる場面で後援してきた。だがそれは結局のところ、彼の名声を台無しにしてしまうだろう。彼の作品が演奏されるコンサート会場が、これからも選挙集会のように殺伐とし続けるなら、そうした運命がこの孤独な交響曲作家を待ち受けているのだ。

一方ハンスリックは相変わらず苦々しい口ぶりで「ノイエ・フライエ・プレッセ」紙（十二月二十三日付）にこう論評している。

ここで四小節、あそこで八小節と、特有の美しさが電光のように明滅する合間に、混乱した暗闇や、疲れ切った弛緩や、熱っぽい苛立ちが顔を覗かせる。そしてこのすべてが、忍耐をもてあそぶような長大さに延び広がる。ブルックナーの作品では論理的な思考や、精練された美的感覚や、見通しのよい芸術的思慮が見失われているのだ。

だが風向きはやや変わってきている。この批評が出たしばらく後、ハンスリックは自分の写真に署名を書き添えて、ブルックナーに贈ったのである。ブルックナーはゲレリヒにこう報告している。

「楽友協会の聴衆の反応には、いまだに感動を覚える。私はたぶん十二回くらい呼び出されただろう！　その上驚くまいことか、ハンスリックが昨日私に『敬愛する友へ』と書き添えた写真を贈ってよこしよった」

アントン・ブルックナーはもはや無視し得る存在でないのだ。ハンスリックの変貌ぶりについて、「東ドイツ展望」紙は次のように皮肉った。

「あのハンスリック氏でさえ、ブルックナーとの三十年に及ぶ交友について私たちに語った！　まったく冗談の好きな人である！　哀れな作曲家はこの慶事に対して、ずいぶんと高い報酬を払わされたものだ」

『第三番』第三稿は一八九〇年、皇帝が費用を負担して出版された。この時点でも若干の変更が加えられたが、これは出版に関与したヨーゼフ・シャルクによるものと思われる。この改竄部分は後にレオポルト・ノヴァークによって洗い直され、「ノヴァーク版第三稿」として知られている。

『第二番』は七二年に初稿が完成した後、七六年に大幅なカットをほどこされ、その翌年にも徹底的な改訂を受けた。この曲が九二年にドブリンガー社から出版されることになった時、ブルックナーはもう一度楽譜を見直し、七七年の改訂で書き落とした一小節を付け加えた。だがこの出版譜には大幅な欠落や、ブルックナーの訂正を無視した部分があり、現在これがそのまま演奏されることはほとんどない。

ブルックナーはまた、九〇年から『第一番』の見直しを始め、翌年ヴィーン稿と呼ばれる第二稿を完成した。基本構造はリンツ稿と同じだが、細部にはかなり手を入れられ、金管の華やかな響きと後期様式の円熟が加わっている。レヴィは「すべてあるがままに完璧」なこの作品の改訂に異を唱えたが、彼の危惧は当たっていた。初稿を彩っていたひたむきさや若々しさは、洗練と引き替えにその輝きを失ったのである。『第一番』ヴィーン稿は九一年十二月、リヒター指揮ヴィーン・フィルによって初演され、九三年に出版された。それがブルックナー自身の改訂版である以上、オリジナルという点になんら疑問はないが、現在ではリンツ稿の方が圧倒的に支持されている。

ブルックナーは『第五番』に関しては、七八年の改訂以来なんら手を加えなかった。だが九六年にドブリンガー社から出版された出版譜は、彼の手稿と大きく異なり、オーケストレーションには細かい変更が加えられ、終楽章は百二十二小節もカットされていた。ブロック群に分けられていた楽器編成は、混成的なものに変えられ、オルガン的な原色の音響は、くすんだ中間色に変えられていた。

この犯人はフランツ・シャルクである。彼は九二年から任地グラーツで改訂に従事していたが、それはブルックナーの承認を得たものではなかった。シャルクは九四年にグラーツで『第五番』を演奏しているが、恐らくこれも自身の改竄版によるものであり、すでに病身だったブルックナーはそれを聴くことができなかった。

後に改めて触れるように『第八番』と『第九番』も、シャルクやレーヴェが著しくヴァーグナー風に歪曲した版により出版された。シャルク版やレーヴェ版は今日ほとんど顧みられることはないが、これらの版については肯定的な見方もある。弟子たちのそういった努力がなければ、ブルックナーの特異な交響曲が彼の生前に、成功を得ることは困難だったというのである。

だが弟子たちの改作がその後のブルックナー受容に、不自然な屈折を強い続けたことも事実である。伝説的なブルックナー指揮者クナッパーツブッシュも、これらのいわゆる「改訂版」の演奏に固執したが、これはブルックナーがいかに長い間「交響曲のヴァーグナー」とみなされてきたかを物語っている。後にエリアフ・インバルがノヴァーク版の初稿による全集を録音し、ブルックナー交響曲のオリジナルな姿を復元したが、私たちはその前衛的ともいえる鮮烈さに驚倒したのである。

ブルックナーはむろんシャルク兄弟に感謝していたが、同時に強い不信感も抱いていた。彼は兄のヨーゼフ・シャルクを、皮肉をこめて「大元帥閣下」と呼んでいた。晩年のブルックナーは、自分亡き後の改竄を警戒し、遺言で自筆譜の保管を宮廷図書館に託している。

第9章──死の時計

音楽院退職

一八八九年一月、ヴィーン郊外マイヤリンクの狩猟館で、オーストリア皇太子ルドルフが急死した。初め死因は事故死と伝えられ、後に心臓発作と訂正されたが、最終的に「精神錯乱による自殺」と結論された。事件現場となったルドルフの寝室には、十七歳の美少女の遺体があったが、それが公表されたのはフランツ・ヨーゼフ帝の死後だった。

いまだに謎とされるこの変死について、王家はひたすら沈黙を守り、巷には様々な憶測が乱れ飛んだ。ありったけの新聞に鼻を突っ込み、貪り読むブルックナーの姿が目に浮かぶ。

ルドルフの母エリーザベートは、ますます憂愁をつのらせ、死に場所をさがすように旅に明け暮れる。そして息子の死から九年後、レマン湖畔で暗殺死を遂げる。その十六年後のサライェヴォの悲劇、第一次世界大戦、王朝崩壊へと続く、悪夢の序曲がルドルフの死だった。
八九年十二月、ブルックナーはブルク劇場の楽長の地位を志願する。翌九〇年には病気を理由に、七月十二日から音楽院を休職。六十代の半ばを越えたブルックナーの生活に、変化の兆しが忍び寄る。

ルドルフが変死した翌年の夏、皇室は慶事に華やいだ。九〇年七月三十一日に、皇帝夫妻の末娘マリー・ヴァレリーと、トスカナ大公フランツ・ザルヴァトールの婚礼が執り行なわれたのである。花嫁のたっての希望で、ブルックナーはバート・イシュルの離宮へおもむき、式の際にオルガンを弾くこととなった。彼が即興演奏のテーマとして提案したのは、『交響曲第一番』フィナーレからの主題、かつてロンドンで喝采を博した『皇帝讃歌』、そしてヘンデルの『ハレルヤ』の主題だった。この時のスケッチが、ブルックナー唯一の即興演奏メモとして残されている。

式当日、実際に演奏されて好評を博したのは『皇帝讃歌』と『ハレルヤ』だった。ブルックナーは親族のテーブルに席を与えられ、皇帝自ら彼を貴人たちに紹介した。ブルックナーにはこの時の報償として、金貨百ドゥカーテンが与えられた。コンメンダによれば、ブルックナーはむしろ勲章を期待しており、不満げにこう洩らしたという。

「連中はわしにドゥカーテン金貨の筒を送ってよこした。わしに金を恵みよった。机の引き出しに放り込んだまま、覗いたこともないがね」

同じ年の九月十六日、リンツ北西の町ノイフェルデンで、ブルックナーのオルガン・コンサートが催された。翌日ブルックナーは聖堂楽長カール・ヴァルデックとともに、この町に住む一人の女

ヨゼフィーネ

カロリーネ

性を訪問した。かつてリンツ時代に求婚した肉屋の娘、ヨゼフィーネ・ラングである。

ヨゼフィーネは八歳年上の富裕な商人と結婚し、五人の子をなしていた。この前年亡くなった夫ヨーゼフ・ヴァイルンベックは、ノイフェルデンの市長なども務め、その兄弟カールはリンツの男声合唱団「ゼンガーブント」に属し、ブルックナーの合唱人脈の一員でもあった。

この訪問でブルックナーは、ヨゼフィーネの娘カロリーネと知り合い、深く心を動かされた。この十九歳の娘は、かつて恋した母親に生き写しだったからである。ブルックナーはカロリーネを「愛すべき分身」と呼んで文通を交わし、アントン・フーバーの撮影になる自分の写真を送っている。

十月、高地オーストリア州議会は満場一致で、ブルックナーに四百グルデンの終身年金を支給することを決定した。この頃オーストリア各地で、ブルックナーが「コンゾルティウム（借款団）」と呼ぶ後援会が発足し、彼の家計を少なからず助けていた。

いわゆる「高地オーストリア・コンゾルティウム」は、個人教授の弟子マックス・フォン・オーバーライトナーの呼びかけにより、シュタイアで発足した。友人アルメロート、武器製造業者ヴェルンドゥル家、ランベルク伯爵夫妻、材木商カール・レーダーなどが会員となり、ブルックナーに年金千グルデンを支給した。これとは別に、マックスの父カール・フォン・オーバーライトナーを中心とする後援会は「モラヴィア・コンゾルティウム」と呼ばれた。

これにやや遅れて、ヴィーンでもコンゾルティウムが結成された。会員は著名な切り絵画家オットー・ベーラー、彼とともに製鉄会社を営む兄弟たち、リートホーフの医師団、若き実業家エックシュタインらだった。こうしてみると「孤高の野人」ブルックナーは、堂々たる人脈を擁していたのが分かる。

九一年一月十五日、ブルックナーは正式に音楽院を退職し、四百四十グルデンの年金を支給されることとなる。音楽院退職と同じ日、楽友協会名誉会員の称号が与えられた。その年の三月、ブルックナーは作曲中の『第八番』を皇帝に献呈した。フランツ・ヨーゼフはこの献呈を受け、この二年後の出版の際には、ブルックナーの期待通り私財から印刷費を負担した。

名誉博士

ブルックナーは音楽院退職後もヴィーン大学で教えていたが、身分は未だに講師のままだった。ハンスリックは二十年も前から教授であり、教職を持たないブラームスやハンス・リヒターでさえ、イギリスの大学の名誉教授という肩書きを持っていた。ブルックナーに名誉博士号をという声が、ヴィーン大学周辺から上がり始める。

物理学教授ヨーゼフ・シュテファンがこれを代表し、ミュンヒェンの宮廷楽長ヘルマン・レヴィに見解を求めた。九一年六月、レヴィはバイロイトからこれに答え、ブルックナーが作曲家、音楽学者、対位法理論家、教師として、いかにその栄誉にふさわしいかを力説した。

こうしてブルックナーに対する名誉博士号授与が、七月四日の哲学科教授会において、満場一致で承認された。ハンスリックが激怒して退席したというのは伝説に過ぎず、彼はこの時休暇を取っていた。十月初め、皇帝の裁可が下った日、ブルックナーは学生たちとヴィーン郊外にあったが、決定の報に帽子を放り投げて喜んだという。

十一月七日の授与式に立ち会ったのは、わずかに友人たちだけだった。シュタイア・コンゾルティウムのランベルク伯爵夫妻、アルメロート、レーダー、元フロージン団員ローレンツらである。ランベルク伯爵はブルックナーに、名誉博士の身分を示す指輪を贈った。授与式後ブルックナーはかろうじてこう述べた。

「思うように感謝の言葉も出よりません。ここにオルガンさえあれば」

その四日後、アカデミー合唱協会主催の祝賀会が、ゾフィーエンザールで催された。三千人の学生たちがブルックナーを祝福し、学長アドルフ・エクスナーはこう演説した。

「学問が越え難き壁の前で停止するところ、芸術の王国は始まる。あらゆる学識の及ばぬ事柄も、そこでは表現可能なのである。私ことヴィーン大学学長は、ヴィントハークの元下級教師の前に頭を垂れる」

この二日後の十一月十三日、『交響曲第一番』ヴィーン稿が初演された。この交響曲は名誉博士号授与に対する感謝の印として、ヴィーン大学に献呈されたのである。

宮廷オルガニスト退任

九一年五月、ブルックナーは『テ・デウム』のベルリン初演に立ち会うために、その地に滞在していた。ジークフリート・オックス指揮、アカデミー合唱団による初演は大成功を収めた。この時はハンス・フォン・ビューロウでさえも、ブルックナーに対する認識を改め、『テ・デウム』再演の要望を洩らしたという。だが彼自身はついに一度もブルックナー作品を指揮することなく、この三年後エジプトのカイロで客死する。

九二年四月、マーラーがハンブルクで『テ・デウム』を初演し、次のように書き送ってきた。


ようやく先生にお便りすることができ、本当にうれしく思います。先生のお作を演奏しました。あの見事で力強い『テ・デウム』を、昨日（聖金曜日）指揮したのです。演奏者も聴衆も、その雄大な構成と崇高な思想に、深く感動しました。演奏が終わった時、私は一つの作品の大勝利とおぼしきことを体験しました。聴衆は座ったまま身じろぎもせず、指揮者と演奏者がステージを去った後で、ようやく嵐のような拍手が沸き起こったのです。先生がその場に居られたら、どんなにお喜びになられたことか。人があれほどの感動に包まれるのを見るのは、まれにしかない体験です。祝日だったために批評が出るのは数日後ですが、必ずお送りします。「ブルックナー」はハンブルクへの勝利の入城を果たしたのです。私からの心をこめた握手を。先生を敬愛する友人であり、真の意味であなたのものなる、グスタフ・マーラー。

同じ年の初頭、ブルックナーはヴィーン合唱協会指揮者ホイベルガーの依頼で、『詩篇第百五十篇』の作曲に着手した。それは半年ほど後に完成され、その年のうちに初演され出版された。ややもすれば『テ・デウム』の陰に隠れがちだが、これもまた円熟した書法による晩年の傑作である。九二年七月、ブルックナーはバイロイト祝祭を訪れたが、彼にとってこれが最後のバイロイト滞在となった。この時彼は体調を崩し、知り合いの医師ロストホルンの手当を受けている。同年十月、ブルックナーは年金を得て宮廷オルガニストを退任した。これにより、彼の勤めはヴィーン大学だけとなり、ようやく創作に専念する環境が整った。

だが同時にそれは、衰えていく健康との競争でもあった。死の時計が、残された時を刻み始めたのである。

マンハイムの美男指揮者

『交響曲第八番』の改訂を続けていたブルックナーは、九〇年三月に第二稿を完成した。出版についてはレヴィに協力を仰いだが、その目処はまだ立っていなかった。レヴィはいまだにこの曲に馴染めず、自ら初演には踏み切れなかった。

この頃レヴィは、個人的な苦境に立たされていた。彼はアマーリエ公女の女官と恋仲になり、二人とも健康を崩した末に、女官はこの前年に亡くなった。このスキャンダルにより、公女との師弟関係も終わりを告げ、レヴィは九六年に引退する。そしてその四年後、六十一歳でこの世を去る。

『第八番』初演を断念したレヴィは、代わりにフェーリクス・ヴァインガルトナーを推薦した。レヴィはこのマンハイムの青年楽長を、我が子のように信頼していた。ブルックナーは九〇年十月ヴァインガルトナーにスコアを送り、翌九一年一月二十七日にはこう書き送る。

この間の日曜日に『交響曲第三番ニ短調』の二回目の公演が催されました。理想的な指揮者ハンス・リヒター、完璧なフィルハーモニカー、そして上質の聴衆による、際限のない感激と歓声。楽長閣下にはこのことを新聞にお載せいただけませんでしょうか？　もし可能ならば嬉しさの極みです。『第八番』はいかがですか、もう試演なさいましたか、どんな響きですか？フィナーレはそこに指示した通りどうぞ短縮なすってください。でないと長過ぎるでしょうし、この作品は後世にこそ通用するものであり、しかも友人たちや専門家のためのものです。テンポはどうかご自由に変更なさってください（それが明瞭さのために必要とあれば）。写譜のためにいかほどお支払いしたらよろしいでしょうか、どうかお聞かせください。楽長閣下は好意的な批評家とご懇意ですか？　マインツのH・ショットは参りますでしょうか？　当方は出版を

フェーリクス・ヴァインガルトナー

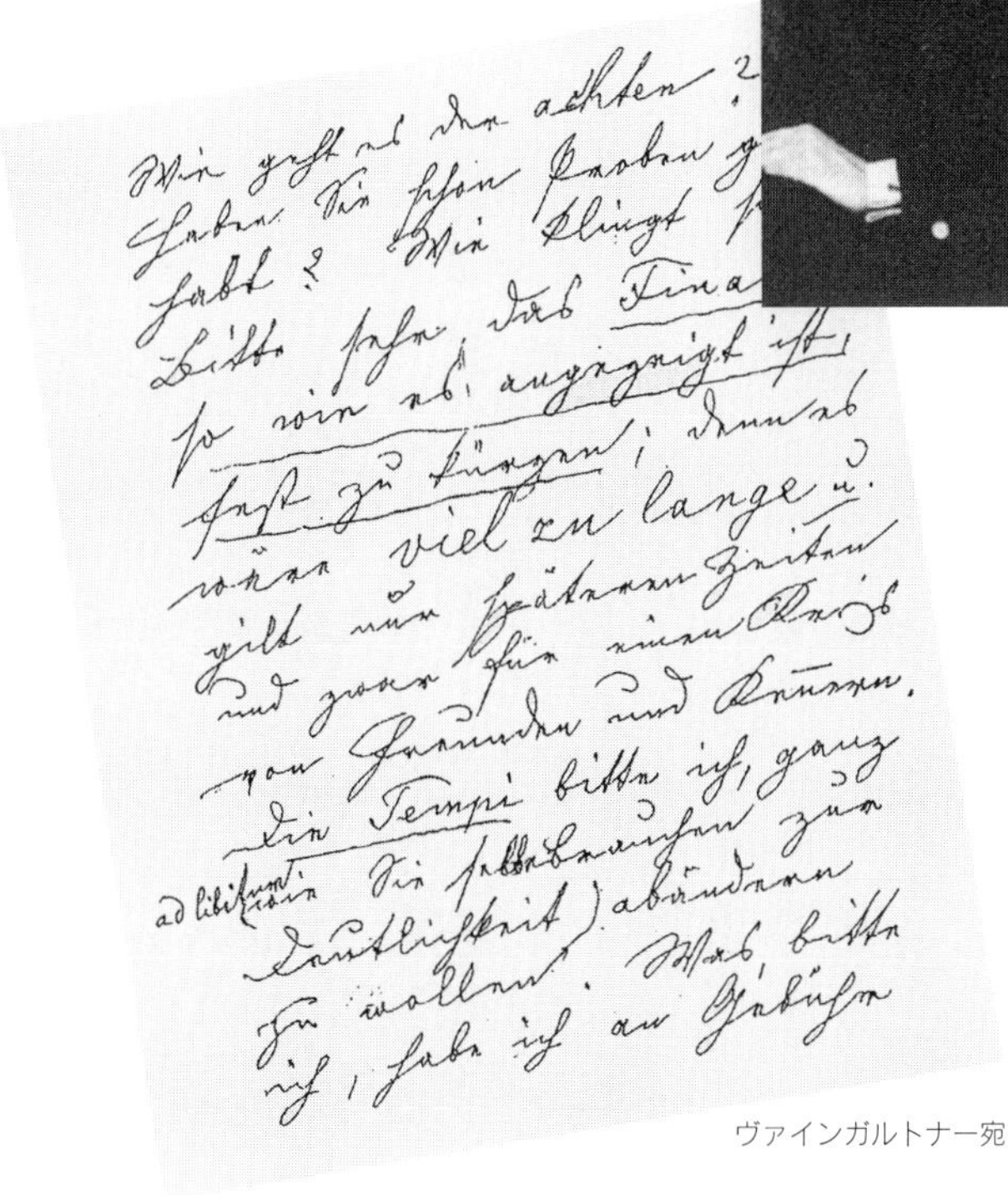

ヴァインガルトナー宛書簡（1991年）

希望しております。この交響曲は皇帝に献呈されましたが、少なくともこの交響曲だけは、あの善き皇帝に印刷費のご負担をおかけしたくないと存じております。

丁重だがビジネスライクであり、自分の要望をズバズバと述べている。ブルックナーはこれに続けて、『第八番』の標題的内容について解説を加えているが、それについては後述する。九一年三月、彼は喉と胃に不調を感じ、医者の勧めに従って聖フロリアンで静養する。『第八番』初演については、短縮はやむなしとしても、スコアの変更だけは避けたいと考え、三月十七日ヴァインガルトナーに宛ててこう書く。

どうかオーケストラの望む通りになさってください。ただし、どうかスコアだけは変更なさらぬよう。印刷の際にも声部に手をお加えなさらぬよう。心からのお願いです。もしショットが出版を引き受けてくれるなら、望むところであり、嬉しい限りです。私と私の作品が世に認められるよう、閣下の多大な労力をたまわること、そしてなによりも、閣下の天才が私の慰めです。フィナーレの短縮はご承諾ください。でないと長過ぎるし、非常な不利益になるでしょう。

ブルックナーはまたしてもフィナーレの短縮を要望している。ノーカットによる演奏は「後世」のためのものなのである。ただしスコアの変更については強く牽制している。

『第八番』の最初のリハーサルは、三月十九日に行なわれた。マンハイムのオーケストラが小規模なために、ヴァインガルトナーはオーケストレーションの変更を求めた。そして四月九日、彼は突然『第八番』初演を降板する。ベルリンの宮廷歌劇場と宮廷オーケストラの楽長に抜擢され、マンハイムを去ることになったのである。

ヴァインガルトナーは降板のつぐないに、できるだけ早い機会にベルリンで、ブルックナーの作品を演奏すると約束した。だが実際に彼が優先したのは、ベルリオーズやリストだった。楽長就任からようやく四年後、ブルックナーの『第四番』をステージにかけたが、その演奏は特に注目を引くものではなかった。ブルックナーの生前にヴァインガルトナーが取り上げたのは、わずかにその一曲だけである。

ヴァインガルトナーはヴァイマールでリストに作曲を学んだが、彼の作品は現在ほとんど知られていない。彼はエリート然とした、堂々たる風采の指揮者であり、その演奏は典雅で知的だった。彼はモーツァルトのオリジナル演奏の先駆者として知られ、その美意識は本質的に古典的なものだった。

彼は後にヴィーンの宮廷オペラの監督になったが、マーラーが苦労して定着させたノーカットの習慣を元に戻し、ヴァーグナーやモーツァルトを短縮版で上演した。彼はそういったことを「芸術上の義務」と呼んだ。優れた歌手たちはヴィーンを去り、彼は三シーズン後に解雇された。

一九二三年に出版した回想録で、ヴァインガルトナーはブルックナーの交響曲について次のように書いている。

ここに見事な胴があり、腕があり、足があり、頭があり、どれもみな素晴らしい。だが四楽章から成る大交響曲として、なぜこれらは結合されねばならないのか？　その山塊を組織的構築物と呼ぶことはできない。その上彼の交響曲は、どれも取り違えるほどそっくりだ。似たような構造の主題、似たようなポリフォニー、似たような経過句、そしていたるところに同じような構成力の不足が見られ、そのことが多くの主題に宿る高貴な性格と矛盾している。

回想録によれば、ヴァインガルトナーはヴァーグナーの墓前で初めてブルックナーと出会ったが、その思い出は嫌悪感と結び付いているという。ここには初めから、ひとかけらの共感もなかった。

野人のシンフォニー

これまでもたびたび触れたように、ブルックナーは『第八番』の標題的内容について、かなり早い段階から人に語っている。ヴァインガルトナー宛書簡では、彼はこう語った。

第一楽章には主題のリズムに基づく、トランペットとホルンの楽節がありますが、それは「死の告知」です。それは途切れがちながらしだいに強く、しまいには非常に強くなって姿を現わします。終結部は「降伏」です。

スケルツォ。主要主題は「ドイツの野人ミッヒェル」と名付けられています。第二部で野人は眠ります。彼は夢の中で自分の歌を見付けられず、嘆きながら寝返りを打ちます。

終楽章。我が皇帝がその頃オルミュッツで、ロシアのツァーリの訪問を受けた時の模様です。弦はコサックの騎行。金管は軍楽隊。トランペットのファンファーレは、皇帝たちが出会う場面。最後にすべての主題（おもしろく）、タンホイザー第二幕で王が登場する場面のように、ドイツのミッヒェルが旅から帰ると、すべてが光輝に包まれます。フィナーレでは葬送行進曲と変容が（金管で）奏されます。


『第八番』についてはこれ以外にもさまざまな言及がある。ゲレリヒ＝アウアーによれば、ブルックナーは授業中ひとしきり講義した後、しばしばピアノに向かい、作曲中の自作について語った。『第八番』冒頭楽章が最後の盛り上がりを見せ、トランペットとホルンが主要主題の付点リズムを繰り返すところを、彼は「死の告知」と呼んだ。そして主要主題の下降音型が執拗に繰り返される結尾部を「死の時計」と呼んだという。彼はこう語った。

「言うならば、死の床に横たわる者の正面に時計が掛かっている。彼が臨終を迎える時も、時計は正確に時を刻むわけだ、ティク、タク、ティク、タク……と」

ブルックナー最晩年の『第八番』と『第九番』は、いわば死に憑かれた交響曲である。バロックの画家たちが、命のはかなさの象徴である砂時計を画面に忍び込ませたように、ブルックナーの『第八番』でも時計は重苦しく時を刻んでいる。

ブルックナーが最も饒舌だったのは、第二楽章スケルツォについてだった。シュトラーダルに語ったところでは、スケルツォで描かれているのは「踊るミッヒェル」であるという。幾人かの証言では、トリオ部分でミッヒェルは田園にいる夢を見ている。グレーフリンガーによれば、ブルックナーはトリオの最後の四小節を「ミッヒェルの祈り」とも呼んだ。

スケルツォはシュタイアで完成されたが、訪ねて来た医師ヴィースナーに、ブルックナーはこう言ったという。ミッヒェルは眠ろうとするが少しも落ち着かず、耳を引っ張られて目を覚ます（スコアにおけるNの直前）。一徹者のミッヒェルは敵と戦い、棍棒で四方八方打ち据える、と。

ゲルマンの古代宗教が否定された後、主神ヴォーダンにかわってドイツ人の守護者となったのは、天の軍勢を率いる大天使ミカエルだった。このため中世には、ノルマンディー海岸のモン・サン・ミシェル修道院へ、ドイツ人の巡礼が引きも切らなかった。フランス人は彼らを「ドイツのミシェル（ミッヒェル）」と呼んでいたという。

ミッヒェルはやがて「鈍重愚直なドイツ人」そのものを象徴するキャラクターとなり、第一次世界大戦まで小説や詩やドラマにさかんに登場した。三月革命以前に作曲された民衆歌では、ミッヒェルはこう歌われている。

目覚めよミッヒェル
まどろむひまに売り渡されぬよう
とんがり帽子を投げ棄てろ

夢見ることはもう無益だ
しっかりと目をこすれ
そこら中に危険が迫っている
目覚めよミッヒェル（……）

当時のオーストリアに迫る危険とは、民族主義の台頭であり、「内なる敵」スラヴである。ここでのミッヒェルは、ドイツの危機に警告を発する愛国主義的キャラクターとなっている。ブルックナーの政治的立場は、きわめて素朴な愛国主義だった。初期の合唱曲『ゲルマン人の行進』『祖国の酒の歌』『祖国の歌』や、晩年の『ドイツの歌』『ヘルゴラント』などにも、ドイツ民族主義が率直に表現されている。

ではブルックナーの『第八番』は、彼の「愛国交響曲」とでも呼ぶべきものなのだろうか？　ヴァインガルトナーに書き送ったプログラムから、キーワードを書き出してみよう。

ミッヒェルとして描かれたブルックナー
フェリー・ベラトンによるカリカチュア（一八九二年）

第一楽章「死の告知」「降伏」
第二楽章「ドイツの野人ミッヒェル」
終楽章「コサックの騎行」「軍楽」「皇帝たちの会見」「ミッヒェルの帰還」「葬送行進曲」「変容」

ここには「死」と「祖国愛」という二つのテーマが、一見脈絡もなくあざなわれている。奇妙なことには（ベートーヴェンの『交響曲第八番』全体に匹敵するほど長い）第三楽章「アダージョ」については、一言も言及されていない。

恐らくブルックナーの意図は、『ロマンティック交響曲』の場合と同じく、通俗的な比喩で自作をアピールすることだっただろう。たぶん同じような動機から、ヨーゼフ・シャルクも『第八番』初演のプログラムに、自作の詩を添えたギリシャ神話風の解説を載せている。シャルクのもったいぶった解説は、およそ次のように要約することができる。

第一楽章「アイスキュロスのプロメテウス」
第二楽章「ドイツのミッヒェル」
第三楽章「静穏な神の支配」
第四楽章「神への献身におけるヒロイズム」

第二楽章の「ミッヒェル」を除けば、シャルクのプログラムはブルックナーのそれと重なるところはない。このことをもってしても、ブルックナーのプログラムが一つのレトリックに過ぎないことが分かる。

ブルックナーの『第八番』は、どのようなプログラムとも無縁な、強固で自律的な音楽構造を備えている。そのことを誰よりもよく理解していたのは、むしろ彼の「敵陣営」の方だった。『第八番』初演翌日の「月曜レヴュー」紙に、マックス・カルベックはこう書いている。

「そもそもブルックナーがスケルツォを書くにあたって、彼の脳裡にドイツのミッヒェルがあったかどうか、私たちには何の関わりもない。スケルツォが作曲者の音楽的意図を忠実に再現するためには、特別な英雄など必要でなく、彼の交響曲に標題は不要なのだ。私たちはブルックナーの作品を、その友人からだけでなく、彼自身からも守らねばならないのである」

『交響曲第八番』

ヘルマン・レヴィが言うように、『第八番』は一見して『第七番』と同工異曲である。だがその音楽空間は驚くほど奥行きを増し、その山頂は下界をはるかに去っている。『第九番』が未完に終わったために、『第八番』はブルックナーが書いた最大の交響曲となった。それはブルックナー交響曲の主峰として、雄大なプロポーションを誇っている。

冒頭楽章はいつもの「ブルックナー開始」で始まる。だがピアニッシモで奏せられるその主題は、これまでになく重苦しい。展開部は例によって対位法的に処理され、二つの主題の衝突によって巨大なクライマックスが形成される。第一楽章のフィナーレは、初稿では通例通り輝かしい勝利の和音で結ばれていた。だが第二稿でこの結尾部は削られ、第一主題の下降音型に由来する「死の時計」が、あえぐように楽章を閉じる。これにより『第八番』の冒頭楽章は、これまでのように自己完結することなく、壮大なドラマの幕開きという性格を帯びる。

第二楽章は通常の緩徐楽章ではなく、スケルツォである。『第八番』以降アダージョとスケルツォの位置が逆転するのは、冒頭楽章がこれまでにない重量感を持つために、軽快なスケルツォでバランスを取るためだといわれる。終楽章もこれまでのように冒頭楽章的な性格を持たず、待ち望まれた大団円としてその姿を現わす。ブルックナーは常になく全四楽章の有機的関連に心を砕いている。

『第八番』のスケルツォは、明晰で風通しのよい音楽である。第二稿のトリオではハープが使われているが、これまでブルックナーはハープの使用について否定的だった。「ハープは交響曲にふさわしくない、だからベートーヴェンも使わなかったのだ」と彼はエックシュタインに語っている。だがハープはスケルツォのトリオで色彩を添え、次の楽章でも効果を発揮する。

第三楽章アダージョでは、個性的な主題が相次いで登場する。ほの暗い色調の第一主題第一句、第一主題第二句で神秘的に上昇するヴァイオリン、第二主題第一句の孤独なチェロのつぶやき、テノール・テューバによるコラール風の第二主題第二句……。これらの主題は様々に変容しながら、時に対位法的に展開され、時に高潮の瞬間を迎える。この楽章には「ロマンティック・ブルックナー」とでも呼べる幾つかの瞬間がある。楽章の終わり近く、ハープが天上的な音の粒を撒き散らす部分など、聴く者によって好悪の分かれるところであろう。

第四楽章フィナーレは、いきなり眼前に険しい岸壁の眺望が開けたような、圧倒的な響きで幕を開ける。ブルックナーの無意識に潜む異空間が、突然外界に向かって溢れ出したかのようだ。その黒々とした山塊は、超現実的な高度と延長を持ち、現実よりはるかに荒涼とし、はるかに魅惑的で浄福に満ちている。それはブルックナーの途方もない飢餓が生み出した、カタストロフとカタルシスの連鎖であり、そこでは石くれの一つ一つが、生命と真実のドラマを繰り広げている。

『第八番』の終楽章は、ブルックナーが書いた最長のものであり、その総決算と言ってもよい。この楽章は例によって、主題を三つに拡張したソナタ形式で書かれ、例によって技巧を尽くした展開部と再現部を経た後、冒頭楽章の冒頭主題が金管で回帰して、圧倒的なフィナーレを迎える。先行楽章の主題や動機が、次々とここに呼び集められ、最後の二ページでは四つの楽章のすべての第一主題が呼応し合い、宇宙の轟音のうちに明滅する。そして輝かしい姿に変身した「死の時計」の下降音型が、強奏のうちにこの大交響曲を閉じる。

ブルックナーはその晩年に至るまで、あくせくと目先のことに追いまくられ、立身出世をたくらみ、異性に執着し、ほとんど人間的成長を遂げなかったようにさえ見える。だがその作品は常に進化の途上にあり、とどめようもなく自らを深め、驚くべき高みに達していった。この矛盾を私たちは「天才」と呼ぶのである。

ブルックナーの『交響曲第八番』は九二年三月、皇帝の援助を得て出版された。例によって例のごとく、ヨーゼフ・シャルクがかなり手を入れた改訂版だった。初演はその年の十二月十八日、リヒターとヴィーン・フィルによって実現され、その日の演奏曲目はこの『第八番』のみだった。楽友協会幹部用の桟敷には、ブラームスが姿を見せていた。だがこの曲を献呈された皇帝は、代理の高官たちを出席させて狩に興じていた。

この夜はオーケストラも聴衆も『第八番』の成功に酔いしれ、ブルックナーには三つの桂冠が捧げられた。コンサートも果て、ブラームスとハンスリックが同じ馬車に乗り込もうとすると、ブルックナーが駆け寄ってうやうやしく馬車の扉を開けようとした。彼は周囲に制されてようやく思い止まったという。

ハンスリックの批評は、コンサートの成功を認めながらも、例によってかなり刺々しいものだった。彼は「実際には何の役にも立たない、無味乾燥な対位法の知識と、限度を知らない興奮の併存」と評し、フィナーレを「非人間的な絶え間のない轟音」と評した。そしてシャルクによる神話風の解説を辛辣にからかい、リヒターがヴィーン・フィルの定演をブルックナー作品で独占したことに、じんわりと皮肉を言った。

シュトラーダルによれば、ブルックナーは『第八番』初演後に「赤い針鼠亭」でブラームスと顔を合わせた時、おずおずとあの作品がお気に召したかと訊ねた。

「ブルックナーさん、あなたの交響曲は理解できません」

この時はさすがのブルックナーも、むっとしてこう答えたという。

ブルックナーの胸像
（ヴィクトル・ティルクナー作、1891年）

「私にもあなたの交響曲は同じことです」

だがブラームスは明らかに『第八番』の力量に感銘を受けていた。彼は出版社ハスリンガーに勤めている友人に、スコアを送ってくれるよう依頼している。ブラームスの伝記作家であり、かつて『第七番』を散々に酷評したカルベックも、『第八番』には脱帽して次のように書いている。

「それはこれまでに発表されたこの作曲家の作品中、疑いもなく最高傑作であろう。明瞭な構想、見通しのよい編成、意味深い表現、洗練されたディテール、そして論理的な思考によって、それは過去の作品を陵駕している」

第10章　告　別

晩年の日々

最晩年に差しかかったブルックナーは、しだいに仕事から身を引いたが、ヴィーン大学での講義は続けていた。彼の講義は学生たちの人気を博していた。作家ミヒャエル・マリア・ラーベンレヒナーは、一八九〇年頃の聴講の思い出をこう記す。

ブルックナーが教室に姿を現わすと、入り口のドアから一歩も踏み出さないうちに、教室全体から大きな拍手がわき起こった。面食らっている私に友人が「いつもこんな風に迎えるのさ」と説明した。ブルックナーは歓声を上げる連中に機嫌良くうなずき、拍手がおさまりかけた頃、純然たる方言でにこやかにこう言った。「指を痛めとるもんで、一緒に手をはたけやせん」彼がその証拠に手を差し上げると、一本の指の先に白い包帯が巻いてあった。押し殺した笑いの中から、同情のざわめきが起こった。彼は教壇に上がって上着を脱ぎ、チョークを掴んだが、講義を始める前ににやりと笑い、またしてものどかな方言でこう言った。「たった今、外の廊下にご婦人がござってな、よそ者じゃったが、わしに話しかけよった。わしの作品をえろう奉ってからに、ヴィーンを発つ前にぜひわしを、一目でもおがんどきたかったちゅうん。だからこう言うてやった。わしゃ見せ物とちがいますけに」この思いがけない報告に、全員が爆笑で答えた。やがて講義が始まった。彼が「学生諸君！」と口を切ると、講堂は静まり返り、聴衆は彼の虜となった。彼は心地よい標準語で話し始めた。

この証言で興味深いのは、ブルックナーのバイリンガルぶりである。彼はことさら田舎者らしくふるまうことも、そうしないこともできたのであり、方言丸出しのブルックナーは彼の一面でしかないのだ。

ポーランド出身の指揮者ジャン・ルイ・ニコーデは、ヴァーグナーとブルックナーの熱烈な信奉者だった。彼はドレスデンでフィルハーモニー・コンサートを主宰しており、八七年にはゲヴェルベハウス・オーケストラで『第七番』を指揮した。それをきっかけにブルックナーと手紙を交わすようになり、文通はブルックナーが亡くなるまで続いた。

一八九一年三月、ニコーデの合唱曲『海』がヴィーン合唱協会により演奏された。ブルックナーは体調を崩してそれを聴けなかったが、ニコーデ夫妻は彼に会いにヘスガッセ七番地を訪れた。ブルックナー夫妻を出迎えたブルックナーは、シャツ姿でスリッパを履き、左手にローソクをかざしていた。ニコーデはドレスデンでの『第七番』の成功を報告し、作曲中の『第九番』について訊ねた。ニコーデは記す。

絶対にそうだと言い張るつもりはないが、彼はこの時すでに私にこう言ったと思う。もし『第九番』の第四楽章を完成できない場合は、『テ・デウム』を終楽章に代用してもよい、と。私がおおいに関心を示すと、彼は見るからに喜びを表わし、署名入りの写真をくれた。それから邪気のない好意の目で私たちを眺め、結婚して何年になるのかと訊ねた。彼はこう言った。「私も結婚の望みはあるですが、思う人には思われず、思うてくれる人は気に染まずでして」彼の目がうるみ、涙の粒が光った。

最後に彼は私たちを、書斎の右側の部屋に導いたが、そこは同じように広い寝室だった。ベッドの上の方にベートーヴェンとヴァーグナーの肖像が飾られ、彼はその前で跪かんばかりにうやうやしい身振りをした。「私の熱愛する巨匠たちです」彼は美しい真鍮製のベッドがかなりの自慢とみえて、それが「イギリス製」であることをさかんに強調した。なんでも最近知人たちから（確か学生たちからという話だった）贈られたものだという。「これが私の何よりの贅沢です」彼は両手で幾度もベッドを押してみながら、顔を輝かしてこう言った。「ほら、こんなにふかふかでしてな」それが彼の極上の持ち物だった！　私たちがそろそろいとまを告げようとすると、彼は窓際の机に歩み寄り、積み上げられた葉巻の箱の中から、一掴み取り出して私にくれた。彼は禁煙を申し渡されているのに、友人たちからどっさり貰うのだという。私は彼に、どうかすみやかに健康を回復され、これからもお元気で作曲を続けられるように、と挨拶した。彼は慎ましくこう答えた。「天におわします方が望まれるなら、そうありたいもんですて」

ニコーデはこの四年後ドレスデンで『第八番』のドイツ初演を果たすが、すでに病を得ていたブルックナーは、それを聴くことができなかった。

ブルックナーの知人に、エリーザベート・ボレという女流作家がいた。彼女との話題の一つに、女性がオペラの台本を書くことができるか、というのがあった。ボレは一八九三年にG・ボレ＝ヘルムントという「中性的」な変名を用いてブルックナーに手紙を書き、「宗教的な内容を持つ、個性的で、崇高で、叙情的モティーフにも事欠かない」オペラ台本を提供したいと申し出た。ブルックナーはシュタイアからこう返事している。

「あなたの素晴らしいお手紙には、偉大な天才の片鱗がのぞいております！　私はいつも病気がちで、今は医者の指示で安静にしておらねばなりません。一段落したら『交響曲第九番』を完成させるつもりですが、恐らくあと二年はかかるでしょう。その後もまだ生き長らえ、そしてまだ余力があれば、喜んでドラマ作品を書いてみたいと存じます。ローエングリン風のロマンティックな、宗教的・神秘的で、とりわけすべての不純なものから離れたものを、と希望しております」

結局ブルックナーがこの分野に手を染めることはなかったが、それは彼にも私たちにも幸運だったかも知れない。ヨハン・シュトラウスのオペレッタを絶賛していたブラームスも、オペラを書くつもりで台本を集めていたが、五十台半ばになって最終的にその計画を断念している。

九一年五月に『テ・デウム』がベルリンで初演された時、ブルックナーはホテル「カイザーホーフ」のメイド、イダ・ブーツと知り合った。ブルックナーは靴屋を営む彼女の両親を訪ね、結婚の許しを求めたが、本気にされず婚約には至らなかった。イダの両親は一年の考慮期間を課したという。周囲の驚きをよそに、ブルックナーがイダと婚約するのはこの三年後である。

やはり同じ年、ブルックナーはブラウナウ近郊アルトハイムの商人の娘、ミンナ・ライシュルに求婚し、はなはだしい年齢差を理由にはねつけられた。ミンナはその五年後、死を間近にしたブルックナーをベルヴェデーレに見舞っている。

九二年頃、ブルックナーはヴィーン・フィルのコンサートで、マグダ・プライプシュという少女に出会う。当時十七歳だったマグダによれば、その夜のプログラムはブルックナーとベートーヴェンの交響曲、そしてヴァーグナーの『聖金曜日の奇跡』だった。開演時間に遅れてやって来ると、オーケストラはすでにチューニングを始めており、聴衆は物珍しげに彼女を見やった。マグダは自分の席を見付ける余裕もなく、前方の隅に座っている質素な身なりの老人に目を止めた。

「このお年寄りの側に座ろう。そうすれば大丈夫だ」私はそう考えてそちらに歩いて行き、彼の後ろの席に座った。彼は驚いたように私を振り返り、こう訊ねた。「どうしてここへ？」「ここが私の席でないことは分かっています。遅れてしまって。でもじきにどきますから。きっとすぐに私の席が見つかりますわ」すると彼はさかんに異議を唱えた。「まあ、まあ、まあ、ここにおいでなさい。私はちっとも構いません。もうじき始まりますよ」すると本当にコンサートが始まった。私はこの奇妙な状況も、このご老人のことも、周囲の黒い燕尾服のことも、みんな忘れて音楽に没頭した。最初の楽章が終わった時、ご老人はまた私を振り返り、「お気に召しましたか？」と訊ねた。私はまだうっとりとしたまま「ほんとに素晴らしいですこと、ブルックナーですもの」と答えた。すると彼は自分を指さしてこう言った。「そりゃ私のことですて」私は言葉を失った。漠然と思い描いていたブルックナーと違って、彼は畏敬の念を抱かせるどころか、むしろ変てこなお年寄りだった。その人がこの素晴らしい音楽作品の創造者だなんて、私には腑に落ちなかった。やがて天使の羽音のような第二楽章が始まった。間もなく私には、すべてが違った風に見え始めた。このような神々しい音楽を私たちにもたらすために、こんなにも木訥な人が選ばれたことに、私は深く感動した。次の休憩の間中、彼は私とだけ言葉を交わした。彼はふと自分の服を見下ろし、「今日はよりにもよってこんな古着を」と言った。彼はそれから首に手をやった。「カラーもぶかぶかだ。楽なのが私の好みでね。だがあなたが来ると分かっとりゃ、もう少しましなのにしたんじゃが」名は何というのか、何者なのか、どこから来たか、と彼は訊ねた。私が高地オーストリアのクレムスミュンスターの者で、弁護士フェッスル博士の娘だと答えると、彼はさも嬉しげにこう言った。「私も高地オーストリアの人間です。私がまたくにへ帰る時にゃ、きっとあなたをお訪ねします。ヴィーンで私を見かけたら、きっとお声をかけてください。後生だからそうしてやってください。私は道を歩いとって、自分が誰にも気付かれんと思うことがよくあるのです。もしあなたがそんな風に通り過ぎるとしたら、私にはとても辛いことです。私の名前を忘れたら、どうかブルッケン（橋）を思い出してください」

マグダの回想は、晩年のブルックナーと若い女性との交流のさまを、いきいきと伝えて興味深い。ここに見るブルックナーの態度は、紳士的で慎み深く、そして飾り気がない。

ブルックナーは一八七五年頃から、シュタイアの広い司祭館に招かれて夏を過ごしていた。『第八番』と『第九番』の多くの部分を、彼はそこで作曲している。この地には「馬車どん」ことアルメロート、医師ヴィースナー、楽長フランツ・クサヴァー・バイアーなどの友人がいるほか、幾つかの合唱団もあった。

楽長バイアーはブルックナーの弟子であり、シュタイアで『パンジェ・リングァ・エト・タントゥム・エルゴ』『ミサ曲第一番』『レクイエム』などのブルックナー作品を演奏した。彼の二番目の妻ユラは、シュタイアにおけるブルックナーについて、幾つかの回想を書き残している。

『ミサ曲第一番』は九三年の復活祭に演奏されたが、ブルックナー自身がオルガンを弾いた。ユラによれば、バイアーはこの時あるいたずらを思いつく。「クレド」のキリストの埋葬場面でのオルガン・ソロを邪魔するために、送風を止めてしまったのである。祭壇の後ろには、ハルモニウムと演奏者が待機していた。ブルックナーはやおら鍵盤に指を触れたが、押し黙ったオルガンに愕然とした。やがて祭壇の後ろからハルモニウムの弱音が聞こえ始めると、大粒の涙をこぼして感動に震えたという。

シュタイアの若い理髪師ゼップ・シュテーガーは、一八九一年頃週に三回ずつ司祭館に呼ばれ、ブルックナーの髪を刈った。このユニークな人物は、後にシュタイアに自分の店を持ち、郷土作家となっている。彼が司祭館に呼ばれると、ブルックナーの注文はいつも、できるだけ短かく刈ることだった。ブルックナーは指の幅ほどの口髭を生やしており、大公妃マリー・ヴァァレリーはそれを「サロン用のちょび髭」と呼んでいたという。シュテーガーはこう記す。

その頃の最新流行といえば、アメリカ製のバリカンを使うことだった。私もその種のもので芸当に取りかかろうとすると、ブルックナーは憤慨して何をするのかと訊ねた。「この機械でおぐしを刈りますんで」と答えると、ブルックナーは声を荒げた。「そいつは我慢ならん、わしをいらいらさせよる。普通の鋏でやってもらいたい」私はいわれるままに鋏と櫛を取り上げ、フィエスコ風にカットしようとしたが、それがまた気に入らないのだった。「こんだ何をしよる、うんと短くと言っとろうが！」彼はぷりぷりしながらそう言い、櫛を使わず皮膚からじかに鋏で刈るよう注文した。神経質なマイスターにとって、その方法が快適だったとは、今でも私には不思議でならない。この刈り方にはたっぷり時間がかかった。その間ブルックナーは、たちの悪い批評家ハンスリックや、その他もろもろの敵対者について語り、ロンドンのクリスタル・パレスやパリなど、外国での大成功について話してくれた。どことかでは聴衆が感激のあまり、馬車から馬を外して、自分たちで引いて行ったという。彼はよくこう言って嘆いた。

「この国の衆はわしがあの世へ行ってから、わしがどれほどの人物だったか悟るのじゃろ。よくある話だて」彼のピアノの上にはいつも、ものすごくたくさんの音符が書き込まれた楽譜が乗っていた。こんななぐり書きを、後になって誰が読めるのだろう、と私は心配して訊ねた。すると彼は機嫌良く笑って、そりゃむろん読めるに決まっとる、と答えた。ブルックナーは気前よく銀貨で散髪代を払ってくれた。刈った髪を私がかき集めて紙に包んでいると、「お前さんそれをどうするのかい」と彼が訊ねた。「取っときたいと存じますんで」と答えると、彼は笑いながら私の肩をどやした。「あんたもどうして抜け目がない。そのうちどこかの阿呆が、それに百グルデンも払うか知れんて」

晩年のブルックナーは葉巻を禁じられ、それ以来かなり強い嗅ぎ煙草を愛用していた。彼は常に二種類の煙草ケースを用意し、銀製のケースには自分用の葉が、金製のケースには来客用の葉が入っていた。彼は客用の葉をたわむれに「神々のブレンド」と呼んでいた。ビールが禁じられたのも痛手だったが、何より辛いのは食事制限だった。晩夏のある一日、ブルックナーはバイアーやアルメロートと共に、シュタイア南郊のテルンベルクへ足を伸ばした。バイアーは医者から、ブルックナーの食事を厳しく監督するようにと言いつけられていた。

やがてレストランに入ると、ブルックナーは一計を案じ、バイアーに薫製ポークを注文するようしつこく勧めた。そしてその料理がテーブルに運ばれると、あらかた自分で味見してしまった。はたしてその翌日、医者の診断は思わしくなかった。

遺言書

一八九三年は病に明け、病に暮れた年だった。前年末に『第八番』初演が成功裡に終わった直後から、ブルックナーの健康は悪化の一途をたどる。聖フロリアンで新年を迎えてヴィーンに戻ると、足のむくみや呼吸困難が著しく、一時は絶対安静を命じられたほどだった。

医者の診断では、浮腫と胸水貯留をともなう重度の心臓病だった。呼吸困難を和らげるために、胸膜穿刺がほどこされ、利尿効果のあるジギタリスなどが投与された。減塩療法は当時まだ知られておらず、牛乳による厳しいダイエットが命じられた。主治医はカティに訪問者を遠ざけるよう指示したが、そのことを知らなかったブルックナーは、ニュルンベルクの音楽学校の校長となったゲレリヒにこう訴えている。

胸水症は持ち直したが、足のむくみがひどくなった。まったく見捨てられたような気分だ。誰も訪ねて来んし、来てもほんに稀なことだ。あの連中の頭の中にゃ、ヴァーグナー協会のことしかない。オーバーライトナーでさえ、あそこにしか足を向けようらん。シャルクが彼を引き込んだにちがいない。シャルクが私の『ミサ曲第三番』を演奏するらしいと、人づてに聞いたのは、もう何か月も前だった。それなのに奴はやっと二、三日前に知らせてきよった（三月十日）。

五月初め、ブルックナーは弟子ヴィクトール・クリストに、ずっと気分がすぐれず三週間ほど寝込んだとこぼしている。だが彼の健康は徐々に回復し始めていた。九月二十二日にはヴィーン男声合唱協会から名誉会員の称号が贈られ、十月八日の協会五十周年記念コンサートでは、彼の『ヘルゴラント』が初演され喝采を浴びた。

ジルバーシュタインの詩による『ヘルゴラント』は、大管弦楽付きの世俗合唱曲という点でも、劇的な情景描写を伴う点でも、ブルックナーとしては異例の作品である。北海の孤島ヘルゴラントに襲いかかるローマ軍、ゲルマン人の恐怖と祈り、嵐とローマ軍の壊滅が描写され、コーダでは神への賛美が歌われる。民族主義的高揚に彩られたこの小品が、ブルックナー最後の完成作となった。

十一月に入ると、激しい呼吸困難が再発する。こうした健康不安の中、ブルックナーは十一月十日付けで遺言書を作成する。六項目からなる遺言の第一項は、自分の遺骸についての指示だった。

私の亡骸を金属製の棺に収め、アウグスチヌス派参事会修道院教会の大オルガンの下に、埋葬することなくそのまま安置するよう望みます。これについてはすでに私の生前、同修道院の敬愛すべき聖職者各位の同意を得ております。従って私の亡骸には防腐処置を施さねばなりませんが、パルトアウフ教授がその任に当たります。すべて等級（第一級葬儀）にふさわしい措置により、私が自ら定めた安息の地、高地オーストリア州聖フロリアンへの移送と安置が、つつがなく行なわれますよう。

一年ほど後にこの第一項は補足され、もし聖フロリアン地下への納棺が可能でない場合、シュタイアの墓地に葬ってくれるよう指示している。防腐処置を任されたリヒャルト・パルトアウフ教授は、パストゥール研究所などに学んだ細菌学者で、「オーストリア血清研究の父」とも呼ばれる名医だった。

遺言書の第二項は、永代供養に関するものである。棺の管理、誕生日や命日や霊名祝日のミサ、親兄弟のためのミサなどに関し、相応の謝礼がなされるよう指示している。

第三項は相続に関し、イグナツとロザリアに等分されるよう指示している。生前にはほとんど得られなかった印税については、いささかであれ将来の収益が期待される、とある。

第四項は手稿の保管に関するもので、ブルックナーは次のように指示している。

以下の作品の手稿譜を、ヴィーンの帝立・王立宮廷図書館に遺贈します。現在までの八つの交響曲（主が望まれるなら『第九番』もほどなく完成）、三つの大ミサ曲、『弦楽五重奏』、『テ・デウム』、『詩篇・第百五十篇』、合唱曲『ヘルゴラント』、以上。同館管理者はこれらの手稿譜の保管につき、細心の注意を払われんことを。またヨーゼフ・エーベレ社は同館より、出版予定作品の手稿を適当期間借り受ける権利を有するものとし、同館は同社にその手稿を、適当期間貸与する義務を有するものとします。

ブルックナーはすでにこの前年から、すべての手稿を製本させ、他人の手が加わらぬよう包みにして封印し始めていた。ベルリン王室オペラ座の楽長となっていたカール・ムックが、九五年（？）初頭に訪ねて来た時、ブルックナーは彼に『第九番』手稿の保管を依頼している。ブルックナーが最も信頼した指揮者は、恐らくこのムックだった。

ムックははったりを嫌う厳格な指揮者であり、テンポを揺らさず、スコアの権威を尊重し、ニキシュやレヴィのように短縮を要求することもなかった。職人的ともいえるこの資質は、ブルックナー指揮者として重要なものである。ムックは生涯ブルックナー作品に愛着を持ち、一九三三年ライプツィヒ・ゲヴァントハウスにおける引退コンサートでも『第七番』を振っている。

遺言の第五項は、カティことカタリーナ・カッヒェルマイアーへの遺贈に関するものである。彼女がブルックナーの死亡時まで介護を務めた場合、当座の額として四百グルデンを、その後は三百グルデンを遺贈するものとし、彼の死後ただちにその額が、一切の控除なしに与えられることを望んでいる。

カティはブルックナーの死後、遺言書に定められた通りの遺贈を受けた。当時五十歳だった彼女の、その後の人生はさだかではない。晩年は貧窮してブルックナーの弟イグナッツの援助を受け、ヴィーンの養老院アム・シュタインホーフで、精神錯乱のうちに亡くなったという。享年六十五歳だった。

第六項はブルックナーに指名された証人の項である。弟子フェルディナント・レーヴェ、同じくツィリル・ヒュナイス、遺言執行者である弁護士テオドル・ライシュが、それぞれそこに署名している。

婚約

遺言書作成から一か月後、ブルックナーは健康を回復し、クロスターノイブルクでクリスマスを過ごす。翌九四年一月にはベルリンで『交響曲第七番』『弦楽五重奏』『テ・デウム』が演奏される予定になっており、主治医シュレッターも彼のベルリン行きを許可した。

『第七番』はカール・ムック指揮によりベルリン・オペラ座で演奏され、ブルックナーはステージで大喝采を浴びた。『テ・デウム』は三年前と同様ジークフリート・オックス指揮で再演され、今回も大成功に終わった。

この時ブルックナーは、ステージを降りて来る女性合唱団員を階段で待ち受け、一人一人に祝福のキスを与えた。彼はオックスに二十マルク貨を押しつけたが、オックスが受け取ろうとしないので、それはティンパニ奏者に与えられた。その楽員はH音の連打を見事にこなしたのである。

ブルックナーは三年前の『テ・デウム』初演の際に出会ったホテルのメイド、イダ・ブーツと文通を続けていた。彼はイダと再会し、六十九歳にして彼女との婚約にこぎつけた。オックスは次のように回想する。

『テ・デウム』演奏後の休憩中に、ブルックナーが楽屋に現われた。彼はブラームスやハンスリックについて話す時のように、ひどく興奮して私にこう言った。「先生、後でイダを連れて来ても構わんですかな？」側に立っていたムックが、私の足を嫌というほど踏んづけ、断われと合図した。私はなるべくブルックナーの気分を損なわぬよう、テーブルに空きがないとか、席の変更ができないとか言い訳した。老人はにこにこ笑いながら「そうだその方がええ、イダは連れて来るまい」と言って立ち去った。コンサートの後でムックと会った時、私は真っ先に、一体全体どういうことだと訊ねた。ブルックナーの桟敷に彼と並んで若い娘が座っているのを見たが、ムックが言うにはそれがイダだった。彼女はブルックナーが泊まっているホテルのメイドで、昨日二人は婚約したらしいという。私ははじめ冗談かと思った。だが後日聞いた話では、ブルックナーはイダと婚約したと方々で触れ回っていたようだ。そのくせベルリンを発つ前に、劇場で隣り合わせた女性に死ぬほど恋いこがれ、シャルロッテンブルクの両親を訪れて求婚しているのだ。

アルマ・マーラーがずっと後年、オックスから聞いたという話は、これとはかなり違っている。彼女は『グスタフ・マーラーの思い出』の中でこう書いている。

　オックスはベルリンのある音楽祭で、ブルックナーのミサ曲を指揮した。その後オックスのところでブルックナーのために、盛大なパーティーを催すことになった。午後になってブルックナーから電話があり、婚約者と一緒でよければ行くが、だめなら出席しないという。婚約者？　一体いつ婚約したというのだ？　嫌な予感がしてオックスがホテルに駆けつけると、ブルックナーは打ちしおれていた。昨夜メイドが突然部屋にやってきて……つまり早い話が、彼女は朝になって泣きわめき、純潔を奪ったのだから結婚してくれといい出した……ブルックナーは結婚を約束し、たった今婚約したという。オックスはメイドを呼び、ずばり手切れ金の額を訊ねた。それは相当な金額だったが、ブルックナーはひどく感謝して、当惑するオックスの手にキスの雨を降らせたという。

当事者であるオックスの直接の回想として、彼の言い分を信用すべきだろう。アルマの著名な回想録が、正確さや客観性の点でかなり疑問視されていることも考慮せねばならない。つまり彼女のヴァージョンは、話に尾鰭が付いた実例として興味深い。

結局イダとの婚約は実らなかった。表向きの理由は、ルーテル派の家族がイダの改宗を許さなかったためとされる。事実彼女は相当に信心深かったらしく、独身を通して後に牧師補を務めている。一方ブルックナーはヴィーンの知人たちに、イダの無知さを恥じるそぶりを見せたという。

ブルックナーとイダが交わした書簡のうち、イダによるナイーヴな内容のものは十通ほど残っているが、ブルックナーがイダに宛てたものは、現存しないといわれている。

最終講義

一九九三年から九四年にかけて、シュタイアのクリスマン・オルガンの改造が行なわれ、ブルックナーはしばしばシュタイアを訪れている。九四年の復活祭前後は聖フロリアンで過ごし、ミサではオルガン演奏も務めた。

四月八日、シャルクがグラーツで『第五番』を初演し大成功を収めたが、ブルックナーは体調を崩して出席できなかった。七月末、彼はシュタイアから聖フロリアンのイグナツに宛ててこう書いている。

心より霊名祝日おめでとう。主がおまえを健やかに過ごさせ、変わらぬ祝福をお与えになるよう。祝いの印に十グルデン送る。わしがもしおまえに借金があるなら、その足しにしてくれ。カティさんに頼んで少し服を送らせよう。去年もたくさん服を送ったと思うが、まあ受け取っておくれ。親愛なるアイグナー氏に心よりの挨拶を。修道院オルガニスト氏には心からの感謝とお祝いのお返しを。この暑さのせいでシュタイアに来ているが、わしの医者もやがてここにやって来る。

聖フロリアンの音楽教師カール・アイグナーは、ブルックナーにとって二十年来の友人であり、彼から幾つかの自筆譜を贈られ、『第一番』『第四番』『第八番』などの写譜を所有していた。この二年後、ブルックナーが書く生涯最後の手紙は、イグナッとアイグナーに宛てられることになる。

九四年七月十一日、ブルックナーはリンツ市から名誉市民の称号を贈られた。彼は九月四日に七十歳の誕生日を迎え、シュタイアのリーダーターフェルとヴィーンのシューベルト協会からも、名誉会員の称号が贈られた。合唱団「フロージン」はこの翌年、アンスフェルデンの生家に記念の銘板を設置し、除幕式を行なった。

ブルックナーは九四年秋から、大学での講義を再開した。最晩年の彼の大学のクラスは、ほとんど音楽院の生徒たちで占められており、彼が久々に講義室に現われると、盛大な拍手が沸き起こった。

十一月十二日の講義では、ほぼ第三楽章まで完成した『第九番』に触れ、もし終楽章を完成できない場合は『テ・デウム』をそれに代えると述べている。結果的にその日が大学での最終講義となった。大学からはこの翌年より、千二百グルデンの年金が支給された。

十一月二十五日、『第二番』の出版譜が初演された。その三日後、文部大臣により百五十グルデンの恩給が承認され、翌年その額は六百グルデンに引き上げられる。十二月には再び病状が悪化し、九日には臨終の秘蹟を受けた。だが彼はまたもや奇跡的に回復する。

十二月二十六日、クリスマスの第二祝日に、ブルックナーはクロスターノイブルクでオルガンを弾き、最後の和音でペダルを踏み外した。それがこの偉大なオルガニストの最後の演奏となった。ヴィーンに帰ると吐血し、聖フロリアンから弟イグナッが呼び寄せられ、彼はカティとともに六週間ほど看病した。

フィナーレとの闘い

交響曲の作曲に際して、ブルックナーが規範と仰いだのは、ベートーヴェンの『第九』だった。『第九』の冒頭から発想されたといわれる「ブルックナー開始」や、先行楽章の主題を回想する手法などにその影響がうかがわれる。ブルックナーは『第九』の調性であるニ短調を、「厳粛かつ神秘的な調」と呼んでいた。彼は自作の『第０番』と『第三番』にその調を用い、『第九番』でみたび取り上げたが、それについては「ベートーヴェンもまさか文句を言うまい」と語っていた。

『第九番』の被献呈者は、天におわす神だった。主治医シュレッターの助手リヒャルト・ヘラーによれば、ブルックナーはある時こう言った。

自分はすでに地上の二人の王に交響曲を捧げた。『第七番』をルートヴィヒ二世に、『第八番』を我らが皇帝に。自分は最後の作品を神に、王の中の王に捧げようと思う。願わくば主が完成のための時間を与えられ、深い憐れみとともにこの献呈を受け入れられますよう。自分は第二楽章の「アレルヤ」（トリオの『テ・デウム』的音型？）を、終楽章でもう一度使おうと思う。感謝しても足りない、主への讃歌でこの交響曲が終わるように、と。

ブルックナーは『第八番』第一稿の完成直後、八七年夏頃から『第九番』に着手した。だがレヴィに『第八番』を拒絶されたことで、その第二稿や旧作の改訂に没頭し始め、『第九番』の完成は遅れに遅れた。九四年十一月三十日ようやく第三楽章までが完成を見るが、その時点ですでに七年が経過している。

終楽章の構想は、翌九五年五月二十四日から開始された。もし『第九番』の全四楽章が完成されていれば、『第八番』を凌ぐ大交響曲となっていたであろう。ブルックナーは亡くなる最後の日まで手を加えていたが、終楽章はついに未完に終わった。

ブルックナーが没した直後、散逸した多くの手稿の中には、『第九番』終楽章のスケッチも含まれていた。その一部はすでに消失したか、あるいは個人の所有に帰したと考えられている。残された草稿は二百枚以上にのぼり、ほとんどコーダ直前にまで達している。コーダについてもわずかながら、死の五か月ほど前に書かれたスケッチが残されている。

これらのスケッチをもとに、終楽章のおおよその構造は知ることができる。斬新な和声による導入部、力強い第一主題、簡素な第二主題、コラール風の第三主題、展開部の始めに現われる『テ・デウム』冒頭の弦の音型、フーガの形を取る第一主題の再現、強烈な盛り上がりと新しい主題、第二主題の再現、『テ・デウム』音型と組み合わされた第三主題の再現、そして新主題の再現。この後に続くコーダはほとんど手つかずだった。

『第九番』終楽章については、幾人かによる補筆が試みられ、近年幾つかの録音もなされている。そこに聴く叙事詩的な荒々しさは、ブルックナーの破壊エネルギーが少しも衰えていないことを窺わせる。彼が草稿に残した素材は豊富であり、補筆の試みはそれほど無謀とは言えまい。

だがそれでもなお、弟子たちによる改訂版と同様、そこにブルックナーの肉声を聴くことは困難

第９交響曲フィナーレのためのスケッチ

である。残されたこの「ばらばらの四肢」を繋ぎ合わせ、そこに命を吹き込むことは、やはり彼以外の誰にもできない。作品の特異さと純粋さが、他者の介入を拒むのである。

ヘラーの証言にあるように、『第九番』の完成はブルックナーにとって格別の意味を持っていた。とりわけその終楽章は、彼の遺言ともいうべき「主への讃歌」となるはずだった。こんにち私たちはブルックナーの遺作交響曲を、マーラーの『第九番』と同様アダージョ楽章で完結する作品として享受している。だがそれは決してブルックナーが望んだ形ではなく、この後に埋めようのない空白が残されていることも忘れてはならない。

多くの証言にある通り、ブルックナーは『第九番』の終楽章を『テ・デウム』で代用してもよいとも考えていた。『テ・デウム』はまさに「主への讃歌」であり、合唱入りの終楽章という型破りには、ベートーヴェンの『第九』という偉大な先例がある。ただ一つ差し障りがあるとすれば、ホ長調で書かれた『第九番』第三楽章と、ハ長調で書かれた『テ・デウム』との調性上の隔たりだった。ブルックナーは一時『テ・デウム』への移行句の作曲も試みたといわれるが、それを実証する資料はない。

『第九番』の初版はブルックナーの死から八年後の一九〇三年、レーヴェによって出版された。だがこれは『第五番』の場合と同じく、見る影もない改竄版であり、若干のカットを含むほか、オーケストレーション、強弱法、和声の変更という暴虐が、ほぼ全篇にわたってほどこされている。

『第九番』レーヴェ版は、出版された年の二月十一日、レーヴェ自身の指揮で初演され、作曲者の意志として休憩後に『テ・デウム』が演奏された。ブルックナー自筆譜による初演は、ようやく一九三二年に、ジークムント・フォン・ハウゼッガー指揮ミュンヒェン・フィルによって行われた。レーヴェによる改竄版は、そこに至るまでの二十九年間、信頼し得る唯一の版としてまかり通っていたのである。

『交響曲第九番』

第九番の第一楽章は、巨大かつ複雑な構造を持っている。第一主題だけでも多様な八つの動機から成っており、強烈なトゥッティで奏される第七動機がその頂点を形成する。これに第二主題と第三主題が加わり、呈示部は実に二百二十六小節という長大なものである。

展開部では三つの主題の素材が、複雑に絡み合わされて処理される。展開部と再現部は侵食し合い、明確に区分することはできない。再現部の開始が明瞭でないのも、ブルックナー後期の特徴といえる。音素材は融合し、多義性を帯び、明確に名指しようのないものとなってゆく。

そこにこの楽章の、特異な音空間が存在する。さまざまな動機が現われては消え、思い思いに再帰するが、ある時は正確な再現となり、ある時は思いがけない姿に変容している。もはや古典的なソナタ形式の枠組みは消え失せ、茫漠とした時空は増殖し、延び広がっていく。視点はミクロからマクロへ、マクロからミクロへと切り替わり、私たちは寄る辺ない魂のように、眼も眩む大岸壁から風通しのよい尾根へ、牙を剥く氷河から静寂な谷間へと漂い続ける。

第二楽章は前作同様にスケルツォであり、大胆な和声と叩きつけるようなリズムに彩られている。

それはブルックナーが書いたスケルツォの中でも、最も激烈な宇宙的パルスを感じさせるものだ。私はブルックナーが死んだ年に生まれた宮沢賢治と、ブルックナーとの感応に心惹かれる。賢治の長大な作品を彩っているのも、宗教性や土俗性や宇宙感覚なのだ。『第九番』のスケルツォで思い起こされるのは、『原体剣舞連《はらたいけんばいれん》』の dah-dah-dah-dah-dah-sko-dah-dah という地鳴りのようなリズムである。それは修羅ブルックナーの咆哮であり、途方もない破壊エネルギーの噴出であり、星雲をも巻き込む「死の舞踏」である。

「速く schnell」と指定されたトリオでは、急速なパッセージにメルヒェン的なきらめきが垣間見える。だがそれさえも、この楽章を支配する凶悪な力を和らげることはできない。『第七番』は永遠と人間との喜ばしい調和を示していたが、『第九番』での永遠は人間を飲み込もうとしている。

第三楽章アダージョの構造は、ＡＢＡＢＡのロンド形式とも、ソナタ形式の三部構成とも解釈することができる。ＡＢの両主題部の後、大規模な展開部が続き、例によって展開部と再現部は浸食し合っている。

短九度の跳躍でこの楽章は始まる。驚愕と動揺に満ちた、心を切り裂くような響きで……。八小節から成るこの冒頭主題は、二つの部分に分けられ、後半は希望にすがるような上昇音型となる。音楽はやがて高揚し、神の審判を告げるように、トランペットが物々しく強奏される。

やがてその後に現れる、ホルンとヴァーグナー・テューバによるコラール風の物悲しい動機を、ブルックナーは「生への告別」と呼んだ。歌謡的な第二主題部には、生の美しさを今一度抱きしめるような、哀切な響きが聴かれる。この楽章全体を覆う死の影は、もはや見紛うべくもない。

展開部と再現部が入り組んだ第三部に入ると、音楽はためらいがちにどこかに向かって歩み始める。その緩慢な歩みは、しだいに重々しい足取りに変じ、楽章冒頭の動機が威嚇するように繰り返される。そして嬰ハ短調の和声的短音階上のすべての音が鳴らされる、あの凄まじいクラスターに到達する。

それは曇天をつんざくアラームのようだ。それはブルックナーが飽きることなく思い描いた極地の光景、フリードリヒの『氷の海』の画面に鳴り響く不協和音である。

だがその響きは突然に断ち切られ、ためらいと諦めが交差するフィナーレがやって来る。さまざまな断片が回帰し、ヴァーグナー・テューバが『第八番』のアダージョを回想する。そして『第七番』の冒頭主題を回想しつつ、ブルックナー最後の音楽は夢幻のうちに解体され、空に溶け入るように鳴り止む。

私たちはここにブルックナーの沈黙を聴く。残された終楽章の断片は、もはや何も語ろうとしない。

ベルヴェデーレ

病後のブルックナーを支えていたのは、かつて音楽院で学んだアントン・マイスナーだった。彼は不動産を所有する資産家となり、アマチュア音楽家として活動していたが、すでに触れたように一八九一年頃ブルックナーを訪ね、ハインリヒ・アーベル神父の説教に際してオルガン演奏を依頼

カスパー・ダーフィト・フリードリヒ「氷の海」（1823―4年）

した。それをきっかけに師弟は親交を深め、マイスナーは最晩年のブルックナーの私設秘書的な存在だった。

七十の坂を越えたブルックナーは、階段の上り下りも困難をきわめ、外出する時はカゴ椅子で運び降ろしてもらうほどだった。このためブルックナーは、ヘスガッセの住まいから出ることも希になった。マイスナーは新しい住まい探しに奔走し、リヒテンシュタイン公にも打診したが、よい返事は得られなかった。マイスナーはブルックナーの嘆願書を代筆し、皇室への働きかけを試みる。

嘆願書はブルックナーの聴罪司祭カール・グラフを通じて、アーベル神父に手渡された。マリー・ヴァレリー大公妃の聴罪司祭を務めていたアーベル神父は、嘆願書を大公妃に取り次ぎ、それはさらに女官を通じて皇帝に提出された。ブルックナーが要望していたのは、一階または中二階の、できれば庭付きの住まいだった。

皇帝はこれに答え、離宮ベルヴェデーレの管理人用住居を、九五年の夏の住居として無償で貸し与えた。それは四つの大きめの部屋と、家事用の五部屋から成り、独り者の老人には十分過ぎる広さだった。当初は一夏用に提供されたが、後には無期限となった。

王宮の南東に位置するベルヴェデーレは、トルコ軍を撃破した救国の英雄オイゲン公によって造営され、ひと頃はヴィーンの芸術と文化の中心ともなった名建築である。宮殿は饗宴用の上宮と、夏の離宮用の下宮から成り、ブルックナーの管理人用住居は上宮に付随していた。

上宮と下宮の中間には、ゆるやかな傾斜を伴う長大な庭園が延びており、そこからヴィーンの中心街が見晴るかされる。かつてこの庭には、十九世紀前半にハドロックという船長が連れ帰った、北極のエスキモーの夫婦が住んでいたという。北極マニアのブルックナーはそれを知っていただろうか。

　新しい住まいに引き移る直前、ブルックナーは堆く積まれた草稿に目を通し、残す価値のないものを焼き捨てた。九五年七月四日、彼はベルヴェデーレ宮の一隅に居を移し、そこが終の棲家となる。カティとその娘ルドヴィカが付き添い、一人の看護婦が母子の助手を務めた。

　ブルックナーの主治医はレオポルト・シュレッターといった。彼の助手リヒャルト・ヘラーはピアノをたしなむ好楽家であり、診察の謝礼を受け取ろうとしなかったので、ブルックナーからハルモニウムを贈られた。後にその楽器は主治医シュレッターの所有に帰している。ブルックナーはヘラーのためにコラールを作曲したともいわれるが、楽譜は遺物の中からは発見されていない。ヘラーは最晩年のブルックナーについて多くの回想を残したが、ベルヴェデーレでの往診の模様をこう書いている。


　彼自身と同様、その生活習慣は簡素そのものだった。この偉大な楽匠が平たい皿から、田舎じみた炒り小麦粉のスープをすすり込むのを見た者は、それが並ぶ者なき音楽家だとはつゆ知らず、むしろ見事に年輪を刻んだ下僕頭か何かと思うだろう。私の知る限り、彼は髭を立てていたことがなく、比較的豊かな白髪を、いつもうんと短く刈らせていた。高齢や病身にもかかわらず、彼は清潔さや外見にひどく気を使い、朝の身づくろいの前に人が訪ねて来るのを嫌がった。そのため私は毎日の往診の時間を、前もって通知せねばならなかった。すると彼はすっかり身支度を整え、ネクタイもきちんと自分で結び、安楽椅子に座って私を待ちかまえていた。

この時期の日常を記録した、一枚の写真がある。死の数か月前の、ある夏の午後、ブルックナーは恐らく散歩に出ようとして、ベルヴェデーレの住まいの入り口に立っている。数人の者が彼を囲んでおり、左端から医師ヘラー、カティ、ブルックナーの後方に弟イグナツ、右端の後ろ姿は主治医シュレッターである。シュレッターの陰に重なるように、一人の女性が立っているらしいのは、カティの娘ルドヴィカであろうか。この写真にはもう一枚、左端のヘラーの姿が抹消されたものが存在するのは、次のような事情からである。

ヘラーは後年、上司シュレッターの息子ヘルマンや、同僚マーガーとともにある研究にたずさわった。だがヘルマン・シュレッターがその研究を独占し、自分の名前で発表してしまう。事は裁判沙汰に発展

ヘラーの姿のあるベルヴェデーレの住まい

し、ヴィーン大学の名誉裁判でも、公式の裁判でも、判決はヘラー側に有利となった。このスキャンダルはカール・クラウスの評論雑誌「炬火」にも大きく取り上げられ、その後ヘラーとシュレッターは決定的に袂を分かった。

ベルヴェデーレの静かな庭にも、人の世の喧噪は遠雷のようにとどろいている。

帰還

ベルヴェデーレに移り住んでちょうど半年後、九六年一月五日、ブルックナーはヴィーン・フィルの定期演奏会に足を運び、ハンス・リヒター指揮でリヒャルト・シュトラウスの『ティル・オイレンシュピーゲル』ヴィーン初演と、自作の『交響曲第四番』を聴いた。

リヒターがブラームスの演奏に積極的であることを、ブルックナーは時に快く思わなかった。だがリヒターが彼にとって、最大の功労者の一人だったことはまぎれもない。リヒターはスコアに干渉することなく、ヴィーンでのもろもろの困難を乗り越えて、ブルックナーの交響曲を成功へと導いてきた。リヒターは一九〇〇年にイギリスに迎えられるが、十九世紀中にブルックナー交響曲を最多演奏した指揮者は彼である。

『第四番』を聴いてから一週間後の一月十二日、ブルックナーはリヒャルト・フォン・ペルガー指揮で自作『テ・デウム』を聴いた。だが平土間に運ばれたその姿は、見違えるほど衰弱していた。三月にもう一度別のコンサートに姿を見せたのを最後に、彼はもうベルヴェデーレを出ることはない。
誰もが何かを予感していたであろう。ブルックナーの痩せ細った指の間から、命が砂のようにこぼれていく。彼は揺るぎない信仰者として、終焉を迎えようとしているのだろうか？　この二年前、著名な解剖学者ヨーゼフ・ヒュルトルの次の言葉を、彼はポケット日記に書き付けている。

はたして精神とは、逆らい難い有機的法則に従って活動する、脳の生産物なのだろうか？　あるいはむしろ脳とは、非物質的な精神活動と空間世界との交渉を仲介する、一条件に過ぎないのだろうか？

精神とは脳の働きの一部であり、肉体の死とともに消え去るのだろうか？　それともそれは、物質とは別のものとして存在するのだろうか？　唯物論と唯心論の葛藤は、神の実在をめぐる葛藤でもある。ブルックナーがリートホーフ医師団との交流の中で、どのような問題意識を抱いていたか推測できる。バロックの遺物のようなこの老人の心にも、近代人の懐疑は巣くっていたのだ。

ブルックナーは最後の数か月間、たびたびクロスターノイブルクの司祭ヨーゼフ・クルーガーの訪問を受け、自分の葬儀について話し合った。葬儀は質素でよいが、多数の聖職者が列席することを彼は望んだ。ゲレリヒによれば、ブルックナーはしだいに子供っぽくなり、時に混乱した様子を見せたという。

今やブルックナーの周囲にいるのは、マイスナーと医師と介護者だけだった。弟子たちとの面会は謝絶され、あえて訪ねて来る者があっても、ブルックナーは放心状態でいることが多かった。彼はもう歩くこともできず、時おり荷馬車に乗せられて、庭園を巡るだけだった。

十月七日、ブルックナーは聖フロリアンのイグナツとアイグナーに宛てて、最後の手紙をしたためる。

愛する弟と、アイグナー氏へ
私にもう何も送らんように。イグナツもう何も送らんでくれ、何もお返しするものがない（詳しくは会った時に）。ヴィーンにて、一八九六年十月。兄アントンより。
さようなら、さよなら、さよなら。ベルヴェデーレ
一八九六年十月七日。A・B・イグナツ・ブルックナー殿。リンツ市外聖フロリアン修道院内。兄アントンより。一八九六年。TT　A・Br・ブルックナー。
イグナツさよなら、さよなら！さよ　なら　さよな　さよな　ら！

この最後の部分は、原文ではこう記されている。

Ignaz leb lebe wohl!
Leb webel woll wohl.
Hochl leb wholf!

意識の混濁を窺わせるように、「さようならLeb (e) wohl」のスペルは限りなく崩壊してゆく。弟への最後の（それとももう一度会えるのだろうか？）手紙の中で、彼は神や来世について何も語らない。何度繰り返しても飽き足りない「さようなら」は、むしろ神に対する精一杯の「いやいや」のようだ。

イグナツへの手紙から四日後、十月十一日午後、ブルックナーはひっそりと息絶えた。七十二歳だった。リンツの「ターゲス・ポスト」紙はこう報じている。

> 昨日昼、彼は家政婦に付き添われ、庭園でやや長めの散策をした後、住まいに戻った。医師の往診を受けた後、長年の友人で弟子でもあるアントン・マイスナーの訪問を受けた。マイスナーと言葉を交わすうちに、午後の最初の数時間が過ぎた。三時半頃、ブルックナーは一杯の茶を望んだ。家政婦が茶の準備をしに行き、安楽椅子に端座したブルックナーの側に、マイスナーが残った。家政婦が運んできた茶を、マイスナーが手渡そうとするのを、ブルックナーは両手で受け取ろうとした。彼は突然だらりと手を下げ、椅子の背もたれに頭を投げかけると、その数秒後に息を引き取った。断末魔の苦痛は皆無だった。居合わせた二人は最初のうち、彼が突然の衰弱に襲われ、眠りに落ちたのだと思ったほどだった。

ヴィーンの「ノイエ・フライエ・プレッセ」紙によれば、ブルックナーが茶を欲しがる三十分ほど前、マイスナーはすでにブルックナーの死を予期して、司祭を呼びにやらせたという。

ブルックナーは昨日の朝、かなり体調よく目を覚まし、昼食について二、三の要望を述べたほどだった。だが午後には再び床に就かねばならず、様態はみるみる悪化した。居合わせたマイスナー氏が臨終の近いことを知り、三時頃ベルヴェデーレ宮の司祭P・ヘリベルト・ヴィッチュを呼びにやった。だが司祭が駆けつける前に、ブルックナーは息を引き取った。かなり混濁した意識の中での、苦痛のない臨終だった。マイスナー氏がその目を閉じてやり、駆けつけた司祭P・ヴィッチュとともに「深き淵より」を唱えた。

黒いフロック・コートに身を包んだブルックナーの遺体は、三日間ベルヴェデーレに安置され、友人や弟子たち、多数の弔問客に別れを告げた。皇帝の命により、柩は宮殿の庭の花で飾られていた。画家フェリー・ベラトンが死に顔をスケッチし、デスマスクが採取された。この時一緒に取られた、右手の石膏型は現存しない。遺言に従ってパルトアウフ教授が、遺体に防腐処置をほどこした。

ブルックナーの遺品の中には、うら若い女性たちの写真が数多く残されていた。「ムーア人」と呼ばれる黒い婦人用の時計が二個残されていたが、それはブルックナーがしばしば女性たちに贈ったものだった。

「神の楽手」ブルックナーは、貧困のうちに死んだわけではない。彼は約二万グルデンの資産を遺し、そのうち一万六千八百グルデンが、有価証券や預金などの現金資産だった。二万グルデンといえば、四十七歳当時の年収の約十倍である。

ブルックナーは孤独に世を去ったわけでもない。十月十四日の葬儀は、ヴィーン市をあげての盛大なものだった。午後一時半、黄銅製の柩が閉じられ、午後三時、長い葬列がカール教会へ向かった。ブルックナーの柩は六頭立ての霊柩車に乗せられ、それに続く馬車には弟イグナッと二人の甥が乗り、その後ろにヴィーン市長と二人の助役、そして議員たちの馬車が続いていた。

午後四時近く、柩はカール教会の鐘の音に迎えられた。駆けつけたフーゴ・ヴォルフは、この葬儀を取り仕切るいずれの団体にも属さず、招待状も持っていなかったために、教会に入ることができなかった。

ブラームスも教会に足を踏み入れなかった。関係者が中に入るようにうながしたが、「もうじき私の柩を担ぐがいい」とつぶやいて立ち去ったという。クララ・シューマンはこの年五月に亡くなり、彼自身も肝臓癌の兆候を示す黄疸にかかっていた。両親がブルックナーの知人であり、当時まだ八歳だったベルンハルト・パウムガルトナーは、ブラームスが柱の陰で涙を流しているのを見たという。ブラームスはこの半年後に世を去った。

教会の内部では、最後の祝福が与えられる間、ヴィーン男声合唱協会がヘルベックの『リベラ』を歌っていた。式後にはジングフェラインが、シューベルトの『万霊節に』を歌った。宮廷歌劇場の四人のホルン奏者が『交響曲第七番』の葬送の音楽を奏でるうちに、柩は再び馬車に載せられた。この時一人の医学生が進み出て、ヴィーン・アカデミー合唱協会とヴィーン・ドイツ学生同盟を代

「我が帝国の楽匠たち」(1891年)

表し、告別の辞を述べた。

やがて葬列は、ヴィーン西駅へとしめやかに動き始めた。通りという通りに、物言わぬ人影がひしめいていた。ブルックナーの柩は西駅で霊柩車両に移され、聴罪司祭カール・グラフに付き添われて西へ向かい、翌十月十五日早朝アステン駅に到着した。

こうしてブルックナーは、懐かしいバロックの屍臭に満ちた、聖フロリアンへの家路をたどって行った。

あとがき

宮沢賢治の『小岩井農場』について、詩人・山本太郎は「あるきがたり」の手法と呼んでいたという。その口真似をすれば、ブルックナーの交響曲はさしずめ「歩行の音楽」である。さまざまな風景が眼前を去来するが、人はその一部と化しながら、無心に歩いていけばよい。音楽の構造や形式について考えるのはその後でよい。

ひところ私は、丹沢の山や近所の森を歩きながら、ウォークマンでブルックナーを聴いていた。数年の間それは無上の楽しみだったが、いつしか止めてしまった。ブルックナーの響き、特に後期のそれは、現実の自然にそぐわないと感じ始めたからである。それはこの世の響きではない。

若い頃の私はブラームス派だった。かつて東京・中野にあった名曲喫茶「クラシック」に入り浸っていた頃の話である。その頃は意識的にヴァーグナーから遠ざかっていたから、ましてブルックナーは眼中になかった。その後ケルンに暮らし始めた頃、ギュンター・ヴァントはベルン交響楽団に移ったばかりで、彼のブルックナーも聴いていないのである。

ブルックナーを知ったのは、マーラーよりもかなり後だったように思う。清らかな自然の息吹には惹かれながらも、取っつきにくいものを感じた。だがその取っつきにくさこそ、まさにドイツ的なのだとも思われた。ライ麦パンのように呑み込みにくく、だが深い味わいが感じられた。

それなりに意識して聴いた最初のレコードは、シューリヒト／ハーグ・フィルの『第七番』だったと思う。その頃ルートヴィヒ二世の伝記を書く準備をしていたから、ヴァーグナー追悼の曲として関心を抱いたのだろう。それ以来、様々な指揮者の、様々なブルックナーを聴いてきた。

ひとつの理由は、ブルックナーの音楽がすぐには腑に落ちなかったからである。吉田秀和氏がはじめて渡欧された時、クナッパーツブッシュ／ヴィーン・フィルの極め付きの『第七番』を聴きながら、眠りこけてしまったことを告白しておられる。この時あるドイツ人から「日本人の理解はまだまだベートーヴェンかブラームスどまりだろう」と言われた、と。

これはいったいなにを意味するのか？　日本人には理解しがたい音楽、それはヨーロッパ文化の根底につながる、もしかしたらその無意識にまでつながる、ヨーロッパ常民の芸術なのだというのだろうか？　ブルックナーは謎だった。

長大なブルックナー作品を聴くには、いささかの努力や忍耐を要する。だがその労苦には報いも大きい。時としてその音楽から聴かれる、不思議な開放感や安らぎは、その「呑み込みにくさ」と無関係ではないのだ。その底知れない音楽は、人間的なものを突き抜け、ヨーロッパ文明をも突き抜け、深々とした闇につながっている。私がこれまでブルックナーを聴きながら、ようやくたどり着いた結論である。

ブルックナー交響曲の指揮で肝要なのは、職人に徹することであろう。複雑なスコアの隅々に目を配り、刻々と変わる音響バランスをコントロールし、けっして自我を露出せず、しかも音楽は自然に息づいていなければならない。ブルックナー指揮者といわれる人たちが、なにやら禅の高僧めいて見えてくるが、私は特定の指揮者を神格化するのは好きではない。

これと同様に、ブルックナーそのものを理想化し、カトリックの聖人のように崇めるのも、彼の音楽を理解することにはつながるまいと思う。人間は弱く、打算的で、はかない存在だからこそ、そうでないものに憧れるのではないか？　そういう人間が創造したものだからこそ、私たちは胸を打たれるのではないか？

私がここに提示したかったのは、「楽聖」ではなく「隣人」としてのブルックナー像である。そしてその隣人が時に、とてつもない作品を生み出すという不思議である。等身大のブルックナーを描いたこのささやかな試みが、ブルックナー理解の一助となれば幸いである。

最後に、この本の誕生に筋道をつけてくれた、古い友人で著述家の柴野利彦氏と、その夫人でピアニストの柴野さつきさん、資料の調達で今回もお世話になったミュンヒェンの野原宏氏、根気よく編集に付き合っていただいた高梨公明氏に、心よりお礼を申し上げたい。

二〇〇五年秋

田代　櫂

人名索引

▸▸▸▸ア行

▶▶▶▶カ行

▶▶▶▶ハ行

▶▶▶▶マ行

▶▶▶▶ヤ行

▶▶▶▶ラ行

参考文献

Anton Bruckner Institut Linz：Anton Bruckner - Ein Handbuch, Salzburg und Wien 1996

Renate Grasberger, Erich Wolfgang Partsch：Bruckner - skizziert, Wien 1991

Manfred Wagner：Bruckner, Mainz 1983

Heinz-Klaus Metzger, Reiner Riehn(hrg.)：Anton Bruckner, München 1982

Constantin Floros：Brahms und Bruckner, Wiesbaden 1980

Werner Wolf：Anton Bruckner, New York 1942 / Zürich und Freiburg 1980

(邦訳：『ブルックナー　聖なる野人』喜多尾道冬／仲間雄三訳、音楽之友社　1989)

Karl Grebe：Anton Bruckner, Reinbek bei Hamburg 1972

(邦訳：『アントン・ブルックナー』天野晶吉訳、芸術現代社　1986)

エルヴィン・デルンベルク『ブルックナー』和田旦訳、白水社　1967

オスカー・レルケ『ブルックナー』神品芳夫訳、音楽之友社　1968

ルードルフ・クヴォイカ『ブルックナー・その芸術の源泉』松原茂訳、シンフォニア　1988

門馬直美『ブルックナー』春秋社　1999

土田英三郎『ブルックナー』新潮文庫　1988

張　源祥『ブルックナー／マーラー』音楽之友社　1971

音楽の手帳『ブルックナー』青土社　1981

金子建志『ブルックナーの交響曲』音楽之友社　1994

A. シュニッツラー『ウィーンの青春』田尻三千夫訳、みすず書房

マルセル・ブリヨン『ウィーンはなやかな日々』津守健二訳、音楽之友社

H.C. ショーンバーグ『偉大な指揮者たち』中村洪介訳、音楽之友社

フランツ・エンドラー『ウィーンっ子によるウィーン音楽案内』大田美佐子訳、音楽之友社

渡辺護『ウィーン音楽文化史』(上・下) 音楽之友社

樋口隆一『ドイツ音楽歳時記』講談社
良知力『青きドナウの乱痴気・ウィーン 1848 年』平凡社
上田浩二『ウィーン』ちくま新書
宝木範義『ウィーン物語』新潮選書
池内紀『ウィーンの世紀末』白水社
池内紀『ウィーン・都市の万華鏡』音楽之友社
須永朝彦『黄昏のウィーン』新書館
ロート美恵『「生」と「死」のウィーン』講談社現代新書
ピーター・ゲイ『ドイツの中のユダヤ』河内恵子訳、思索社
村山雅人『反ユダヤ主義・世紀末ウィーンの政治と文化』講談社選書メチエ
山之内克子『ウィーン、ブルジョアの時代から世紀末へ』講談社現代新書
加賀美雅弘『ハプスブルク帝国を旅する』講談社現代新書
浜本隆志『魔女とカルトのドイツ史』講談社現代文庫
立川昭二『死の風景・ヨーロッパ歴史紀行』講談社学術文庫
竹下節子『ヨーロッパの死者の書』ちくま新書
タキトゥス『ゲルマーニア』泉井久之助訳、岩波文庫
植田重雄『ヨーロッパ歳時記』岩波新書
植田重雄『ヨーロッパの伝承』早稲田大学出版部

〈プロフィール〉
田代　櫂（たしろ　かい）
1947年、長崎県生まれ。クラシック・ギタリスト、著述家。主な著書に『湖のトリスタン　ルートヴィヒ二世の生と死』（音楽之友社）、『グスタフ・マーラー　開かれた耳、閉ざされた地平』『リヒャルト・シュトラウス　鳴り響く落日』『アルバン・ベルク　地獄のアリア』『クルト・ヴァイル　生真面目なカメレオン』（以上、春秋社）など。2017年4月、逝去。

アントン・ブルックナー　魂の山嶺

2005年11月20日　初　版第1刷発行
2021年 6 月20日　新装版第1刷発行

著　　者　田代　櫂
発 行 者　神田　明
発 行 所　株式会社　春秋社
〒101-0021　東京都千代田区外神田2-18-6
電話　(03)3255-9611(営業)
　　　(03)3255-9614(編集)
振替　00180-6-24861
https://www.shunjusha.co.jp/
印刷・製本　萩原印刷株式会社

ISBN 978-4-393-93221-6 C0073　定価はカバー等に表示してあります

ハンス＝ヨアヒム・ヒンリヒセン　髙松祐介［訳］
ブルックナー　交響曲

最新の研究成果に基づいた、体系的かつコンパクトな解説。独自の小宇宙を形成する交響曲創作の背景と、全11交響曲の内実を明らかにする。３０８０円

かげはら史帆
ベートーヴェンの愛弟子　フェルディナント・リースの数奇なる運命

古典派からロマン派へ、あるいは宮廷から市民社会へ――音楽史の転換期に生きた音楽家の波乱の生涯をいきいきと描き出す！　２４２０円

ヒュー・マクドナルド　森内　薫［訳］
巡り逢う才能　音楽家たちの1853年

ブラームス、ワーグナー、リスト、シューマン、ベルリオーズらの生き様を描く群像劇。音楽史の転換点となった奇跡の一年間を細やかに綴る。３３００円

沼野雄司
エドガー・ヴァレーズ　孤独な射手の肖像

20世紀の音楽界でひたすらに新しい音響の創出を志した作曲家ヴァレーズの波乱に満ちた生涯と、比類なき創作の軌跡。第29回吉田秀和賞。　５２８０円

アンドラーシュ・シフ　岡田安樹浩［訳］
静寂から音楽が生まれる

円熟した巨匠の素顔に迫る対話とエッセイ集。芸術家としての姿勢から人生の葛藤まで、音楽と社会への深い洞察が繊細な筆致で紡がれる。　３３００円

堀米ゆず子・矢部達也・下野竜也・小曽根　真　他／山田陽一［編］
グルーヴ！　「心地よい」演奏の秘密

クラシックに「グルーヴ」は存在するのか？　音楽体験の感動や快感を生み出す「心地よさ」の正体をプロの演奏家10名が語る！　２９７０円

価格は税込（10％）